U0739954

财税合规管理

合规体系建设与风险防控

陈小欢　　刘晓晖◎主编

人民邮电出版社

北　京

图书在版编目（CIP）数据

财税合规管理：合规体系建设与风险防控 / 陈小欢，
刘晓晖主编. -- 北京：人民邮电出版社，2023.10
ISBN 978-7-115-62216-7

Ⅰ. ①财… Ⅱ. ①陈… ②刘… Ⅲ. ①企业法－研究
－中国 Ⅳ. ①D922.291.914

中国国家版本馆CIP数据核字(2023)第178203号

内 容 提 要

　　企业合规是中国企业走向国际市场，契合国际规则和国际惯例的新方法、新策略。在企业合规管理体系中，财税合规是国家财政监管的重点，是企业合规中重要的防线和保障，财税不合规可能会给企业带来灾难性后果。

　　本书依据国家发布的企业合规管理制度，结合财税合规的特点及具体的合规管理要求，从思想意识、体系认知、组织管理、合规义务、风险分析、制度融合、制度设计、制度运行、制度保障、合规管理有效性评价等方面，对企业财税合规体系建设进行了全面系统的阐述。书中结合大量实战案例，对企业经营管理与发展面临的财税合规管理方面的痛点与难点，给出了切实可行的解决措施。

　　本书内容丰富、实用性强、重点突出，对帮助企业识别、降低合规风险，加强合规管理，增强持续发展能力大有裨益，适合企业合规管理部门、内部审计部门、纪检监察部门等工作人员或企业管理层作为参考图书。

◆ 主　　编　陈小欢　刘晓晖
　　责任编辑　刘　姿
　　责任印制　周昇亮
◆ 人民邮电出版社出版发行　　北京市丰台区成寿寺路 11 号
　　邮编　100164　电子邮件　315@ptpress.com.cn
　　网址　https://www.ptpress.com.cn
　　天津千鹤文化传播有限公司印刷
◆ 开本：700×1000　1/16
　　印张：17.75　　　　　　　　　2023 年 10 月第 1 版
　　字数：280 千字　　　　　　　2024 年 10 月天津第 3 次印刷

定价：89.80 元

读者服务热线：(010)81055296　印装质量热线：(010)81055316
反盗版热线：(010)81055315
广告经营许可证：京东市监广登字 20170147 号

丛书前言

————————————

2018 年以来，国务院、各省国有资产监督管理委员会相继发布企业合规管理指引，标志着企业开始全面推行合规管理工作。2021 年 3 月，《中华人民共和国国民经济和社会发展第十四个五年规划和 2035 年远景目标纲要》则将"推动民营企业守法合规经营，鼓励民营企业积极履行社会责任、参与社会公益和慈善事业。"纳入国家发展战略，这意味着合规经营成为中国企业发展的共同课题。2021 年，最高人民检察院发布《关于开展企业合规改革试点工作方案》，启动了企业合规不起诉改革试点。2022 年，国家相继发布了《中央企业合规管理办法》《企业合规管理体系有效性评价指引》《中小企业合规管理体系有效性评价》，将中国企业合规管理建设推向一个新的高度。2022 年 12 月 30 日，全国人大公布了《中华人民共和国公司法（修订草案二次审议稿）》，草案第一百七十七条规定，国家出资公司应当依法建立健全内部监督管理和风险控制制度，加强内部合规管理。这也意味着合规管理要求将正式入法。可以说，企业合规是世界各国的基本要求，是中国企业健康发展的未来趋势和主旋律。

当前合规经营已得到广大中国企业的高度关注，企业合规管理和合规服务需求不断攀升，广阔的企业合规市场亟须高标准的专业人才和专业服务的支持。2022 年，河南省濮阳市中小企业会计协会受邀成为中国中小企业协会《〈中小企业合规管理体系有效性评价〉适用指南》的编委单位，该协会邀请袁小勇、陈小欢、刘晓晖、庄维雨负责撰写财税合规管理部分专业内容。但财税合规管理只是企业合规体系的一部分，为了促进和指导企业更好地开展合规管理工作，推动企业健康发展，在人民邮电出版社、中国中小企业协会和部分地方行业协会领导的鼓励与支持下，我们成立了企业合规管理实务丛书编委会。

编委会通过问卷与实地调查研究，确立将"以构建有效的企业合规管理体系为研究方向，以实践性、操作性为研究重心，有效解决企业合规管理实务中存在的问题"作为本丛书的编写目标，于 2021 年 9 月召开了第一次线上会议。参加本次线上会议的成员有：王建德（中国石油集团华北华工销售公司原副总经理兼总会计师）、袁光顺（北京博星证券投资顾问有限公司董事长）、于春凤（广东商会副会长、青岛银雁科技服务有限公司董事长）、刘红生（2017—2019 年全国内部审计先进工作者、宁波鄞州农村商业银行股份有限公司审计部总经理）、袁令文（中华袁氏宗亲联谊总会执行会长兼秘书长）、孟红兵（中审众环会计师事务所北京分所书记兼所长）、葛慎华（濮阳市企业合规文化建设促进会会长）、田明礼（湖南喜味佳生物科技有限公司董事长）、王立群（中国石化集团第十建设公司财务部经理）、徐小琴（浙江省人才开发协会原财务秘书），以及袁小勇、庄维雨、刘晓晖、袁梦月、陈小欢等。

经过充分的会议讨论，并在线下征求部分专家的建议，编委会认为，财税合规是企业合规的起点与核心，是企业合规重要的组成部分，单独编写一本《财税合规管理》非常重要，而将企业合规与其他内容合在一起，编写一本《法务合规管理》也很重要。而企业在发展到一定阶段并准备上市前，还将进行更为严格的合规审查，即 IPO 审核。因此，本丛书初期拟编写三本：《财税合规管理》《法务合规管理》《IPO 审核》。

会后，编委会组织全国优秀的、实战经验丰富的内控管理师、注册会计师、律师团队共同研究，分工协作。编委会决定由袁小勇任丛书编委会的总主编。袁小勇长期从事会计、审计理论与实务研究工作，是北京市跨世纪人才，历任首都经济贸易大学会计审计研究所副所长、审计系主任等职务，现任首都经济贸易大学会计案例研究中心主任，兼任中国财政科学研究院内控管理师（ICM）

项目专家委员会副主任、中国总会计师协会管理会计师系列考试教材《内部控制与审计》主编、北京审计学会工业企业委员会委员，2021年被评为教育部首届全国教学名师，2022年作为丛书编委会主编之一，参与内部审计工作法系列图书的创作，该系列图书得到第十一届全国政协副主席、审计署原审计长李金华作序推荐。

陈小欢老师作为国内内资所十大会计师事务所之一——中审众环会计师事务所合规事务部项目经理，拥有央企财务公司内部审计工作经验，多年从事企业内部控制、风险管理、企业合规的审计与咨询工作；刘晓晖老师作为高校财务管理专家，2022年主持"新时代下濮阳市中小企业高质量发展的对策研究"相关活动，理论与实践经验丰富。因此，编委会商定由她们二人牵头负责《财税合规管理》的编写。

陈晓娟老师是北京市律师协会法律顾问专业委员会委员、教育部教育基金会的法律顾问、北京市两高律师事务所高级合伙人，致力于为民营企业提供专业化、精细化法律服务工作20年，并为中国总会计师协会法务会计师讲授"法务合规风险识别与应对策略"；李海林老师是河南省企事业法人维权协会会长、河南省知识产权维权协会副会长。他们二人均有着丰富的法律事务经验和扎实的法学理论功底，所以，由他们牵头负责《法务合规管理》的编写。

此后，在葛慎华会长的帮助下，丛书编委会主要成员深入濮阳市的一些企业进行调查与座谈，调查活动得到了各级领导的大力支持。2022年7月，编委会又组织了丛书写作中期报告会，邀请了全国部分企业领导、律师、注册会计师以及内部审计、内部控制、风险管理等实务界人士召开线上座谈会，与会的老领导、老前辈、专家学者对本丛书的写作提出了许多宝贵的建议。经过两年多的调研与耕耘，本丛书终于完成写作。感谢为本丛书出谋策划的各位实务界的老领导、老前辈、专家学者！感谢为本丛书写作与编辑付出辛劳的各位作者和出版社的编辑们！

本丛书是关于企业合规管理实务探讨方面的新尝试，尤其是《财税合规管理》具有一定的写作难度，对作者来说也是一种挑战。因此我们期待本丛书能够得到读者的喜爱。当然，书中部分观点可能存在争议，也欢迎读者批评指正。

袁小勇

2023 年 3 月

本书前言

在企业合规管理体系中，财税合规是国家财政监管的重点，是企业合规中重要的防线和保障，财税不合规可能会给企业带来灾难性后果。近两年，税务稽查案件频出，企业、艺人接连陷入税务风险，大额罚款、补税现象频发。究其原因，一方面是国家税收征管体系的不断完善，另一方面就是国家加大了财务监管力度，2023年2月15日中共中央办公厅、国务院办公厅印发《关于进一步加强财会监督工作的意见》，就是一个明显的信号。因此，为了更好地帮助企业有效开展财税合规管理工作，推动企业合规经营，我们组织全国优秀的实战经验丰富的内控管理师、注册会计师、律师团队以财税合规管理作为研究课题，以构建有效的财税合规管理体系为研究方向，以实践性、操作性为研究重心，依据国家发布的合规管理文件与评价指引，结合部分企业合规管理经典案例，编写完成本书。

本书由陈小欢、刘晓晖担任主编，庄维雨、韩娟担任副主编。全书共11章，主要从思想意识、体系认知、组织管理、合规义务、风险分析、制度融合、制度设计、制度运行、制度保障、合规管理有效性评价等方面全面系统地阐述财税合规管理的理论内容与实操技能，最终让合规成为习惯，让企业安全合法地享受国家税收优惠，实现企业健康发展。本书撰写具体分工如下：第1章、第2章、第7章、第9章由中审众环会计师事务所合规事务部陈小欢老师编写；第3章、第4章由广西玉林师范学院商学院刘晓晖老师编写；第5章由中国总会计师协会管理会计师系列教材《管理会计与信息技术应用》主编庄维雨老师编写；第6章由中国工商银行河北省分行韩娟老师编写；第8章由北京市鑫诺律师事务所常永祥老师编写；第 10 章由首都经济贸易大学袁小勇老师编写；第 11 章由石家庄信息工程职业学院司宇佳老师编写。本书最后由陈小欢、刘晓晖整体修订，袁小勇、葛慎华主审定稿。

本书在调研、创作过程中，得到了许多企业界朋友的支持与帮助，具体写作过程中还引用了部分专家的参考文献，在此一并表示感谢。感谢濮阳市政府和工业园区的领导为本书调研提供的大力支持，感谢濮阳市企业合规文化建设促进会会长葛慎华，兵器装备集团财务有限责任公司监事会主席严明，中铁十五局集团有限公司张素丽，中审众环会计师事务所北京分所书记兼所长孟红兵，北京博星证券投资顾问有限公司董事长、北京理工大学并购及并购研究中心执行主任、北京证券业协会常务理事袁光顺，北京市盈科律师事务所资本市场与证券法律事务部律师周文颖，以及河南省君恒实业集团生物科技有限公司张君强、濮阳展辰新材料集团股份有限公司陈冰、濮阳龙德洋新材料有限公司张仰臣、濮阳市恩赢高分子材料有限公司李玉辉、上海怡佳胜新材料有限公司王蕾、濮阳市财仕通会计咨询服务有限公司杨林霞、郑州华丰财务管理咨询有限公司李娜等专业人士，他们为本书的写作与修改提出了宝贵的建议。最后，还要感谢人民邮电出版社社科人文分社的恭竟平社长和编辑刘姿老师，感谢她们付出的汗水、心血和辛劳。

作为财税合规管理实务图书，本书适合企业高管和财务、审计、纪检、督察、巡视等合规管理实务工作者参阅，亦可作为高等学校企业合规管理教材使用。

企业合规管理在我国尚未形成全面成熟的理论体系及实践方法，有待进一步积累、探索、总结。在此，我们以本书的出版为契机，呼吁广大实务工作者积极投身企业合规建设，携手为中国企业合规经营与发展献计献策，为中国企业"走出去"的征程贡献法治力量！本书不足之处，望广大读者不吝赐教。

陈小欢 刘晓晖

2023 年 3 月 15 日

目录

第1章

从全球到中国：财税合规是大趋势

如果说在过去"合规"只是企业的一层"防弹衣"，那么在未来，"合规"很可能成为司法机关对企业做出"不起诉"决定的重要依据。

第 2 章 **从思想意识到体系认知：如何搭建财税合规管理体系**

一位伟人说过："一个好的制度，甚至能够让魔鬼不做坏事。"这一观点对于合规管理制度同样适用。

第 3 章 **从体系认知到组织管理：财税合规管理组织框架及职责**

"大海航行靠舵手"，其实也离不开副手和水手。企业合规管理同样离不开董事会、管理层和基层员工的通力配合。

从合规义务到风险分析：合规风险分析的一般方法

第4章　风险无处不在，预见与应对是企业生存的法则。企业要想行得远，必须要独具慧眼，辨识合规风险。

从合规义务到风险分析：财务合规义务与风险分析

第 5 章 "所有命运馈赠的礼物，都已在暗中标好了价格"，市场在赐予企业财富的同时，其实也都已在暗中标好了财务风险。

第6章　从合规义务到风险分析：税务合规义务与风险分析

依法纳税，企业安全无忧；违法"避"税，终将无路可逃。

第 7 章

从合规风险分析到制度融合：财税合规管理制度与其他管理制度如何有机融合

要想实现"1+1 > 2"的效应，前提就是要做好"此 1"和"彼 1"的有机融合。

第 8 章 | **从制度设计到制度运行：财税合规管理体系的运行与控制**

既要仰望星空，也要脚踏实地。再好的制度也要落实到具体的执行上。

为制度运行保驾护航：财税合规管理的保障

第9章 "一个篱笆三个桩，一个好汉三个帮"，管理制度的良好运行离不开宣传、培训、监督、人才和文化支持。

第 10 章 | **管理最终看成效：如何评价财税合规管理体系的有效性**

"是骡子是马，拉出来遛遛"，一套良好的合规管理体系必须经得起有效性检验。

第 11 章 | **让合规成为习惯：如何合法享受税收优惠**

玩好任何一个游戏的前提是理解规则。企业享受税收优惠的前提是学好用好税收政策。

第 1 章

从全球到中国:
财税合规是大趋势

如果说在过去"合规"只是企业的一层"防弹衣",那么在未来,"合规"很可能成为司法机关对企业做出"不起诉"决定的重要依据。

1.1 什么是财税合规

1.1.1 财税合规的内涵

1. 合规的概念

2018 年 12 月 26 日，国家发展改革委等七部委联合发布《企业境外经营合规管理指引》（以下简称《境外经营合规指引》），其中第三条规定，"本指引所称合规，是指企业及其员工的经营管理行为符合有关法律法规、国际条约、监管规定、行业准则、商业惯例、道德规范和企业依法制订的章程及规章制度等要求。"

2022 年 7 月，中国中小企业协会发布的《中小企业合规管理体系有效性评价》（以下简称《合规有效性评价》）在"术语和定义"3.4 中指出，合规是指"履行组织的全部合规义务"。其中，合规义务是指"组织强制性地必须遵守的要求，以及组织自愿选择遵守的要求。"

2022 年 8 月，国务院国有资产监督管理委员会发布《中央企业合规管理办法》（以下简称《央企合规办法》），其中第三条规定，"本办法所称合规，是指企业经营管理行为和员工履职行为符合国家法律法规、监管规定、行业准则和国际条约、规则，以及公司章程、相关规章制度等要求。"

由此可见，合规意味着企业既应遵守外部强制性的法律、规则、标准和政策等规定，也应遵守自愿性标准、行业规范、合同义务、商业惯例、商业伦理、职业道德，以及企业内部制度。

2. 合规义务的主体

合规义务的主体可以分为三类：一是企业作为组织本身；二是直接控制或者参与企业决策、经营、管理的主体，包括股东、管理层、经理层、普通员工等，甚至还包括实际控制人；三是与企业经营管理发生联系，从而影响企业本身合规成效的外部主体，主要指业务合作者。

3. 财税合规

顾名思义，财税合规包括财务合规与税务合规两个方面。

（1）财务合规

公司财务核算需要在一定的框架内运行，这个框架就是公司的财务运作规范，包括会计法、企业会计准则等。公司的财务核算，需要满足会计法、企业会计准则的要求。比如，收入怎么确认、存货如何计价、成本如何结转等。

（2）税务合规

税务合规要求公司各项业务，都要遵从税法的规定，依法纳税。税法不是单一概念，包括增值税、消费税、企业所得税、个人所得税、印花税等。每个税种，都有详尽而细致的规定。企业的每项业务，都需要匹配到具体的税法条目，有的时候，一项业务可能还会涉及多条税法条目。

（3）二者的关系

财务合规和税务合规并行，二者不是一个概念。

例如：A 公司采购物资，收到收据（不是发票）。从财务合规的角度来讲，事实已经发生，财务只要如实记录，就满足财务合规的要求。但是，在计算企业所得税时，因为收据不满足税法规定，不能抵扣所得税，如果抵扣了，就不符合税务的要求。这是一个"财务合规，税务不合规"的情形。

又如：B 公司采购机器设备，取得增值税专用发票，其中进项税额为 13 万元，税法上这一进项税额可以在采购当年全额抵税，在税务上是合规的。但是，B 公司会计人员把该设备直接当作低值易耗品处理，计入了成本费用（没有计入固定资产）。这一处理，财务上是不合规的，会导致 B 公司的资产管理和财务数据失真。这是一个"税务合规，财务不合规"的情形。

当然，财务合规和税务合规互相交叉，既有联系又有区别。财务合规是税务合规的基础，税务合规是财务合规的主要体现。

1.1.2 财税合规管理

1. 合规管理

管理是通过计划、组织、领导、控制及创新等手段，结合人力、物力、财力、信息、环境、时间等要素，以达到组织目标的过程。《央企合规办法》将合规管理定义为："企业以有效防控合规风险为目的，以提升依法合规经营管理水平为导向，以企业经营管理行为和员工履职行为为对象，开展的包括建立合规制度、完善运行机制、培育合规文化、强化监督问责等有组织、有计划的管理活动。"

2. 合规管理的原则

企业合规管理工作应当遵循以下基本原则。

①全面覆盖原则。企业合规管理工作应将合规要求嵌入经营管理各领域各环节，贯穿决策、执行、监督全过程，落实到各部门和全体员工，实现多方联动、上下贯通。

②权责清晰原则。企业合规管理应按照"管业务必须管合规"要求，明确业务及职能部门、合规管理部门和监督部门职责，严格落实员工合规责任，对违规行为严肃问责。

③务实高效原则。企业应建立健全符合企业实际的合规管理体系，突出对重点领域、关键环节和重要人员的管理，充分利用大数据等信息化手段，切实提高管理效能。

除上述基本原则外，各级各类国有独资、全资、控股企业，还应当遵循"坚持党的领导"原则，充分发挥企业党委（党组）领导作用，落实全面依法治国战略部署有关要求，把党的领导贯穿合规管理全过程。

3. 财税合规管理

从财税的角度来说，财税合规管理就是由企业董事会和高级管理层自己或者通过其授权的合规委员会领导合规组织，通过合规管理运行、合规管理保障等，促使企业遵守和执行合规规范，预防和管控财税合规风险，保障企业资金安全和生产经营持续稳健发展。

4. 财税合规管理的内容

财税合规管理的内容主要包括三个方面：财税合规管理体系的建立、财税合规管理体系的运行、财税合规管理体系的保障。

①财税合规管理体系的建立包括：建立合规管理组织、明确企业合规义务、识别企业合规风险、建立企业合规制度等。

②财税合规管理体系的运行包括：财税合规风险管理、财税合规审查、财税合规管理评估、财税合规报告、财税违规管理与问责等。

③财税合规管理体系的保障包括：财税合规审计、财税合规考核与评价、财税合规宣传与培训、财税合规管理信息化系统以及企业财税合规文化等。

1.2 财税合规有多重要

1.2.1 合规是企业可持续发展的基石

1. 合规是企业必须遵守的底线

合规是一个带有强制性的名词，合规是底线，也是红线，企业只有合法合规，才能朝着更加健康的方向发展。一个企业要想基业长青，一定要遵规守纪，严格执行国家相关法规和标准要求，绝不能踩法规的红线，也不能碰法规的底线。企业必须重视企业合规，从组织建设、制度建设、文化建设构建合规管理体系，使依法合规成为企业的核心价值，从而确保企业的生产经营平稳有序地进行。近年来，在合规方面出现问题，遭受巨大损失甚至灭顶之灾的企业不在少数，如知名企业"康美药业"[1]、"滴滴出行"等。当前，企业对合规的认识不断加深，逐渐有超越风控的趋势，成为当今企业管理的热点，许多企业已经

1　因财务造假 300 亿元及操纵市场、行贿、违规披露等不合规行为，康美药业董事长马兴田被判有期徒刑 12 年，并处罚金人民币 120 万元。康美药业原副董事长、常务副总经理许冬谨及其他责任人员 11 人，因参与相关证券犯罪被分别判处有期徒刑并处罚金。马兴田及 5 名直接责任人员、正中珠江会计师事务所及直接责任人员承担 24.59 亿元的全部连带赔偿责任。

把合规放在企业发展和管理的第一位。

2. 合规可以帮助企业减轻甚至豁免行政处罚

按照中华人民共和国国家市场监督管理总局、国家标准化管理委员会2022年10月联合发布的《GB/T 35770—2022合规管理体系　要求及使用指南》【以下简称《合规管理体系指南》（2022）】引言，"在许多司法管辖区，法院在对违反相关法律的行为做出适当处罚的决定时，根据组织的合规管理体系考虑了其合规承诺。因此，监管部门和司法机构也能利用本文件对标而受益。通过推行具有约束力的价值观和实施适当的合规管理，组织将更加确信其可以有效维护自身诚信，避免或尽量减少违反组织的合规义务。因此，诚信和有效合规是组织实现良好勤勉管理的关键要素。"

2021年4月，最高人民检察院发布《关于开展企业合规改革试点工作方案》，启动了企业合规不起诉改革试点。可见，合规可以帮助企业减轻甚至豁免行政处罚。

1.2.2　财税合规可以创造价值

1. 财税合规管理助力企业提升财务管理水平

一方面，财税合规管理帮助梳理和审查企业内部财务制度，对其存在的问题进行修改、补充，使之合法合规，并根据需要制订新的财务制度，明确各部门财务管理边界与协调合作机制，消除职责重叠、交叉和推诿，填补财务管理真空，形成财务管理合力。

另一方面，财税合规管理通过依法合规、诚实经营等合规理念和价值观的宣传，合规培训，检查监督，管理评估，考核评价，违规调查和问责等，化"要我合规"为"我要合规"，提高各部门与员工守法合规的自觉性。因此，财税合规管理能够帮助企业提升财务管理能力和管理效率，节约管理成本。

2. 财税合规管理助力企业防范财税风险

一方面，企业通过建立有效的财税合规管理体系，防止诚信合规领域（如贪污、腐败等）、重点领域（如财务报表编制、税金的计算与缴纳等）、重点环节（销售与收款环节、采购与付款环节等）、重点人员等的违法违规，防范财税合规风险，并对财税合规风险进行有效的应对和管控。

另一方面，企业通过财税合规风险评估，编制财税合规风险清单，开展财税合规风险日常监测和预警，建立财税合规风险的快速反应和应对机制，实施后续整改与持续改进，帮助企业提高财税合规风险应对处置效率，控制财税合规风险并防止财税合规风险的影响和损失的扩大。

1.2.3 财税合规能够给企业带来更多商业机会

1. 财税合规管理助力企业提升形象

财税合规是企业合规体系中的重要组成部分。财税合规管理保障企业诚信合规经营，防范腐败、欺诈、串通等不当行为，强化环保、安全、质量、诚信和廉洁等合规理念，树立依法合规、诚信经营的价值观，不断提高员工的合规意识和行为自觉，推进企业合规文化建设，创造企业良好信誉和形象，促进企业稳健、安全、持续经营。

2. 财税合规增强商业伙伴对企业诚信经营的认知度、安全感和认同感

企业良好的诚信合规形象，能增强商业伙伴对企业诚信经营的认知度、安全感和认同感，势必能给企业带来更多的业务和商业机会，并维护企业与商业伙伴之间合作与交易的稳定性和持续性。

3. 合规是企业参与国际市场竞争的基本条件与核心竞争力

目前，合规管理已被纳入全球信用管理体系，成为企业参与国际市场竞争的基本条件与核心竞争力。企业要想做大做强，角逐国际市场竞争，参与"一带一路"建设，建立健全合规管理体系，开展适当、充分、有效的合规管理，已刻不容缓。

1.2.4 财税不合规将会给企业带来灾难性后果

企业财税不合规产生的不利后果，对企业法定代表人、直接责任人与管理者来说，主要体现在可能需要承担民事责任、行政责任、刑事责任以及信誉受损。

1. 民事责任

企业财税不合规导致的民事责任，主要表现在财务造假导致的损害赔偿方面。比如，A 股史上最大规模财务造假案康美药业案的判决中，康美药业被一审判决赔偿投资者 24.59 亿元的损失。并未直接参与的独立董事也受到牵连，其中 5 名独立董事承担了 5%~10% 的连带赔偿责任，合计被判承担连带赔偿责任 3.69 亿元。

2. 行政责任

行政责任是指企业由于违反行政法律规范或不履行行政法律义务而依法应承担的行政法律后果。行政责任的形式主要有：承认错误、赔礼道歉、履行法定义务、通报批评、公开谴责、责令停止违法行为、接受行政处罚等。其中，行政处罚主要包括警告、罚款、没收违法所得、没收非法财物、责令停产停业、暂扣或者吊销许可证、暂扣或者吊销执照等。

比如，《中华人民共和国会计法》（2017）（以下简称《会计法》）第四十二条规定："违反本法规定，有下列行为之一的，由县级以上人民政府财政部门责令限期改正，可以对单位并处三千元以上五万元以下的罚款；对其直接负责的主管人员和其他直接责任人员，可以处二千元以上二万元以下的罚款；属于国家工作人员的，还应当由其所在单位或者有关单位依法给予行政处分：（一）不依法设置会计账簿的；（二）私设会计账簿的；（三）未按照规定填制、取得原始凭证或者填制、取得的原始凭证不符合规定的；（四）以未经审核的会计凭证为依据登记会计账簿或者登记会计账簿不符合规定的；（五）随意变更会计处理方法的；（六）向不同的会计资料使用者提供的财务会计报告编制依据不一致的；（七）未按照规定使用会计记录文字或者记账本位币的；（八）未按照规定保管会计资料，致使会计资料毁损、灭失的；（九）未按照规定建立并实施单位内部会计监督制度或者拒绝依法实施的监督或者不如实提供有关会计资料及有关情况的；（十）任用会计人员不符合本法规定的。"

企业税收违法行为的情形较多，主要规定体现在《中华人民共和国税收征收管理法》（以下简称《税收征收管理法》）与《中华人民共和国税收征收管理法实施细则》（以下简称《税收征收管理法实施细则》）中。违反依法纳税义务的表现及其后果包括：偷税、漏税、逃税以及骗税。纳税人欠缴应纳税款，采取转移或者隐匿财产的手段，妨碍税务机关追缴欠缴的税款的，由税务机关追缴欠缴的税款、滞纳金，并处欠缴税款50%以上5倍以下的罚款；构成犯罪的，依法追究刑事责任。

3. 刑事责任

企业也可能成为犯罪主体。企业实施危害社会的行为，法律规定为单位犯罪的，应当负刑事责任。

《会计法》第四十三条规定："伪造、变造会计凭证、会计账簿，编制虚假财务会计报告，构成犯罪的，依法追究刑事责任。"第四十四条规定："隐匿或者故意销毁依法应当保存的会计凭证、会计账簿、财务会计报告，构成犯罪的，依法追究刑事责任。"第四十五条规定："授意、指使、强令会计机构、会计人员及其他人员伪造、变造会计凭证、会计账簿，编制虚假财务会计报告或者隐匿、故意销毁依法应当保存的会计凭证、会计账簿、财务会计报告，构成犯罪的，依法追究刑事责任。"

根据《税收征收管理法》第六十三条的规定："纳税人伪造、变造、隐匿、擅自销毁账簿、记账凭证，或者在账簿上多列支出或者不列、少列收入，或者经税务机关通知申报而拒不申报或者进行虚假的纳税申报，不缴或者少缴应纳税款的，是偷税。对纳税人偷税的，由税务机关追缴其不缴或者少缴的税款、滞纳金，并处不缴的或者少缴的税款百分之五十以上五倍以下的罚款；构成犯罪的，依法追究刑事责任。"

根据《中华人民共和国刑法》第二百零一条规定，纳税人采取欺骗、隐瞒手段进行虚假纳税申报或者不申报，逃避缴纳税款数额较大并且占应纳税额百分之十以上的，处三年以下有期徒刑或者拘役，并处罚金；数额巨大并且占应纳税额百分之三十以上的，处三年以上七年以下有期徒刑，并处罚金。根据最高人民检察院、公安部《关于公安机关管辖的刑事案件立案追诉标准的规定（二）》第五十二条的规定，（一）纳税人采取欺骗、隐瞒手段进行虚假纳税申报或者不申报，逃避缴纳税款，数额在十万元以上并且占各税种应纳税总额百分之十以上，经税务机关依法下达追缴通知后，不补缴应纳税款、不缴纳滞纳金或者不接受行政处罚的；（二）纳税人五年内因逃避缴纳税款受过刑事处罚或者被税务机关给予二次以上行政处罚，又逃避缴纳税款，数额在十万元以上并且占各税种应纳税总额百分之十以上的；（三）扣缴义务人采取欺骗、隐瞒手段，不缴或者少缴已扣、已收税款，数额在十万元以上的。以逃税罪追究刑事责任。

4. 信誉受损

合规与信誉风险有紧密的关系。企业的不合规行为直接损害了企业的形象，企业的诚信、合规文化和道德因此受到他人质疑，不利于企业长期可持续地发展。合规经营是企业经营的最低要求，诚实信用是基本的法律价值和商业道德，违规经营就是否定诚实信用的社会价值。

1.3 财税合规的趋势

1.3.1 合规是世界各国的基本要求

合规的提法最早源于医疗领域，是指患者按照医嘱和药方的要求治疗疾病。在商业领域，合规成为企业管理的目标，源自 1977 年美国《反海外腐败法》。《反海外腐败法》的基本内容为：①禁止企业为了获得业务而向外国政府官员行贿；②企业应当建立有效的内控管理体系，正确记录，准确做账。但该法发布后很长一段时间，企业对其并没有给予足够的重视，也没有企业因违反该法而遭到处罚。但随着之后西某子等企业贿赂案件的爆发，企业反腐败合规管理终于引起了众多企业的关注。根据德国西某子中国官方网站的信息可知，西某子在 2006 年至 2008 年受到德国政府和美国政府的双重反腐败调查。为此，西某子遭受重罚并付出了巨大代价[1]。2007 年至 2008 年，西某子吸取教训，在公司内部首次制订并推出合规计划，并在之后加强诚信合规体系建设，包括建立多层级合规组织，制订强制性规章制度，引入全面控制，加强合规培训，建设合规管理队伍（合规官），将合规管理融入业务流程，等等。所有这些，使西某子成为合规管理的典范和楷模，为西某子挽回了损失并重塑良好企业形象。

2002 年美国颁布《萨班斯奥克斯利法案》，强化对上市公司的诚信合规，明确了企业管理层的责任，加强了对企业的会计监管，完善了企业审计制度与舞弊防范，严格了法律责任。

目前，欧美跨国企业集团大多制订《企业行为准则》，除了规定企业的愿景、使命、核心价值观、质量方针等，主要内容就是规范企业的诚信合规要求，包括企业诚信合规的方针与目标，反垄断与公平竞争，诚信经营，禁止泄露交易信息，关联交易的原则，防止利益冲突，反腐败，反欺诈和反洗钱，保密与知识产权，环境、健康与安全，公平就业机会，禁止使用童工和强迫劳动，防止性骚扰，贸易管制，企业社会责任等。

可以说，目前合规已经是世界各国的基本要求，"合规"一词成为世界各国通用的语言，被用来描述和研究企业在经营活动中防范和应对不合规行为的做法。

1.3.2　合规是我国企业健康发展的主要趋势和主旋律

在我国，对合规管理的初步认识源自 20 世纪 80 年代。当时，随着我国改革开放政策的实施，三资企业[2]陆续建立起来。欧美跨国企业集团在中国设立三资企业时，都要求在合同中写入"合规管理条款"，敦促三资企业遵守合规管理制度要求。

1　2001—2007 年，美国对西某子公司 4 200 多个贿赂事项展开调查，最终在 2008 年西某子分别向美国司法部和美国证券交易委员会支付 4.5 亿美元和 3.5 亿美元罚金。
2　指中外合资经营企业、中外合作经营企业与外商独资企业。

此后，中央企业和金融行业开始重视合规要求。2006—2007 年国务院国资委、银监会、保监会先后发布了《中央企业全面风险管理指引》《商业银行合规风险管理指引》《保险公司合规管理指引》。2016 年以后，我国开始注重全行业全面合规体系建设。2016 年 4 月，国务院国资委发布《关于在部分中央企业开展合规管理体系建设试点工作的通知》，确定在中国石油、中国移动、东方电气集团、招商局集团、中国中铁五家央企开展合规管理体系建设试点。2016 年 12 月保监会关于印发《保险公司合规管理办法》的通知。2017 年 6 月，证监会发布了《证券公司和证券投资基金管理公司合规管理办法》。

2018 年，是我国企业合规的新起点，所以又被称为中国企业的合规元年。2018 年 7 月，GB/T 35770—2017《合规管理体系指南》生效。2018 年 11 月，国务院国资委发布实施《中央企业合规管理指引（试行）》。2018 年 12 月，国家发展改革委等七部委发布实施《企业境外经营合规管理指引》。之后，我国有关省、直辖市国资委陆续发布实施本省、本直辖市企业合规管理指引。2021 年 3 月，人力资源社会保障部会同国家市场监督管理总局、国家统计局面向社会正式发布了企业合规师等 18 个新职业信息。2021 年 4 月，最高人民检察院发布《关于开展企业合规改革试点工作方案》，启动了企业合规不起诉改革试点。2021 年 6 月，最高人民检察院、司法部、财政部、生态环境部、国务院国有资产监督管理委员会、国家税务总局、国家市场监督管理总局、中华全国工商业联合会、中国国际贸易促进委员会等 9 部委研究制订了《关于建立涉案企业合规第三方监督评估机制的指导意见（试行）》。2022 年 7 月，中国中小企业协会发布《中小企业合规管理体系有效性评价》，2022 年 8 月，国务院国有资产监督管理委员会发布《中央企业合规管理办法》。

总之，我国的合规管理要求已经从金融机构逐步延伸至全行业，包括中小企业。合规已成为我国企业健康发展的主要趋势和主旋律，企业只有具备完善的合规体系，才能够避免遭受处罚，实现平稳运营。

1.3.3 财务合规是企业合规最重要的防线

企业合规涉及市场交易、安全环保、产品质量、劳动用工、财务税收、知识产权、商业伙伴等多个领域。我们说财务合规是企业合规最重要的防线，主要基于以下理由。

1.财务合规是企业合规的起点

与其他重点领域合规相比较，其他领域的合规均是突出市场交易经营环境，而财务合规不仅是在市场交易经营环境中要合规，更需在市场交易经营的准备阶段就要合规。比如，在开展市场交易经营之前，企业要从财务上预计资金的筹集与支付的合理节点，避免交易可能违约；在劳动用工之前，企业要从财务上进行劳动保护的相关支出，避免侵害劳动者的合法权益。因此，财务合规是企业合规的起点，企业市场交易经营需要财务先行，相关制度的建立和落地更要以财务合规为基础。

2.财务合规是企业合规的核心

财务活动渗透于企业的每一个经营管理环节。对于任何一个企业而言，所有的经济活动信息最终都要汇总到财务部门，经过财务部门的反映与监督，即使企业在经济业务流程的前端出现了不合规的做法，位于终端的财务部门如果能够坚持原则、恪守诚信、严格管理资金的出入口，就能及时纠正不合规行为，发挥财务的监督和控制作用，保护企业资产的安全和完整。可以说，财务部门对企业的经济活动有着最全面的了解，财务部门在企业管理流程当中处于枢纽位置。因此，财务合规是企业合规的核心。

3.财务合规是检验企业合规的工具

财务管理作为企业管理的核心和基础，是一项综合性管理工作，包括企业合规在内的内部控制的设计、实施和维护都离不开财务管理，企业一切经济活动的开展都离不开财务部门的支持，都逃不过财务部门的监控。因此，财务合规是检验企业管理合理性和规范性有效的工具。

4.财务合规是企业合规的重要组成部分

财务部门除了负责企业经济活动的核算和监督，还会经办一些具体业务，比如财务预算、资金管理、资产管理、税收管理等。这些业务是企业正常运转必不可少的内容，也是企业合规管理的重要组成部分。

1.3.4 税务合规是国家财政监管的重点

一方面，企业从成立到运营甚至解散都可能涉及税务合规管理，包括税务登记、纳税申报、账簿凭证管理、发票管理、缴纳税款、配合税务检查等内容。企业在经营发展中的重要目标与核心驱动力是利益最大化，而缴纳税金短期内却看似增加了企业的成本和支出，导致企业所追求的发展目标与纳税义务产生了现实的矛盾冲突，容易产生不合规问题。部分企业管理者法律意识淡薄，具有"出了问题找关系摆平"的错误思维，忽视税务合规管理，很容易将自己置身于巨大的涉税风险中。可见，在企业合规体系中，企业必须特别重视税务合规。

另一方面，企业是我国重要的纳税主体，承担着重要的纳税义务，因此，税务合规管理不仅是企业管理中非常重要的环节，也是国家财政监管的重点。从企业自身发展的角度，部分企业存在两套账、票据不合规、工资分摊、虚假员工等现象，管理者又不懂财税，或者对偷税漏税存在侥幸心理，一旦被查，处罚将非常严重。比如，2017 年 12 月，大连税警联合行动，成功破获"5·03"虚开增值税专用发票案。经查，犯罪团伙通过设立空壳公司的方式对外虚开增值税专用发票 35 217 份，虚开金额达 38.58 亿元。2020 年 6 月，该案主犯因犯虚开增值税专用发票罪被判处无期徒刑，其余 13 名涉案人员分别依法判处 4~15 年不等的有期徒刑，并处罚金。

因此，税务合规是很多企业的共同痛点。但企业要想平安稳定发展，必须摈弃惯性思维和路径依赖，积极拥抱财税合规，尽快适应税务监管新形势。

1.3.5 财税合规的未来发展

从国家政策方面来看，当前，大数据已经渗透到了社会的方方面面，赫赫有名的"金四"税务系统[1]，更是堪称大数据监管的最强大脑。

---

1 "金四"是金税四期的简称，金税四期税务系统是实现金税四期决策指挥端的指挥台以及相关配套功能系统的总称。金税四期主要是部署于税务局的内网，实现对业务更全面的监控，同时搭建了各部委、人民银行以及银行等参与机构之间信息共享和核查的通道，可实现企业相关人员手机号码、企业纳税状态、企业登记注册信息核查三大功能。

环境变了，企业也必须要变。随着"互联网＋大数据"的应用与不断发展，国家对企业财税信息的获得变得更容易，而通过对企业和第三方财税信息的关联分析更易发现企业违规线索。近年来一些重大财税违规案件的查处，充分揭示了大数据对企业上下游财税数据的分析核对在查处企业违规案件中的作用，这也使企业经营者对财税合规的重要性有了新的认识。从当前的形势来看，财税合规是国家的一个大趋势，财税合规是企业合规体系建设中最重要的内容。

从企业经营角度来说，上下游企业的财税信息与本企业的财税信息存在一定的逻辑关系。财税合规是企业合规的起点，那么企业合规就不是一个单独个体企业的合规，而应该是整个经营链条上的相关企业合规问题。因此，未来合规企业在寻求合作企业时必然要求对方也是合规企业，至少要求对方企业财税合规。换言之，不合规企业将逐渐被市场所淘汰。

本章案例

🔍案例 1-1　A 公司合规不起诉

2017 年 A 公司六名员工侵犯公民个人信息罪一案中，×省×市中级人民法院只判罚 A 公司员工，没有认定 A 公司存在单位犯罪的行为。本案中，A 公司向法庭提供了《A 指示》《关于与保健系统关系的图文指引》以及 A（中国）有限公司情况说明等文件，证明 A 公司从不允许员工以非法方式收集消费者个人信息，并且对医务专业人员不得进行金钱、物质引诱。对于这些规定要求，A 公司要求所有营养专员接受培训并签署承诺函。法院最终认为 A 公司政策、员工行为规范等证据证实，A 公司禁止员工从事侵犯公民个人信息的违法犯罪行为，各上诉人违反公司管理规定，为提升个人业绩而实施犯罪为个人行为。法院将 A 公司所制订的各项合规政策及文件作为认定事实的基本依据，A 公司最终被免予单位犯罪。

案例 1-2　通过支付宝、微信等收款不计收入被罚款 324 万元

2021 年 11 月，深圳市税务局发现 B 有限公司，2017 年、2018 年，因通过支付宝账号以及公司账号收取收入，导致少计收入 3 411.85 万元，造成少缴纳增值税 571.24 万元以及城市维护建设税。此外，税务局通过核定征收的方式，查明该公司少缴纳企业所得税 37.43 万元。最终，B 有限公司被处百分之五十的罚款，共计 3 243 277.46 元。

案例 1-3　多家公司因税务违规被处罚

2022 年 6 月 15 日，国家税务总局 ×× 市税务局发布了一批重大税收违法失信案件信息，其中，有 23 家公司存在逃避缴纳税款的行为，被所辖税务机关依法追缴税款，并处罚款，对涉嫌逃税罪的，依法移送公安机关立案侦查。

这 23 家公司偷税的金额从 100 多万元至 3 400 多万元不等。例如：某某科技有限公司，在 2015 年 05 月 22 日至 2018 年 05 月 08 日，采取偷税手段，不缴或者少缴应纳税款 383.13 万元；其他涉税违法问题，涉及税款 13.52 万元。税务处理处罚：处以追缴税款 396.65 万元的行政处理、处以罚款 383.13 万元的行政处罚，并依法移送司法机关。

本章问题思考

①为什么合规是企业可持续发展的基石？

②怎样理解合规创造价值？

③为什么说财务合规是企业合规最重要的防线？

④税务不合规对企业有哪些危害？

⑤为什么说税务合规是国家财政监管的重点？

第 2 章

从思想意识到体系认知：
如何搭建财税合规管理体系

一位伟人说过："一个好的制度，甚至能够让魔鬼不做坏事。"
这一观点对于合规管理制度同样适用。

2.1　合规管理的核心要素

如何建立有效的财税合规管理体系，没有唯一的答案。企业规模、所处行业、经营范围以及国际化程度等方面的不同，决定了企业在财税方面面临的合规风险也不同。企业应当按照自己的合规风险和需求，构建财税合规体系、采取合规措施。尽管如此，有效的财税合规管理体系还是有一些共同的特征，具有一些基本要素，即核心要素：合规义务、合规组织、风险分析、风险应对、合规沟通和合规记录。任何有效的合规管理体系都包含这六个要素，见图 2-1。

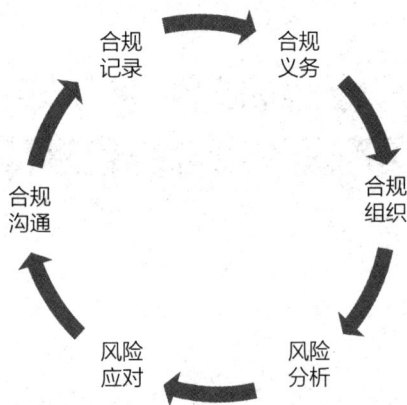

图 2-1　合规管理体系核心要素

2.1.1　合规义务：企业合规管理的依据

合规义务包括强制性的合规要求和自愿性的合规承诺。

强制性的合规要求，指的是外部的法律法规，具体包括：①立法机关和其他权力机构发布的法律、规则和准则，如宪法、司法解释、行政法规、地方性法规、自治条例和单行条例、规章等；②国际公约、国际条约或国际性法律法规；③监管机构的命令、规则、指导和各项指引及规范性文件等。

　　自愿性的合规承诺，指企业自行制订的内部规章制度或其他可选择性遵循的规则或准则。具体包括：①行业协会指定的行业自律规范或行业标准；②企业章程及规章制度；③与相关利益者签署合同产生的义务；④集体合同以及工会的要求；⑤企业伦理、社会责任、社会道德等。

　　企业合规义务是企业合规管理的依据。企业应以适合其规模、复杂性、结构和运营的方式来确定企业的具体合规义务，并本着经济适宜的原则来确定企业的合规承诺。

　　具体到财税合规领域，现行法律对企业财税合规的基本要求如下。

　　《会计法》总则规定：国家实行统一的会计制度；各单位必须依法设置会计账簿，并保证其真实、完整；单位负责人对本单位的会计工作和会计资料的真实性、完整性负责。第二章会计核算第九条规定：各单位必须根据实际发生的经济业务事项进行会计核算，填制会计凭证，登记会计账簿，编制财务会计报告。任何单位不得以虚假的经济业务事项或者资料进行会计核算。

　　《中华人民共和国公司法》（以下简称《公司法》）专设第八章来规定公司财务、会计的合规事宜，明确公司应当依照法律、行政法规和国务院财政部门的规定建立本公司的财务、会计制度；除法定的会计账簿外，不得另立会计账簿；公司应当在每一会计年度终了时编制财务会计报告，并依法经会计师事务所审计。进一步规定公司聘用、解聘承办公司审计业务的会计师事务所，依照公司章程的规定，由股东会、股东大会或者董事会决定，且就解聘会计师事务所进行表决时，应当允许会计师事务所陈述意见。第十章第一百八十四条规定了清算组的七项职权，其中有四项涉及财税事宜（包括清理公司财产，分别编制资产负债表和财产清单；清缴所欠税款以及清算过程中产生的税款；清理债权、债务；处理公司清偿债务后的剩余财产）。

　　《税收征收管理法实施细则》第二十二条规定：从事生产、经营的纳税人应当自领取营业执照或者发生纳税义务之日起 15 日内，按照国家有关规定设置账簿。前款所称账簿，是指总账、明细账、日记账以及其他辅助性账簿。总账、日记账应当采用订本式。

　　总之，国家实行统一的财务会计制度和税收法规是企业财税合规的基础，我国的法律法规要求企业在设立、存续经营、清算注销的各个阶段中都必须做到会计核算的真实、完整，合法依规计算与及时缴纳税费，否则将承担相应的民事、行政、刑事责任。

2.1.2 合规组织：企业合规管理的保障

企业合规组织是企业实施合规管理以及建设企业合规管理体系的组织载体。建立高效、协调合作的企业合规组织，是企业合规管理体系的重要组成部分，是企业有效进行合规管理、依法治企的组织保障。企业设置合规部门或配备专门的合规工作人员（企业合规师）是企业开展合规工作的前提条件。我国发布的有关合规管理的文件、标准和指引中，都强调企业最高领导者在企业合规管理中的突出作用（包括做出合规承诺、带头合规、支持合规等），强调合规负责人、合规管理部门、合规管理人员的独立性，强调业务部门的日常合规职责以及建立全员合规责任制等。比如，《央企合规办法》就规定了9个层级的企业合规组织，并确定了其合规管理职责，见图2-2。

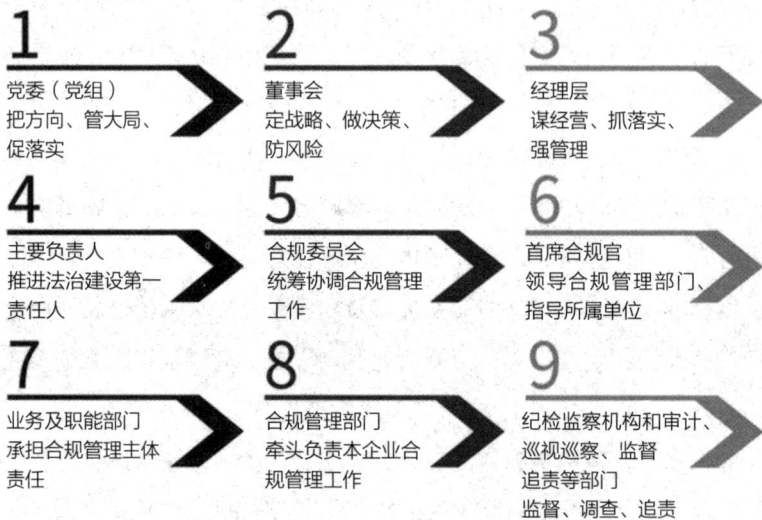

1 党委（党组）
把方向、管大局、促落实

2 董事会
定战略、做决策、防风险

3 经理层
谋经营、抓落实、强管理

4 主要负责人
推进法治建设第一责任人

5 合规委员会
统筹协调合规管理工作

6 首席合规官
领导合规管理部门、指导所属单位

7 业务及职能部门
承担合规管理主体责任

8 合规管理部门
牵头负责本企业合规管理工作

9 纪检监察机构和审计、巡视巡察、监督追责等部门
监督、调查、追责

图2-2　9个层级的企业合规组织及其职责

2.1.3　风险分析：企业合规管理的基础

风险是指不确定性对目标实现的负面影响。在合规管理体系中，合规目标由企业确定，与合规方针保持一致，以实现特定的结果。企业合规部门应基于企业的总体目标，结合企业的合规风险分析和权衡结果来设置适当的合规目标。合规目标是评估合规风险等级的依据。

1. 企业合规目标的三个层面

企业的合规目标可以分为三个层面。

第一层面：刑事合规。刑事合规即企业合规目标是确保企业合法经营，不犯法。

第二层面：行政法规层面的合规。行政法规层面的合规即企业合规目标是确保企业不违规，不受行政处罚。

第三层面：民商法规层面的合规。在这一层面，不同的企业涉及的业务领域非常丰富。但主要包括四个方面：一是企业治理结构设计合规，避免股东之间产生矛盾与纠纷；二是合同管理合规，即确保企业不违约，一旦产生合同纠纷，可及时应对处理；三是信息保护和知识产权管理，这对知识密集型和人才密集型企业尤其重要；四是人力资源管理，企业如果忽视了这方面的合规工作，极容易在发生群体性矛盾和纠纷时陷于被动。

2. 合规风险分析

合规风险是指企业及员工违反合规要求（强制性的法律法规要求）和合规承诺（自愿遵循的合同和企业内部规章制度）而导致企业可能遭受法律制裁、监管处罚、重大财务损失和声誉损失的可能性。

分析和应对企业合规风险，确保合规风险管理的有效性，是合规风险管理的主要任务。合规风险分析包括合规风险识别与评估两个环节。

合规风险识别环节，企业需要在识别合规义务的基础上，对企业未履行合规义务的可能性以及产生原因等进行分析判断，收集和整理企业所有合规风险点，形成合规风险列表。

合规风险评估环节，企业需要对所识别的具体合规风险就其产生原因、风险来源、发生可能性、后果影响严重程度等进行分析评估，以便为后面的合规风险应对（制订合规管理制度和应对措施）提供支持。企业合规风险评估是合规管理体系实施以及分配适当和充分的资源，并管理已识别合规风险的过程的基础。

2.1.4　风险应对：企业合规管理的手段

合规风险应对是指企业针对发现的合规风险，制订相应的制度与流程，并有效执行。

依据《央企合规办法》，企业合规管理应该建立三道防线的风险应对机制，见图2-3。

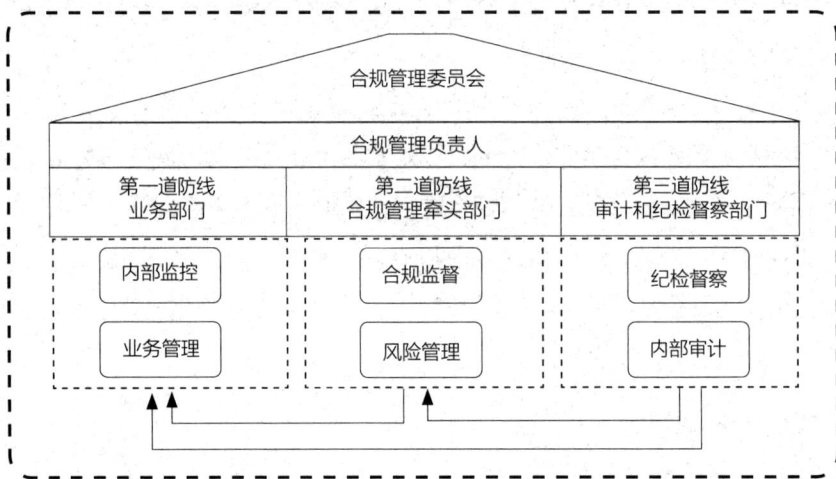

图2-3　三道防线的风险应对机制

其中，业务部门建立"合规管理，人人有责"的合规管理责任制，筑起防范合规风险的第一道防线。

法律、合规、财务、人力、质量、安全等部门对合规高风险事项进行合规检查，筑起防范合规风险的第二道防线。

审计、纪检、监察等部门构建合规审计与调查监督管理体系，筑起防范合规风险的第三道防线。

这三道防线协同运作、一体防控，为企业的利益最大化保驾护航。第一道防线做好了，可能第二道防线的工作就轻松了，第三道防线甚至就成为一个仅具有威慑力的空闲部门。第一道防线漏洞颇多，第二道防线就会忙于救火，第三道防线就可能防不胜防。因此，企业董事会和高层管理者必须高度重视推动和监督三道防线综合、有效地开展工作。

2.1.5　合规沟通：企业合规管理的关键

管理的关键是沟通，在管理过程中的表现就是与人打交道，如何让一个人主动去做事，做正确的事。沟通是管理和控制的基础。合规沟通包括企业与员工的内部合规沟通和企业与第三方的外部合规沟通。

从员工入职到离职的整个阶段，企业应当通过培训与宣传等多种方式让企业员工清楚、明白地理解和遵守合规的要求。

企业内部合规沟通可以通过一些规章制度的形式来体现。比如：企业高管层以"使命宣言"或"自律宣言"的形式，明确管理者应努力致力于合规工作；企业以"行为守则"形式，规定企业合规的基本原则和基本框架；企业以"员工手册""礼品及邀请政策""反垄断合规手册"等形式，对专项合规要求进行细化和具体规定；企业通过官网的合规宣传、线上和线下合规培训、案例展示等不同的方式，使企业员工知悉所在企业的合规文化、合规制度和不合规后果等。

企业与第三方的外部合规沟通，是企业与供应商或经销商就合规进行的交流以及达成的共识和协议。典型的员工不合规是双方或多方的行为，如商业贿赂或垄断协议，至少有两个经营者参与才能构成不合规行为。因此，要求供应商或经销商的员工合规也是合规沟通的一个部分。对供应商和经销商进行反贿赂和反垄断方面的培训和交流是典型的第三方沟通方式。另外，企业在采购和销售过程中，在供货合同或分销合同中可以增加合规条款要求对方采取合规措施，在交易时有披露或避免利益冲突的义务，杜绝对方员工以贿赂方式从事交易。

2.1.6 合规记录：企业合规管理的轨迹

企业合规的各项工作以书面记录（文件化信息）为原则。以书面形式确定合规制度、记录合规工作流程和处理违规事件，主要是为了调查违规事件、完善企业的合规制度，以及在监管机关和诉讼程序中提出合规抗辩用来免责和减小企业的责任。这些文件化信息是合规管理体系发挥有效性的必要条件。为此，合规准则、合规手册、合规政策、合规要求以及指引等与合规相关的文件，应当以书面形式展示，而不仅仅以电子版的形式展示。调查、识别和分析合规风险时，应当记录具体的分析过程，为企业做出商业决策提供事实依据。企业预防不合规的措施或处理不合规的行为时，以书面形式记录能够证明企业确实建立了有效的合规体系，从而有助于企业在不合规事件发生之后，将其不合规行为归责为员工个人的行为，或向监管机关和司法机关证明企业按照规章公正地处理了不合规行为，不具有主观恶性，减小企业的违规责任。

2.2 建立财税合规管理体系的基本思路

为了提高企业财税合规管理的有效性，企业在建立财税合规管理体系时，需要遵循以下"五位一体"的基本思路，见图 2-4。

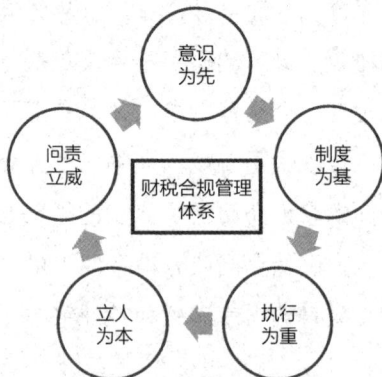

图 2-4 "五位一体"的财税合规管理体系建设思路

2.2.1　意识为先

意识是行动的先导，只有牢固树立尊崇制度的意识，才能使执行制度成为习惯。

要建立有效的财税合规管理体系，企业高管层首先必须从思想意识、企业文化的角度，理解财税合规管理的重要性。在思想意识上，企业高管层需要树立"合规经营就是核心竞争力"的核心经营理念，培养全员合规的思想意识，提高员工主动合规的思想自觉和行动自觉，营造"我要合规"的主动合规文化氛围，为财税合规管理体系建设打下坚实的思想基础。在实际行动上，要将影响企业发展的财税合规工作作为"一把手工程"来抓，提高高管层重视程度，有效协调企业人、财、物和技术资源来进行财税体系建设，为财税合规管理体系的建立健全及执行体系的刚性落地做足领导保障。

2.2.2　制度为基

建立合规管理制度是企业合规管理的基础保障，这里的制度包括企业全员普遍遵守的合规管理基本制度、合规管理具体制度、重点领域专项合规管理制度以及合规管理流程等。为了建立有效的财税合规管理制度，企业可以从以下几个方面入手。

①全面梳理企业财税管理制度，构建财税合规机制和风险防控机制。

②建立专职财税合规管理人员制度，做到权责分明。

③建立及时畅通的财税合规报告制度。

④建立行之有效的财税合规纪律制度。

⑤建立科学可行的财税合规考评制度。

2.2.3　执行为重

再好的制度也需要人的坚决且正确执行。要想财税合规管理达到良好的效果，财税管理必须融于业务管理之中，保证企业经济活动过程管控有效。为此，企业需要做好以下工作。

1. 努力探索财税管理与业务管理的深度融合

企业应该重视推广财税信息化应用，实现财税与业务的深度融合，将财税合规义务及管理要求嵌入业务系统相应模块。

2. 丰富财税合规人员的专业知识和提升其综合素质

①企业需要根据业务规模、财税合规风险水平等因素，配备财税合规人员。有条件的企业，可以设置首席合规官的岗位，为财税合规增加管理权重。

②重视财税合规人员财税合规意识培养，强力灌输底线原则，财税合规底线不可触碰，使其形成对工作的敬畏，并有效传递合规文化，让业务人员也对工作具有敬畏之心。

③定期开展财税合规培训工作，制度宣贯以结合历史背景、执行要义进行解读，突出管理内涵，并形成培训必考的培训检验工作机制，以进一步提升财税人员合规管理的胜任能力，强化业务人员对制度规章的认知，夯实制度规章执行。

3. 做好财税合规管理的考核评价

一方面，企业要建立考评机制，制订明确、适当的评价指标和评价标准，开展企业内部经营业务财务合规性评价工作，记录部门、人员的不合规行为数据，形成数据库管理，以完善财务合规管理制度、执行与约束工作，推动合规数据信息完备，并将违规记录结果根据考评制度应用到绩效评价。另一方面企业要以责任书强化责任意识，普通员工签订《廉洁诚信承诺书》，管理干部签订《财务合规管理责任状》，既增强合规管理仪式感、责任感，又为考核评价工作执行提供可行性依据。

2.2.4　立人为本

"为政之要，惟在得人"，这是唐朝典籍《贞观政要》中的一句名言。企业管理也是一样，管理就是管人。管理的对象是人和事，其中管"事"也是通过管"人"来实现的，所以归根结底，管理的核心就是管"人"。任何管理机制、管理模式、管理制度都必须以企业里"人"的实际情况为基础，才能取得应有的预期效果。财税合规管理必须重视人的管理。对于人的管理，当然是"立人为本"。为此，企业需要做好以下工作。

①树立财税合规管理的优秀榜样。

②宣传培育风清气正的财税合规文化。

③重视财税合规人员的综合素质培养。

④加强财税合规人员的职业培训。

2.2.5　问责立威

问责立威就是要让"失责必问、问责必严"成为企业合规管理的一条高压线。为此，企业一方面要定期召开经营管理警示大会，通过扩大参会的企业领导、业务系统和人员范围，以更广泛地发挥财税合规警示作用，使各级管理人员和全体普通员工对财税合规具有敬畏之心。另一方面要充分发挥审计、监察等部门的监督作用，落实好主体责任，强化责任追究，抓住关键少数，对易出现财务合规性问题的业务系统、岗位开展有针对性的教育培训，激励各部门、各岗位责任人清醒认识责任、依法履行责任、自觉承担责任，把合规尽责内化为自觉意识，固化为职业道德和行为习惯。

2.3　财税合规管理体系框架

财税合规管理体系是企业财税合规组织制度和企业财税合规管理制度的总称，是企业财税合规管理的基本框架和主要内容。虽然《合规管理体系指南》（2022）没有对合规管理体系的构成要素做出明确的界定，但还是从组织环境、领导作用、策划、支持、运行、绩效评价、改进等七个方面为企业合规管理提供指引。

　　《央企合规办法》要求中央企业加快建立健全合规管理体系，并从合规管理组织与职责、合规管理重点、合规管理运行、合规管理保障等四个方面进行了详细规定。该办法通过对合规组织、合规管理运行和合规管理保障的规定，对企业合规管理的基本要素进行了规范。

　　本书依据《合规管理体系指南》（2022）和《央企合规办法》等政策性文件，总结合规管理最佳模式，按照风险导向原则，结合财税合规管理的特征，建立了包括合规组织体系、合规风险分析、合规制度体系、合规运行控制和合规保障机制等五个核心内容的财税合规管理体系框架，见图2-5。

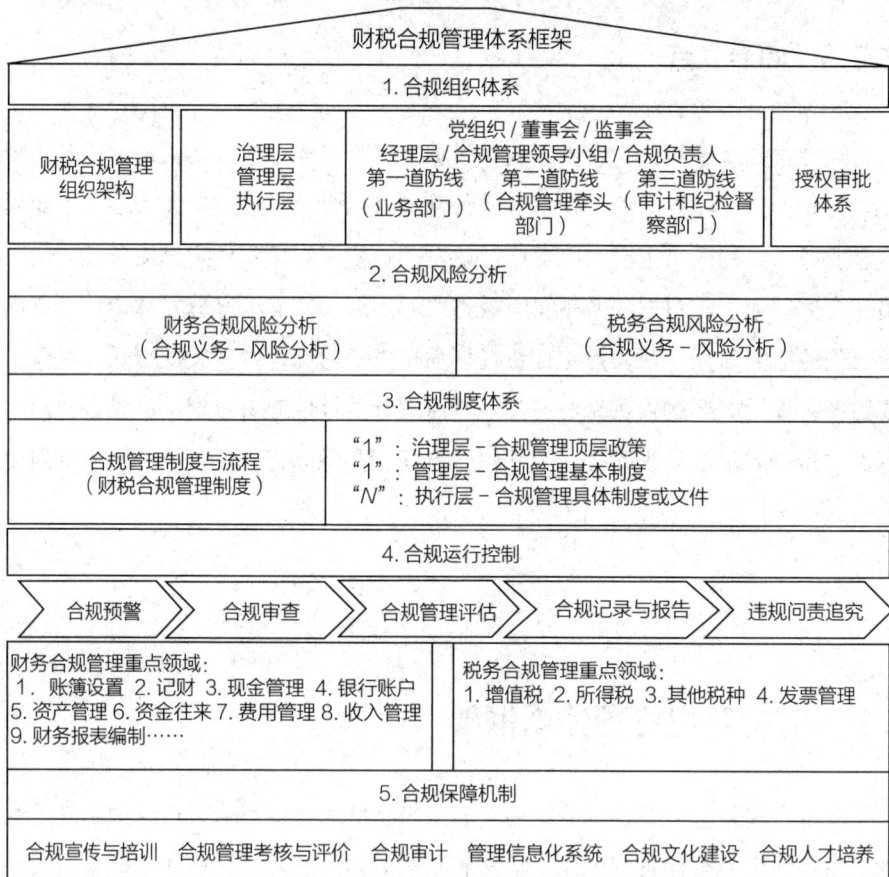

图2-5　财税合规管理体系框架

2.3.1　合规组织体系

合规组织体系建设方面，企业应当从治理层、管理层和执行层三个层级入手搭建合规管理组织架构。在治理层明确董事会及相关专业委员会在合规管理方面的职责，建立合规委员会或将合规管理的职责纳入现有审计委员会、风险管理委员会等类似机构。

在管理层，成立由高管成员组成的合规管理领导小组，并由法律顾问担任合规管理负责人，承担合规管理的组织领导和统筹协调工作。

在执行层，需要建立合规管理三道防线。合规管理三道防线的内容参见本章 2.1.4 小节。

在企业合规组织体系中，财税合规属于其中的一个重要组成部分[1]。具体的财税合规组织的设立参见本书第 3 章。

2.3.2　合规风险分析

企业所面临的风险有很多，包括战略风险、财务风险、市场风险、运营风险、合规与法律风险等。合规风险管理是企业风险管理体系中的重要组成部分。

风险分析是风险管理的首要环节，其目的就是查明企业的经营管理活动在哪些方面、哪些地方、什么时候可能会出现问题，哪些地方潜藏着风险；查明之后要对风险进行量化，确定各风险的大小以及轻重缓急，并在此基础上提出为减少风险而供选择的各种行动路线和方案。其中，查明风险的过程称为风险识别；对风险进行量化、估算风险事件发生的概率和其后果的过程称为风险评估。

合规风险分析也包括这两个阶段。合规风险识别需要基于具体的合规义务（法律法规条款），而合规风险评估主要是考虑风险发生的可能性及影响程度。通过合规风险分析，可确定企业合规风险来源、风险的形成过程、风险潜在的破坏机制、风险的影响范围以及风险可能造成的影响程度等问题，为指导合规

1　关于财税合规在企业合规体系中的重要性，参见本书 1.2 节相关内容。

风险管理体系的设计与实施提供依据。

财税合规风险分析的一般方法及主要内容参见本书第 4、5、6 章。

2.3.3 合规制度体系

在合规风险分析的基础上采取的应对措施，称为风险应对。合规风险应对包括合规制度设计与有效执行两个环节。

1. 合规制度设计

进行合规制度设计，企业需要在合规风险评估的基础上，针对重点领域合规风险进行分析，分类落实风险管控措施：①对于流程类的合规重点领域，通过流程重塑，将流程审核等风险管控措施融入业务流程；②针对场景类的合规重点领域，通过分析各个场景可能引发的合规风险设计具体的风险管控措施，并通过风险制度落实到日常业务执行之中。

健全完善的合规管理制度体系，应该是一个"1+1+N"制度体系框架。其中：第一个"1"指的是治理层的合规管理顶层政策，第二个"1"指的是管理层的合规管理基本制度，"N"指的是执行层的合规管理具体制度或文件。

治理层的合规管理顶层政策通常以"行为准则"或"合规手册"的形式制订，差别在于"合规手册"除了具体的行为准则，还包含企业的合规管理目标、愿景、企业合规管理体系概述等内容。

管理层的合规管理基本制度，其核心内容一般包括合规管理的定义、方针、原则、目标、组织架构、权责分配、工作要求、运行机制、保障机制等内容。

2. 有效执行

执行层的合规管理具体制度或文件，则是根据企业实际需求制订的更为细化的管理制度或文件，主要涵盖合规重点领域的管理制度（如各类合规管理指引）以及部分细化的合规工作制度（如合规考核制度、合规培训制度等）。

关于财税合规管理制度设计，参见本书第 7 章。

2.3.4　合规运行控制

合规运行控制指的就是合规管理制度的落地实施。为此企业需要开展合规记录与报告、合规自我评估、合规管理考核、合规监控查检、违规问责追究等措施。

关于财税合规管理制度的落地实施，参见本书第 8 章。

2.3.5　合规保障机制

一套良好的制度实施时要想产生好的效果还必须有一定的保障机制。合规保障机制的核心内容主要包括合规宣传与培训、合规管理考核与评价、合规审计、管理信息化系统、合规文化建设、合规人才培养等。企业首先应该积极培育合规文化，树立依法合规、守法诚信的价值观，筑牢合规经营的思想基础。其次是重视合规培训与合规人才队伍培养，确保员工理解、遵守企业合规目标和要求，针对重点岗位人员及合规重点领域，设计相应的合规培训课程体系；最后就是应当加强合规审计，把合规审计情况纳入对各部门和员工的年度综合考核。

对于数字化水平较高的国有企业，则应进一步强化合规管理信息化建设，运用大数据、云计算等技术工具，加强对经营管理行为依法合规情况的实时在线监控和风险分析。

关于财税合规管理的保障机制，参见本书第 9 章。

本章案例

🔍案例 2-1　华为的自律宣言

华为能够取得今日的辉煌成就，与华为创始人及其领导下的董事会的行为自律是分不开的。华为创始人所谋求的是将公司从上到下，完全置身于一个透明的民主监督的环境之中。

2005 年 12 月，华为在马尔代夫召开了董事会民主生活会，讨论干部队伍的廉洁自律问题。董事会成员共同认识到：作为公司的领导核心，打铁还要自身硬。《董事会自律宣言》要求在此后的两年时间内完成董事会成员、中高层干部的关联供应商申报与关系清理，并通过制度化宣誓方式层层覆盖所有干部，接受全体员工的监督。

2007 年 9 月 29 日，华为在总部召开了首次《董事会自律宣言》宣誓大会，面对与会的两百余名中高级干部，董事会成员集体举起右手，庄严宣誓："我们必须廉洁正气、奋发图强、励精图治，带领公司冲过未来征程上的暗礁险滩。我们绝不允许'上梁不正下梁歪'，绝不允许'堡垒从内部攻破'。我们将坚决履行以上承诺，并接受公司审计和全体员工的监督。"

以下为华为《董事会自律宣言》全文。

华为承载着历史赋予的伟大使命和全体员工的共同理想。18 年来我们共同奉献了最宝贵的青春年华，付出了常人难以承受的长年艰辛，才开创了公司今天的局面。要保持公司持久的蓬勃生机，还要数十年地继续艰苦奋斗下去。我们热爱华为正如热爱自己的生命。为了华为的可持续发展，为了公司的长治久安，我们要警示历史上种种内朽自毁的悲剧，绝不重蹈覆辙。在此，我们郑重宣誓承诺。

1. 正人先正己，以身作则，严于律己，做全体员工的楷模。高级干部的合法收入只能来自华为的分红和薪酬，除此之外不能以下述方式获得其他任何收入：绝对不利用公司赋予我们的职权去影响和干扰公司各项业务，从中牟取私利，包括但不限于各种采购、销售、合作、外包等，不以任何形式损害公司利益。不在外开设公司、参股、兼职，亲属开设和参股的公司不与华为进行任何的关联交易。高级干部可以帮助自己愿意帮助的人，但只能用自己口袋中的钱，不能用手中的权，公私要分明。

2. 高级干部要正直无私，用人要五湖四海，不拉帮结派，不在自己管辖范围内形成不良作风。

3. 高级干部要有自我约束能力，通过自查、自纠、自我批判，每日三省吾身，以此建立干部队伍的自洁机制。我们是公司的领导核心，是牵引公司前进的发动机。我们要众志成城，万众一心，把所有的力量都聚集在公司的业务发展上。我们必须廉洁正气、奋发图强、励精图治，带领公司冲过未来征程上的暗礁险滩。我们绝不允许"上梁不正下梁歪"，绝不允许"堡垒从内部攻破"。

我们将坚决履行以上承诺，并接受公司审计和全体员工的监督。

🔍案例 2-2　B 公司的制度梳理与优化

B 公司是 P 市 2021 年认定的"专精特新"企业。公司员工 326 人，主营计算机软件开发与维护。为进一步建立健全内控管理机制，切实提高公司经营的规范化、制度化水平，2022 年 3—5 月，B 公司组织开展全面制度梳理工作，对全公司所有的规章制度重新进行梳理、修订、整合、废止和新建，确保各项工作有规可依、有制可循。

对标外规，全面梳理不留死角。认真开展外规内化和制度梳理。B 公司按照竖向到底、横向到边的原则，结合工作实际，各部门逐条对照国家法律法规、监管部门规范性文件、上级公司规章制度等各级管理要求，对本部门编制的制度进行逐步梳理，确定需要"留、废、改、立"的制度。

分类完善，全面修订不留空门。根据反复梳理的结果，B 公司一方面对现有制度进行分类整理，认真做好制度的"留、废、改、立"工作，由部门负责人制订制度梳理计划，每日跟踪进度，切实提高修订效率；另一方面，采取对口管理原则，谁主管，谁负责。每项制度制订、修订完毕后交分管领导审查，通过后交综合部报备；对于新制订的重要制度，要经董事长办公会研究通过，统一编印成册。截至 2022 年 6 月，B 公司累计修订 129 个制度，沿用 104 个制度，废止 23 个制度，新增 14 个制度。

常抓不懈，依法治理行稳致远。B 公司对已修订的制度进行汇编整理，要求各部门根据汇编完成的制度建好业务或管理的流程图、风险点及违规考核标准。同时，各部门把制度梳理作为一项日常性工作常抓不懈。对于业务性强的规章制度，B 公司组织基层员工参与调研，提高对规范执行制度的认识，更好地实现依法治企、规范运作、科学管理，有效防范和规避各种生产经营风险，保证企业持续稳定健康发展。

🔍案例 2-3　　C 公司的违规问责制度

C 公司是一家从事金融租赁的小公司，在近三年的税务检查中没有出现一次违规事件。其做法如下。

一是层层落实事故案件一把手负责制和岗位责任制，人人签订事故案件防范责任书，明确各自的职责和义务。

二是建立严格的事故案件责任认定程序和报告制度，做到发案必查、有案必报、查必问则、有责必究。不论检查发现的还是来信反映的问题，在初步核实的基础上，符合立案标准和条件的，及时予以立案，并迅速上报，不搞瞒案不报。

三是建立双向问责机制，操作人员与管理人员处理联动，经济处罚、组织处理和政纪处分同步，发现问题，立即查处。2022 年 1—8 月，公司受诚勉谈话的部门经理 2 人次、通报批评的部门经理 1 人次、受到经济处罚的 3 人次，待岗人、免职人、除名人、待给予政纪处分和其他处理的共 5 人。这一机制向妄存侥幸心理的人员亮起了红牌，维护了公司规章制度的严肃性，保障了公司业务的快速健康发展。

本章问题思考

①企业的合规义务包括哪两类？

②企业风险是如何分类的？企业的合规风险分析与一般的风险分析有什么区别？

③结合你所在的企业，谈谈你对建立财税合规管理体系的基本思路。

④谈谈你对企业合规管理的三道防线的理解。

⑤谈谈你对 "1+1+N" 合规制度体系的理解。

第 3 章

从体系认知到组织管理：
财税合规管理组织
框架及职责

"大海航行靠舵手"，其实也离不开副手和水手。企业合规管理同样离不开董事会、管理层和基层员工的通力配合。

3.1 组织架构设计原则

3.1.1 设立合规管理组织的重要性

中国中小企业协会《〈中小企业合规管理体系有效性评价〉适用指南》编辑委员会曾经就合规领域相对百分比热度做过一次调查，在 22 项合规热度调查中，"财税合规"排在第 6 位 [1]。由此可见，财税合规是企业合规体系中的重要组成部分。

合规体系建设中的一个重要工作就是搭建完善的合规管理组织架构，协调管理职能和资源配置，强化合规职责及其组织领导。只有企业的部门、角色、职能、定位等方面均满足合规工作要求，并且部门间汇报路径与协作机制顺畅，企业的合规管理工作才能取得良好结果。

首先，建立完善的合规管理组织架构是合规管理工作有效开展的基本前提。合规管理工作的顺利开展一定要自上而下地建立贯穿企业全部机构、人员、流程的管理组织架构。企业内部各组织机构和全体成员都或多或少地承载着合规职责。只有构建起科学的组织架构，才能更好地明确不同层级部门的管理职责和汇报路径。

其次，完善的合规管理组织架构是合规管理工作顺利开展的必要保障。合规管理作为企业的重要内控机制，必然涉及不同部门的协同运作。只有建立完善的合规管理组织架构，才能使合规、风控、审计、法务、业务等部门充分发挥各自优势，形成管理合力，将合规管理的各项工作落实到位，取得良好成效。

最后，完善的合规管理组织架构是建立长效合规机制的内在需要。企业的全面合规体系建设并非一蹴而就的，而是需要在相当长的一定时期内不断地进行巩固和完善。这样一个长效合规机制的建立，需要以合规意识的树立、合规

---

1 资料来源：合规下一阶段，这些细分场景将更受关注。

机构的设置、合规角色和责任的明确为基础和依托，来保障合规管理工作的稳步推进和长期保持，以及业务实现稳健运行。

3.1.2　组建合规管理组织的基本原则

合规管理组织架构搭建的核心是解决合规管理工作的权力配置问题，其根本目的是保证股东和董事能够准确了解企业的合规情况，及时发现、纠正企业内部的合规风险和违规现象，保障企业价值观、目标、战略的顺利实现。一般而言，企业内部设立合规管理机构应遵循以下几个原则。

1. 独立性原则

"独立"是合规管理机构的核心标准。合规管理机构的独立性主要体现在直达决策层的报告渠道、适当的权利和资源三个方面。合规管理机构的报告不应当经过其他职能部门或者业务部门转达，不能够受到其他职能部门和业务部门的影响，必须如实地呈现在决策层面前，决策层讨论后做出决定。合规管理机构应具备适当的权力，使其能够参与企业内部各项管理工作，能够顺利完成各项调查任务，有效推进各项整改措施。合规管理机构还应分配到适当的资源，使其能够拥有和调动满足工作要求的人员和设备，从而不会因为资源问题而无法及时完成工作和降低工作质量，也不会因为资源问题而受制于企业内部部门而丧失独立性。

2. 权威性原则

独立的合规管理机构还应具备充足的权力以保证其权威性。从政策制订、流程执行到合规调查、执纪问责及合规整改，如果合规管理机构没有足够的权威性，根本无法开展合规工作。因此，合规管理机构需要有充足的权力和较高的权威，使其能够影响企业内部管理、顺利完成内部合规调查任务、有效推进合规整改。

3. 专业性原则

权威源自授权，但更源自专业。合规的专业性主要体现在法律性。首先，合规的主要义务来源就是法律法规、行业规范及企业内控制度等，只有合规部门具备专业的法律能力才能准确地运用法律思维依法治企，把握法律法规要求与要素，正确执行法律法规要求。其次，企业的合规体系建设也具有较强的法律性。企业的合规制度搭建相当于企业的内部立法，需要将外部法律法规要求内化成为企业内部制度，合规组织成员必须熟悉法律法规并有一定的立法经验。最后，合规调查、执纪问责工作具有更强的法律性。特别是内部调查，涉及调查行为的合法性、证据收集的合法性，以及与后续争议解决程序的衔接和配合，这些都是对法律专业要求极高的事项。因此，企业合规管理机构的设立应当具有专业性，特别是配备相当规模和水准的法律背景和专业背景的人员。

4.适当性原则

一方面，合规管理组织架构的搭建要与企业的实际需求匹配，过于繁杂会导致额外的经营成本，过于简单则可能无法防控合规风险。企业的合规管理组织架构首先要与企业的经营模式相适应。比如，全球化运营的企业，特别是业务可能涉及国际制裁及贸易出口管制的企业，应当考虑设置专门的制裁清单审查岗位；中央企业和国有企业则可以依照国资委相关指引搭建合规体系；考虑加入国际行业组织的企业，则要尊重国际通行的要求。另一方面，企业的合规管理机构还要与其风险防控需求相适应。企业规模较大、合规风险较为复杂的企业，需要在决策层、管理层、执行层搭建相对完善的合规管理体系，同时要考虑在重点领域设立专职合规联络人员；而企业规模较小、合规风险较低的企业，则可以考虑设置合规专员，或者由法务、审计、风险等相关部门履行合规管理职责。

5.协同联动原则

协同联动原则是指企业的合规管理要想发挥管理效能，必须与法律、监察、风控、审计等部门统筹衔接，协同动作，才能产生"1+1>2"的协同效应。企业可以探索建立并实施以下协同联动机制。

①分工协作。建立部门之间相互协调合作联动的业务流程，明确各部门在协同联动中的职责，保障分工明确、各司其职但又协同联动。

②资源共享。资源共享包括：系统共享、信息分享、人员共享与专业支持。法务管理、合规管理、纪检监察、内部审计、内部控制、风险管理等部门的职能

各不相同，但都会涉及跨领域专业知识的运用。例如，各部门都会涉及法规、内部规章制度的使用，需要法律、合规、内控部门提供人员和专业支持；违规管理可能涉及专项审计，需要审计支持；也涉及违规调查，需要监察部门参与和支持等。

③联席会议。建立法律、合规、内审、风控等部门的联席会议，经常性地就企业的重大或专项事务进行研究，解决问题。

④项目协同。针对专项风险管理项目、体系有效性评估项目、重大风险领域应对整改项目、考核评价项目、违规管理项目等，法务管理、合规管理、内控、风险管理与审计、监察可以组成项目小组，分工协作，共同推进。

⑤联合办公。在统一管理负责人领导下，法务管理、合规管理、内控、风险管理可以实现联合办公，审计、监察就近办公，方便沟通协调。

3.1.3　合规管理组织架构的搭建

合规管理组织架构是企业实施合规管理的载体。构建高效运作的合规管理组织架构，既是企业有效管理合规风险的前提，也是其实现全面风险管理的基础。因此，合规管理组织架构的搭建必须由最高管理层负责，在最高管理层下设置合规委员会，在合规委员会下设置合规管理牵头部门，即合规管理部门。图 3-1 是中央企业合规管理组织框架，其他类型的企业可以参考设置。

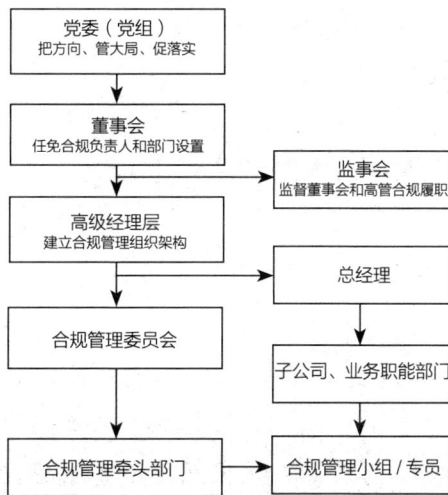

图 3-1　中央企业合规管理组织框架

实务中，其他类型的企业，其合规管理部门有两种组织模式。

1. 单一化的组织模式

单一化的组织模式即在企业总部层面组建单一、完全独立的合规管理部门，在分支机构、各业务部门与职能部门中设置合规管理小组或合规管理专员，并明确各分支机构、各部门负责人作为本单位合规管理第一责任人。

2. 复合型的组织模式

复合型的组织模式如设立法律合规部，既承担日常法律事务的处理又承担合规风险的管理职责。企业如果采用复合型的组织模式，应注意复合职能部门的选择，其承担的其他职责均不得与合规管理职责相冲突，以免产生利益冲突。例如，合规管理职能应与内部审计职能分离，且合规管理职能的履行情况也应受到内部审计部门定期的独立评价，因此企业不宜实行合规与审计部门的复合型组织模式。

企业需要依据自身的情况进行设计。例如，对于规模较大、业务条线较多或者新设立的企业，有必要也有可能设立专门的合规机构；规模较小、业务比较单一的企业可以采用复合型的组织模式。但无论是单一化还是复合型的组织模式，合规管理的职责均应落实到某一特定部门，不可太过分散，形成由多个部门履行合规职责的状态。

3.2 治理层在财税合规管理中的职责

3.2.1 党委（党组）

党委（党组）研究讨论是董事会、经理层决策重大问题的前置程序。《央企合规办法》规定，对于国有企业，应发挥企业党委（党组）把方向、管大局、促落实的领导作用，把党的领导贯穿合规管理全过程。国有企业应将党建工作要求写入企业章程，写明党委（党组）的职责权限、机构设置、运行机制、基础保障等重要事项。企业党建工作机构在党委（党组）领导下，按照有关规定履行相应职责，推动相关党内法规制度有效贯彻落实。

在财税合规领域，党委（党组）主要职责如下。

①全面贯彻执行党和国家财经方针政策和决策部署，持之以恒深入贯彻落实中央八项规定精神。

②督促企业严格遵守国家财经法律法规。

③积极配合上级主管部门做好总会计师委派工作，选好用好财务机构负责人。

④讨论决定事关企业改革发展稳定的重大财经事项和管理制度，健全规范企业财务管理的长效工作机制，强化对权力运行的制约和监督。

⑤支持董事会、管理层、总会计师（财务分管领导）、财务部门负责人、财务人员依法履行职责。

⑥支持内部审计工作，支持纪检监察部门查处违反财经法规和财经纪律问题。

3.2.2 董事会

董事会的职能是定战略、做决策、防风险。董事会是企业经营决策机构，也是企业合规管理的决策机构，对合规管理有效性承担最终责任。董事会负责审议批准企业的合规政策、文件、报告，监督合规政策的有效实施。董事会负责审批高级管理层提交的合规管理报告，对企业合规管理的有效性做出评价，使企业经营管理中的合规缺陷得到及时有效的解决。

1. 合规管理体系的三项关键指标

董事会应确定合规的基调，确立"全员主动合规、合规人人有责、合规创造价值"等合规理念，在全企业推行诚信与正直的职业操守和价值观念，提高全体员工的合规意识，促进企业自身合规与外部监管的有效互动。

一个完善的合规管理体系包括三项关键指标。

一是人员，企业应安排具备合规经验的人员设计、运营和维护合规管理体系，并依据该体系框架管理法律、政策、道德风险。

二是技术，先进的技术工具有利于促进合规管理体系的设计、运营；完善的技术平台能有效整合各类风险，并帮助企业预防、监测道德合规风险，实现事后快速响应。

三是制度，企业应制订适当的制度保证合规管理体系以合规风险为导向，并通过优化业务流程提高合规管理效率，降低管理成本。

2. 董事会履行的合规管理职责

董事会应当适当向合规团队分配权力和责任，保证合规管理体系设计的合理性、一致性和充分性，保证企业合规管理体系符合国家标准。

在财税合规领域，董事会主要应履行以下合规管理职责。

①审议批准与财税合规相关的管理基本制度、体系建设方案和年度报告等。

②研究决定财税合规管理重大事项。

③推动完善财税合规管理体系并对其有效性进行评价。

④决定财税合规管理部门设置及职责。

3.2.3 监事会 [1]

监事会作为公司内部的自我监督和自我约束机构，在保证公司行为的规范和实现股东权益的最大化方面，具有重要的作用。

根据《公司法》规定，监事会、不设监事会的公司的监事行使七项职权，其中四项职权与合规管理相关，包括以下几点。

①检查公司财务，如从公司财务数据中发现不合规情况，应及时明确指出。

②对董事、高级管理人员执行公司职务的行为进行监督，对违反法律、行政法规、公司章程或者股东会决议的董事、高级管理人员提出罢免的建议。

③当董事、高级管理人员的行为损害公司的利益时，要求董事、高级管理人员予以纠正。

---

1 根据 2018 年 11 月发布的《中共中央办公厅 国务院办公厅关于调整国务院国有资产监督管理委员会职责机构编制的通知》，国有重点大型企业监事会职责划入审计署，不再设立国有重点大型企业监事会和国有重点大型企业监事会主席。因此，2022 年发布的《中央企业合规管理办法》取消了对监事会的合规职责规定，增加了企业党委（党组）和第一责任人的职责与作用。

④向股东会会议提出提案。

由此可知，在财税合规领域，监事会的主要职责就是监督董事、高级管理人员执行公司职务时是否符合国家与公司的财税规章制度，公司的财务数据是否真实合规。

3.3　管理层在财税合规管理中的职责

3.3.1　经理层

经理层即以总经理为首的高级管理团队，统一领导各个层次的经营管理活动，主要发挥谋经营、抓落实、强管理作用。经理层主要职能是制订经营目标、方针、战略，制订利润的使用分配方案，修改和废止重大规章制度，指挥和协调各组织机构的工作和相互关系，确定其职责和权限。作为公司经营管理的执行者，经理层根据岗位分工，对公司合规管理负相应的管理责任，对公司违规和员工违规给股东造成损失的，应承担具体的管理责任。

在财税合规领域，公司经理层主要履行以下职责。

①拟订财税合规管理体系建设方案，经董事会批准后组织实施。

②拟订财税合规管理基本制度，批准年度计划等，组织制订财税合规管理具体制度。

③组织应对重大财税合规风险事件。

④指导监督各部门和所属单位的财税合规管理工作。

3.3.2　合规委员会

按照《央企合规办法》的规定，中央企业设立合规委员会，可以与法治建设领导机构等合署办公，统筹协调合规管理工作，定期召开会议，研究解决重点难点问题。

除中央企业外，其他企业可结合实际情况设立合规委员会，合规委员会主任由董事长或合规管理工作分管领导、总法律顾问（如有）等担任，成员可由各部门主要负责人组成。合规委员会可以与法治建设领导机构等合署办公。

在财税合规领域，合规委员会主要承担以下职责。

①负责企业财税合规管理的统筹协调工作。

②经董事会或管理层授权，合规委员会可以代为审定企业财税合规管理战略规划、年度计划、年度报告、具体制度等重大事项。

③定期召开会议，研究解决财税合规管理重点难点问题。

3.3.3　首席合规官

首席合规官是公司具体实施合规管理工作的负责人、决策者和日常监督者，对公司合规管理工作负具体管理责任。根据公司性质、规模、合规管理工作的业务量，首席合规官可以由专人担任、兼职或者外包。

第一种，公司可以任命专职的首席合规官，或由总法律顾问担任首席合规官，首席合规官和总法律顾问可以进入董事会。

第二种，可以由公司财务总监（总会计师）兼职担任首席合规官，统一负责内部风险管理审计和合规工作。

第三种，还可由外部专家担任公司首席合规官，领导外部团队进行合规管理工作。

在财税合规领域，首席合规官的主要职责如下。

①负责组织编制公司财税合规管理战略规划、基本制度、年度计划、年度报告，参与有关具体制度制订。

②负责签发与财税相关的重要制度和重要文件制订，重大决策、重要合同订立等重点环节、重要业务的合规性审核意见。

③领导合规管理牵头部门推进财税合规管理体系建设。

④负责向合规委员会汇报财税合规管理重大事项。

⑤指导财务部门财税合规管理工作，对财税合规管理职责落实情况提出意见和建议。

⑥参与公司重大财税违规事件的处置并提出意见和建议。

3.4　执行层在财税合规管理中的职责

3.4.1　合规管理部门

合规管理部门是在合规委员会之下设立的牵头负责合规管理日常工作的一个职能部门，主要工作是管理性工作，包括合规管理工作的组织、指导、协调、监督、支持等。企业应当配备与经营规模、业务范围、风险水平相适应的专职合规管理人员，加强业务培训，提升专业化水平。

企业可结合实际设置专职的合规管理部门，或者由具有合规管理职能的相关部门（如风险管理部、法律事务部）承担合规管理职责。企业可以在合规管理部门内设置财税合规管理组或财税合规管理专员，主要履行以下职责。

①联合财务部门，组织起草与财税相关的合规管理基本制度、具体制度、年度计划和工作报告等。

②负责规章制度、经济合同、重大决策中的财税合规审查。

③组织开展财税合规风险识别、预警和应对处置，根据董事会授权开展财税合规管理体系有效性评价。

④受理职责范围内的财税违规举报，提出分类处置意见，组织或者参与对财税违规行为的调查。

⑤组织或者协助业务及职能部门开展财税合规培训，受理财税合规咨询，推进财税合规管理信息化建设。

⑥完成企业合规委员会交办的其他工作。

3.4.2　财务部门

财务部门作为企业的一个重要机构，是企业合规管理的执行者和监督者。

在本书 1.3 节中，我们已经阐述，财税合规是企业合规最重要的防线。财务部门在企业合规管理方面具有承上启下的作用。

在合规管理领域，财务部门更是集第一道防线与第二道防线于一身的最重要的部门。在第一道防线中，财务部门主要发挥执行者的作用，即做到财税合规；在第二道防线中，财务部门主要发挥监督者的作用，即监督企业其他各部门和人员做到财税合规。

作为企业财税合规管理的执行者，财务部门主要履行以下职责。

①会同合规管理部门，起草财税合规管理制度和流程。

②定期梳理资金管理、资产管理、税收管理等重要业务的合规风险（包括但不限于财税合规风险），并将合规要求纳入相关的岗位职责。

③合理制订税务筹划方案，严格按照法规要求正确计算与缴纳税金。

④及时报告企业经营领域的合规风险（包括但不限于财税合规风险），组织或者配合其他部门开展应对处置。

⑤组织或者配合其他部门开展违规问题调查和整改。

⑥完成其他相关合规管理工作。

作为企业财税合规管理的监督者，财务部门主要履行以下职责。

①依据企业财务管理制度和其他相关合规管理制度规定，监督企业各项经济活动符合合规（包括但不限于财税合规）要求。

②对违反合规（包括但不限于财税合规）管理要求的经济业务，不予办理，并按照规定开展责任追究。

③会同合规管理部门、相关业务部门对合规管理（包括但不限于财税合规）工作开展全面检查或专项检查。

④对完善企业合规（包括但不限于财税合规）管理体系提出意见和建议。

3.4.3　其他业务及职能部门

企业的业务部门主要有：产品研发、市场运营、采购、生产、销售、物流等各部门。企业的职能部门主要有：战略、规划、投融资、财务、风险控制、内部控制、法律事务、人力资源、质量、安全生产、环境保护等各部门。业务及职能部门应当设置合规管理员，由业务骨干担任，负责本部门合规管理工作，接受合规管理部门业务指导和培训。

除财务部门以外，在财税合规领域，这些部门主要履行以下职责。

①在业务与管理活动开展中，填制或取得真实、完整、合规的原始凭据。

②保证各项费用支出，符合企业预算管理规定。

③组织或者配合开展财税违规问题调查和整改。

④完成其他与财税相关的合规管理工作。

3.4.4　监督部门

纪检监察机构和审计、巡视巡察、监督追责等部门是企业合规管理监督部门。在财税合规领域，主要履行以下职责。

①依据有关规定，在职权范围内对财税合规要求落实情况进行监督。

②对违反财税合规要求的行为进行调查，按照规定开展责任追究。

③会同合规管理部门、相关业务部门对财税合规管理工作开展全面检查或专项检查。

④对完善企业财税合规管理体系提出意见和建议。

⑤有关规定、企业章程等规定的其他职责。

各监督部门应将合规管理监督结果及时通报合规委员会。合规管理部门也可以根据合规风险情况主动向监督部门提出开展审计等工作的建议。

本章案例

🔍 **案例 3-1**　**某公司合规管理组织机构设置**

某公司是一家儿童玩具制造企业，已经成立近 20 年，产品在国内市场销售占 60% 左右，国外主要出口亚洲周边国家。最近三年产品销售收入有所下降，年销售额 8 000 万元（人民币）左右，年利润 600 万元左右。公司有 A、B、C 三大股东，分别占股 45%、33%、22%。董事会成员 5 人，A、B 股东各 2 人，C 股东1人。董事长由A股东担任，总经理由B股东担任。公司下设研发中心、行政办公室（兼管审计）、财务部、后勤部、人力资源部、采购部、销售一部（国内）、销售二部（国外）、生产管理部（下设5个生产车间及7个业务部门）、质量控制部。公司的法律事务由公司聘请的常年法律顾问负责，公司行政办公室指定一法律事务联络员（兼职）与法律顾问联系。随着国内外对企业合规要求越来越严，2022年5月，该公司决定成立合规管理部门。其主要做法（见图3-2）如下。

一是在董事会下设立合规领导小组。小组成员包括董事长、总经理、行政办公室主任、财务部经理、质量控制部经理等5人。董事长为公司合规管理第一责任人。

二是设立独立的合规管理部，其主要任务是识别合规风险，制订合规计划并监督执行，对业务合规进行培训、审查、评估、考核。由C股东兼任合规管理部经理。部门成员3人，包括：原行政办公室法律事务联络专员（改为专职，任合规管理部副经理）、原财务部负责税务工作的会计（兼职），另通过社会招聘1人。合规管理部有权直接向合规领导小组和合规管理第一责任人汇报工作。合规管理部具有独立性（表现为获得合规领导小组的正式授权，配备必要的人员和负责经费保障）和权威性（表现为合规管理部经理有权参与重大业务决策、对重点经营活动进行合规审查和评估，并对合规评审事项具有否决权）。

三是在各业务部门与职能部门内部指定合规联络员（兼任）。合规联络员的职责是密切配合合规管理部，在本部门落实执行合规工作并对执行情况实施监控，及时向本部门负责人、合规管理部报告不合规的情形，并及时向本部门传递内外部合规政策和变更信息。

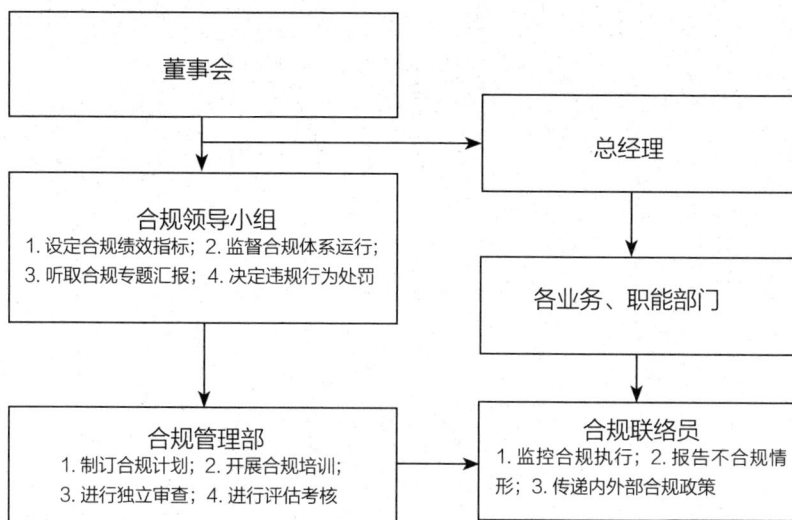

图 3-2 某公司的合规管理组织机构

本章问题思考

①在合规管理体系中，党委（党组）与董事会如何各自发挥管理职责？

②在合规管理体系中，监事会如何协调管理职责？

③在合规管理体系中，合规委员会如何协调管理职责？

④在财税合规管理中，财务部门如何发挥监管作用？

⑤在财税合规管理中，纪检监察部门、审计部门、巡视巡察组织等如何发挥监管作用？

第 4 章

**从合规义务到风险分析：
合规风险分析的一般方法**

风险无处不在，预见与应对是企业生存的法则。企业要想
行得远，必须要独具慧眼，辨识合规风险。

4.1　合规义务梳理

4.1.1　合规义务的初始识别

合规风险分析包括三个步骤，如图 4-1 所示。

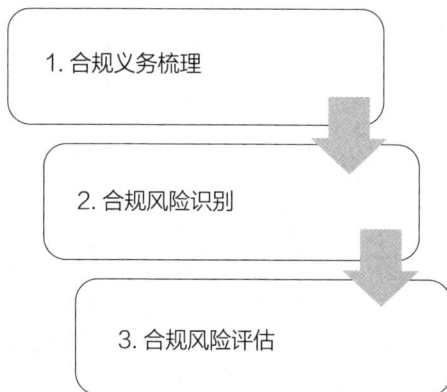

图 4-1　合规风险分析三步骤

有合规义务的地方，就存在合规风险。梳理是阐明义理、分辨事理的意思。合规义务梳理是企业进行合规风险识别的基础和依据。企业承担的合规义务越多，未履行或者违反合规义务而导致的合规风险就越多。同时，如果承担合规义务标准越高，企业是否能够履行就更具不确定性，由此未能达到合规义务要求而导致的合规风险发生的概率也越高。合规义务就像一把尺子，一把企业衡量自身生产经营行为正确性的尺子。有了尺子，才能度量出企业生产经营过程中可能出现的合规偏差，也就是合规风险。

4.1.2　合规义务的辨别

企业在初始识别出合规义务后，需要考虑以下情况，对合规义务进行辨别。

①所在市场的相关权威监管机构的治理标准和法律、法规要求（东道国／所在国）如何？

②客户、股东、企业内部员工、商业合作伙伴等相关利益方的诉求如何？

③企业的业务活动有哪些？

④风险识别和分析方法是否适合企业的经营模式？

⑤其他专业领域（如内部审计部门、法律部门和风控部门）是否参与合规风险识别分析评估流程并发挥其作用？

⑥企业管理层是否参与并致力于流程中？

⑦风险排序是否透明完整？

⑧风险是否有适当的记录？

⑨企业内部治理、管理体系成熟度如何？

企业需要根据对合规义务的梳理和辨别，制订合规义务清单文件，并在企业内部以正式文件发布。企业可根据表4-1识别和建立本企业的书面合规义务内容清单，描述其对企业活动、产品和服务的影响，并确定企业是否遵守相关的合规义务。

表4-1　企业合规义务清单识别工作表

序号	合规义务清单	对企业活动、产品和服务的影响	企业是否遵守	备注
1	具有强制性的合规要求 说明：主要列出由国家、行业、地方等权威监管机构发布的具有强制性的法律法规和要求			
2	组织为迎合市场、监管机构要求主动提出的合规承诺 说明：主要列出企业自身根据所在国市场竞争形势、道德水平等所承诺的义务			

4.1.3　合规义务的持续审视

现实工作中，合规要求和合规承诺不是一成不变的，企业应当依据环境的变化（如发布新的或修订的法律、法规和规则），以动态的视角对待合规风险因素，持续审视合规义务，以便及时跟踪法律、法规、规范和其他合规义务的出台和变更，以确保企业持续合规。这些变化包括但不限于下列情况。

①已发生的合规风险事件。

②新的法律、规则和准则颁布对本企业经营活动的影响及可能引起的合规风险。

③新产品和新业务的开发、新业务方式的拓展、新客户关系的建立，或者这种客户关系的性质发生重大变化所产生的合规风险。

④内部规章制度和业务流程未遵循法律、规则和准则的合规风险。

⑤内部规章制度未覆盖全部业务流程的合规风险。

⑥内部规章制度执行过程的合规风险。

⑦职能机构、分支机构和关键岗位管理制度的合规风险。

⑧内外部审计中所发现的合规风险等信息。

⑨国内外与本企业相关的政治、法律环境。

⑩员工道德操守的遵从性。

⑪企业签订的重大协议和有关贸易合同。

⑫本企业发生重大法律纠纷案件的情况。

⑬监管部门提示的合规风险等。

⑭其他需要关注的问题。

为了获得合规义务来源变化信息，企业可采取如下措施。

①列入相关监管部门收件人名单。

②成为专业团体的会员。

③订阅相关信息服务。

④参加行业论坛和研讨会。

⑤经常关注监管部门网站。

⑥与监管部门探讨。

⑦与法律顾问洽商。

⑧关注合规义务来源（如监管声明和法院判决）。

4.2　合规风险识别

4.2.1　合规风险识别的对象

合规管理对象是业务活动（生产经营活动、产品和服务）的合规性，仔细进行业务活动的尽职调查，详细掌握本企业在做什么是开展合规管理的基本前提。因此，企业应当将业务活动作为合规风险识别的对象，并将与其相应的合规义务联系起来，确认可能发生的未履行合规义务（即通常所说的不合规）的情况，从而识别合规风险。

1. 企业未履行合规义务而产生的合规风险

企业未履行合规义务而产生的合规风险主要源于两个方面。

一是企业外部环境变化给企业带来的合规风险，如法律法规规章、监管政策的变化，国际政治格局、国际经济形势的变化等。

二是企业内部经营状况变化给企业带来的合规风险，主要指企业的商业模式、企业的业务领域、企业的合作伙伴的变化等。企业的合规风险无论是来自外部还是内部，这些风险都是动态的，这就要求企业进行合规工作时持续监测内外部环境，及时有效地识别不断变化的合规风险。

2. 企业的业务活动

企业的业务活动主要采用以业务流程为单元的方式运行。为此，我们可以对业务流程进行解析。企业的某项业务流程，通常用"1+6"的标准结构来描述，见表4-2。其中"1"代表流程管理目标（KPI），"6"分别代表实现"1"需要实施的工作步骤、责任主体、工作任务、工作标准、工作方法和工作记录，即完成这项工作要经历几个实施步骤，每个步骤的责任主体（经办人、业务主管、分管领导）是谁，每个步骤的具体工作任务是什么，每项任务要达到的标准（如时间标准、质量标准和审核标准等）是什么，使用什么样的工作方法（如工作依据、工作组织形式、工作技巧、注意事项、禁止行为等），工作过程中留下哪些工作记录痕迹（以便查询考核）。

表 4-2　业务流程的"1+6"标准结构

流程管理目标（KPI）							
工作步骤	责任主体			工作任务	工作标准	工作方法	工作记录
	经办人	业务主管	分管领导				

在此基础上，识别存在于"1+6"流程各个环节的业务权力，找到合规风险源，依据合规风险源匹配对应的合规义务，根据"规"的内容定义具体合规风险内容，对权力行使过程中可能违规的表现进行描述，识别各项业务具体的合规风险。

4.2.2　合规风险源

风险源是指引发风险的根源。合规风险源是指组织活动中可能引发合规风险发生的人、物或事件。可以从两个角度去识别合规风险源，见图 4-2。

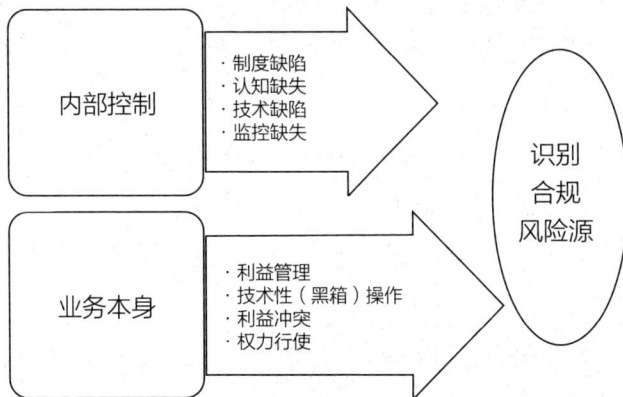

图 4-2　识别合规风险源

1. 从内部控制完善程度分析

从内部控制完善程度分析，有四种情形的合规风险源。

①制度缺陷。企业没有对应的制度、部分制度缺失，或者制度措施没有有效控制作用。

②认知缺失。员工不知道企业现有的制度约束和控制要求。

③技术缺陷。企业在某产品、某方面的技术标准、参数方面存在不足，或还不够成熟。

④监控缺失。由于某种原因，企业对某业务活动的监督控制基本处于缺失的状态。

2. 从业务本身的自然属性分析

从业务本身的自然属性分析，组织运转过程中有四种属性的合规风险源。

①利益管理。利益管理是业务活动中涉及企业、个人利益得失的活动。如岗位职责包括负责仓库物品整理、安全、防盗管理，负责货物保管等。

②技术性操作（也被称为黑箱操作）是指一种或一组计算机程序或操作的执行，其功能和实现方式不被直接暴露给外部用户或其他应用程序。这些操作通常只返回结果，而不提供关于操作内容的详细信息。在管理活动中，技术性（黑箱）操作是指企业的某个业务活动只有经办人员知道其实际实施过程且无过程痕迹，他人事后难以知道。

③利益冲突。利益冲突是个人利益与企业利益之间存在冲突的活动。岗位职责中的利益冲突通常包括：社交利益冲突，如在负责供应商资信调查、评价时，由于有一家供应商的管理者是自己的朋友等关系而忽视企业利益；职务利益冲突，如在业务往来中因与供应商、客户、合作伙伴等相识时间太长、存在密切关系而忽视企业利益；个人利益冲突，如在企业经营管理过程中做出决策时因考虑个人兴趣、愿望或亲属关系等因素而忽视企业利益等。

④权力行使。权力是企业最大、最广泛的合规风险源。后文将专门阐述此内容。

4.2.3 合规风险识别的方法

企业合规风险识别的方法有多种，具体如下。

①问卷调查法。问卷调查法是指对企业可能存在的合规风险，通过制作一系列的问题进行度量，从而搜集到可靠资料并进行研判的一种方法。调查对象可以是企业内部人员，也可以是合作伙伴，还可以是同行业的外部专家。

②专家访谈法。如组织召开专家研讨会，讨论企业的合规风险。

③举报法。举报法即建立举报机制，鼓励举报人通过信函、电话、电子邮件、网络留言等形式对企业可能存在的合规风险进行举报。企业可以增设举报奖励，以提高举报人的积极性。同时在举报机制建立后，企业还要配套建立相应的调查机制，及时对举报的合规风险进行调查、分析并采取风险化解和处置措施。

④案例分析法。案例分析法是指企业根据自身以往的合规风险案例或者其他企业相同或类似的合规风险案例，通过研究分析、总结，以提升企业合规风险识别和预防能力的方法。

⑤权力识别法。权力识别法是指通过识别不同岗位上不同的权力内容，再通过权力内容来定位合规风险的一种方法。后文将专门对这一方法进行阐述。

运用上述方法，针对企业的关键业务流程和关键岗位职责，识别对应的权力，形成权责清单，为合规风险评估提供资料。

4.2.4 权力识别模型及案例

1. 权力识别模型

在舞弊识别领域，有著名的舞弊三角理论[1]。在合规风险识别方面，也有一个著名的铁三角定律（见图 4-3），即：<u>不合规行为 = 权力 + 不良动机 + 业务</u>

---

[1] 该理论由美国注册舞弊审查师协会（ACFE）的创始人、现任美国会计学会会长史蒂文·阿伯雷齐特（W.Steve Albrecht）提出，他认为，企业舞弊的产生由压力（Pressure）、机会（Opportunity）和自我合理化（Rationalization）三要素组成，就像必须同时具备一定的热度、燃料、氧气这三要素才能燃烧一样，缺少了上述任何一个要素都不可能真正形成企业舞弊。

机会，即引致不合规行为发生的最重要的风险源是权力。没有权力，不合规行为发生缺少了第一条件，合规风险就难以发生。反过来，权力存在的地方，就是合规风险高发的地方。

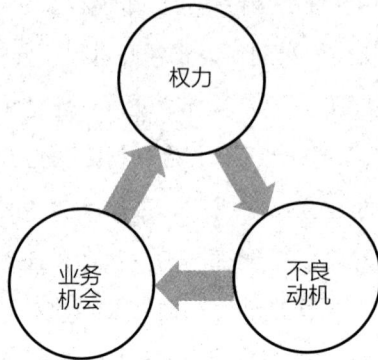

图 4-3 合规风险识别铁三角定律

企业的权力主要有八项：审批权、销售权、人事权、采购权、放行权、计量权、财务权和拥有关键信息权。通过对这八项权力运行情况进行分析，即构成合规风险的权力识别模型，见图 4-4。

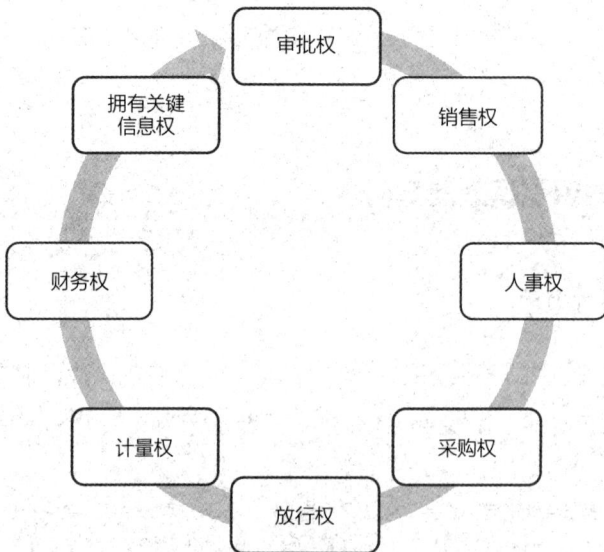

图 4-4 合规风险的权力识别模型

（1）审批权

审批权，即对重大事项的审核、决策权，一般由企业的领导、部门负责人来行使。

（2）销售权

销售权，即负责与客户对接，推介各类服务、产品、优惠政策的权力，主要由企业的销售员工或者客服行使。销售权是企业生产的产品、服务变现和实现收入的关键权力。

（3）人事权

人事权，即负责企业的招聘、任免、考核、奖励、处罚等事项的权力，主要由企业的高管及人力资源部门负责人来行使。人是组织里最活跃的生产经营要素，人事权的本质是决定组织内部人员生存空间、环境、质量的变量。

（4）采购权

采购权，即负责企业的采购、招标、确定供应商等活动的权力。采购权往往是企业现金变为原材料产品后形成价格成本的关键权力。

（5）放行权

放行权，即负责利用某尺度标准进行判断、对比、衡量等活动的权力。放行权是采购以后的后续重要业务权力。采购来的产品是否能够满足企业生产经营需要，应该经过质量、技术、安全等方面的把关，按照国家和行业的标准，或者组织拟定的特定标准，检验评价采购来的产品是合格的，才能够放行。放行权是采购的产品能够进入企业生产环节的关键权力。

（6）计量权

计量权，即负责确定数量等活动的权力。计量权是放行权后面紧跟的一项业务权力。计量权的行使是对所采购的经过检验等放行把关后的产品，形成组织对供应方的应付款项的过程。计量权往往是企业现金变为原材料产品后形成数量成本的关键权力。当然，也有独立的计量权，比如仓库物资的定期盘点，与放行权无关。

（7）财务权

财务权，即负责企业资金流管理等活动的权力。财务权是企业里掌握资金流动的最重要权力。财务权对企业的安全至关重要，尤其是对初创型企业，财务制度不健全，导致财务原始凭证丢失、企业与个人之间账目混乱、资产混同等情况频频出现，极易出现挪用资金、职务侵占、偷税、漏税等合规风险。

（8）拥有关键信息权

拥有关键信息权是指履行岗位职责过程中能接触、掌握、形成需控制受众范围的信息的机会的权力。拥有关键信息权是前面七项权力在行使过程中衍生出来的一项独特的权力。拥有关键信息权以组织之间和组织内部信息不对称为基本出发点，形成于上面七项权力行使过程中，权力行使者自然掌握有利信息和不利信息。由于利益相关方想获得不对称的重要信息，提高自己的竞争力，所以会产生利益与关键信息的不正当相互交换关系，这就是关键信息的价值和魅力所在。

2. 内部权力分布地图

按照以上权力识别模型，对照各岗位职责内容中授予的具体权力内容，企业合规风险管理部门可以形成各岗位的关键权力分布统计表，见表4-3。

表4-3　企业岗位关键权力分布统计表

姓名	岗位	审批权	销售权	人事权	采购权	放行权	计量权	财务权	拥有关键信息权
张三	党委书记	√	√	√	√	√	√	√	√
李五	董事长	√	√	√	√	√	√	√	√
李四	总经理	√	√	√	√	√	√	√	√
王五	采购部经理	√			√	√	√		
张六	人力资源部经理	√		√					√
陈东	出纳							√	
……									

以上各岗位关键权力分布统计表如同企业内部各岗位的权力分布地图。有了这张权力分布地图，再逐一分析，就可以找到合规风险点。

4.3　合规风险评估

4.3.1　合规风险评估的方法

识别出合规风险后，应分析已识别风险的发生概率和可能造成的后果。通常利用风险分析来识别和评估风险，以便在风险管理的过程中采取预防措施来防止或缓解可能发生的负面事件的影响。

1. 风险的识别与评估

风险事件发生的可能性，可以用极高、高、中等、低、极低等来描述，见表 4-4。

表 4-4　合规风险发生的可能性

评分	可能性	说明
5	极高	在未来 12 个月内，这项风险肯定会出现至少 1 次
4	高	在未来 12 个月，这项风险极可能出现 1 次
3	中等	在未来 2~10 年，这项风险可能出现 1 次
2	低	在未来 10~100 年，这项风险可能出现至少 1 次
1	极低	这项风险出现的可能性极低，估计在 100 年内出现的可能性少于 1 次

合规风险的后果主要包括四个方面：一是企业因违规行为遭受行政处罚；二是企业因犯罪行为受到刑事责任的追究；三是企业因前述行政责任或刑事责任的追究遭受营业资格的丧失，如被剥夺了特许经营资格、被吊销了营业执照、被限制经营等；四是声誉受损。合规风险对企业造成的负面后果同样可以用极高、高、中等、低、极低等来描述，见表 4-5。

表 4-5　合规风险对企业造成的负面后果

评分	损失程度	说明
5	极高	影响是灾难性的，即令企业失去继续运作的能力（如违规罚款占企业税前利润达 50%）
4	高	对于企业在争取完成其策略性计划和目标方面，造成重大影响（如违规罚款占企业税前利润的 20%~50%）

· 61 ·

續表

評分	損失程度	說明
3	中等	在一定程度上對企業爭取完成其策略性計劃和目標的過程造成阻礙（如違規罰款占企業稅前利潤的 5%~20%）
2	低	只對企業爭取完成其策略性計劃和目標造成輕微影響（如違規罰款占企業稅前利潤 5% 以下）
1	極低	影響程度十分輕微

2. 建立一個特定的合規風險模型

在具體評估某項合規風險時，企業可以通過調研企業合規義務、發動相關人員補充例外風險、定義風險、聯結風險與戰略等各項工作，以建立一個特定的合規風險模型，並按照後果的重要性和發生的可能性對合規風險進行排序等，確保影響企業合規目標的所有風險都能被識別、定義和理解。企業可以通過當面訪談、發放調查表、召開座談會等形式收集相關信息，並結合具體業務（活動或權力）運行與風險的關係（見表 4-6），使用專家評分法、合規風險評估模型（見圖 4-5）等方法確定風險的優先等級，區分哪些風險是主要風險，哪些是次要風險，哪些是低級風險，形成合規風險清單（見表 4-7），分別採取相應的控制政策（制度）和措施，為保證重要的風險能夠得到有效管控奠定堅實的基礎。

合規風險清單的主要內容如下。①風險描述：簡單但準確地描述風險，即風險可能在什麼情況下以什麼方式發生以及風險對既定目標的影響。②風險誘因：明確導致風險發生的真正原因，因為這可以提示在哪些方面採取有效措施。③後果程度：說明風險發生後會在哪些方面，以及以怎樣的方式造成影響。

表 4-6 業務（活動或權力）運行與風險的關係

標準	內涵	與風險的關係
自由裁量度	某項業務（活動或權力，下同）中自由裁量幅度的大小	如果自由裁量的幅度很大，則風險就高，反之就低
透明度	某項業務運行的過程和結果是否公開，以及公開的程度	運行越透明，風險越低
可復核度	某項業務的運行是否留下很多痕跡，即其運行過程被記錄下來的詳細程度	運行過程被記錄得越詳細，則其風險級別越低，反之則越高

续表

标准	内涵	与风险的关系
制约度	某项业务在横向被不同岗位制约以及在纵向被上下环节制约的程度	制约度越高，风险越低
频率	某项业务运行的频率	运行频率越高，风险越高
危害度	某项业务的开展对社会利益损害程度的大小	危害度越高，风险越高

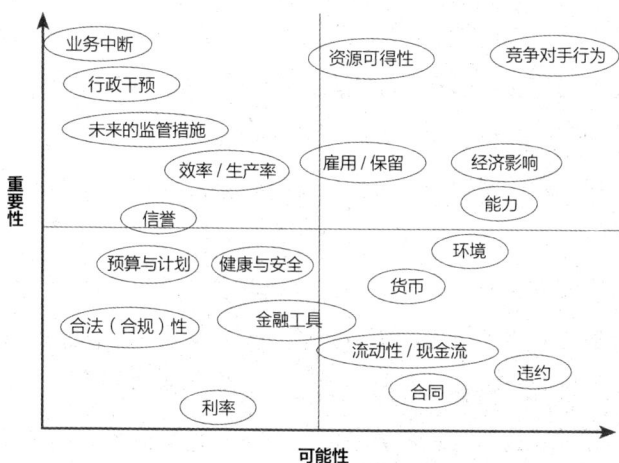

图 4-5 合规风险评估模型（重要性 - 可能性）

表 4-7 合规风险清单（示例）

风险描述	风险诱因	后果程度	p*	I*
受贿	个人动机	罚款、名誉损失、经济损失	低	高
向公职人员、供应商、业务伙伴行贿	实现目标，获得红利	罚款、名誉损失、被竞争对手歧视、被列入黑名单	极高	极高
通过横向 / 纵向垄断协议	对于潜在风险缺乏了解、不敏感	官方调查、罚款、名誉损失	极高	极高
通过现金支付或非法银行账户洗钱	对于潜在风险缺乏了解、不敏感	官方调查、罚款、名誉损失	中等	高
不遵守海关 / 税务法	无视相关法律法规	罚款、限制进出口、销售损失	中等	高

注：p*= 风险发生的可能性——极高—高—中等—低—极低；

I*= 影响程度（后果）——极高—高—中等—低—极低。

需要说明的是，以风险为基础的合规管理方法并不意味着在合规风险较低的情况下，企业可以接受不合规行为。该方法帮助组织将主要精力和资源优先集中在更高风险上，并最终覆盖全部合规风险，让所有识别的合规风险（点）都处于适当的监视中并能得到处理。

4.3.2　合规风险评估中对"人"的考虑

发生不合规行为的主体是企业内部的人员，合规风险出现的原因也主要来自内部人员的人性、欲望和追求，也就是说，合规风险产生的根本原因是内部人员的不良动机。因此，在合规风险评估中需要特别考虑"人"的因素。

从人员主观故意角度划分，合规风险可以分为过错性合规风险和蓄意性合规风险。

过错性合规风险是非主观故意，没有蓄意谋划，而是由于主观性的疏忽或客观上的原因导致发生不合规行为的风险。过错性合规风险比较分散，且主体也是多样化的，可能是内部工作人员理解发生偏差或操作不当，也可能是管理流程缺陷、系统设计缺陷等。但无论主观与否，过错性合规风险发生的前提都与合规风险的认识与管理不到位有关。因此，对于过错性合规风险，采取加强合规培训、合规操作示范练习、优化管理流程、减少系统设计缺陷等管理措施，就基本可以控制。

蓄意性合规风险又称舞弊风险。企业管理层舞弊和关键管理人员舞弊问题所给企业带来的后果，是企业合规风险中最致命的，也是危害最大的，轻则企业及相关人员受到行政处罚，重则企业面临关闭、相关人员面临刑事犯罪的后果。舞弊风险也是控制难度较大的合规风险，因此合规风险管理的重点是舞弊风险的识别与评估。

4.3.3　针对舞弊风险的特别评估

从企业权力的角度，舞弊风险涵盖了企业"决策权-执行权-监督权"的各个方面。在企业的八项权力中，都存在舞弊风险。

1. 评估舞弊发生的可能性

①被评估组织目标的可行性。组织目标设置不当，超越了执行人的能力范围，反而会对执行人产生不当的压力，使执行人可能会为达到目标而采取各种手段，甚至包括舞弊。因此，组织目标设置应当充分考虑组织的客观环境与实际情况，设置得当，使执行者通过努力可以达到。

②控制意识和态度的科学性。组织控制意识和态度是否正确、科学决定了组织能否制订出符合组织实际情况、有效的内部控制制度。

③员工行为规范的合理性和有效性。员工行为规范对员工的行为直接起指导和规范的作用，行为规范的合理性、行为与组织目标和经营活动授权制度是对各种舞弊行为直接的监控手段。

④业务活动授权审批制度的有效性。各种职责的分离、授权，确保了各个层次的执行人难以滥用职权，做出超越权限的指令，限制了舞弊行为发生的机会，同时限制了舞弊行为确实发生时的损失程度。

⑤内部控制和风险管理机制的有效性。内部控制和风险管理机制是企业用于应对、消除面临的各种风险的解决方法和策略。因此其有效性对最大限度地消除风险、减少风险带来的损失，具有重要的意义。

⑥信息系统运行的有效性。企业的管理信息系统不仅处理组织内部的信息，同时也处理外部的信息。信息在企业内部的交流与沟通，可以使员工更好地履行其职责。同时，管理信息系统对信息的整理也使得员工的工作得到了一定的监督和约束，可以有效地降低舞弊行为发生的概率。

评估人员应关注内部控制运行的有效性及其可能存在的合规风险高发点。

2. 评估可能导致舞弊发生的情况

除内部控制的固有局限外，还应考虑可能会导致舞弊发生的下列情况。

①管理人员品质不佳。

②管理人员遭受异常压力。

③经营活动中存在异常交易事项。

④组织内部个人利益、局部利益和整体利益存在较大冲突。

由于内部控制的固有局限性，内部控制不可能防范所有的舞弊。上述情形的存在更容易促使舞弊者利用内部控制的固有限制，绕开内部控制进行舞弊。舞弊者在组织中所处位置越高，越容易绕开内部控制实施舞弊，或者越容易掩盖舞弊行为，评估人员应对此保持警惕。

本章案例

🔍案例 4-1 权力识别模型在某基建部经理岗位风险识别中的应用

××公司基建部经理岗位职责如下。

1.负责基建工程询价。

2.负责基建工程队选择报批。

3.负责基建预算报批。

4.负责基建合同草签。

5.负责基建施工管理。

6.负责组织基建工程验收。

7.负责组织基建工程结算报批。

8.负责基建合同、基建档案管理。

9.遵守公司的规章制度。

10.完成上级交办的其他工作。

案例分析

对照前面的权力识别模型，识别该基建部经理的岗位职责内容有以下权力，见表4-8。

表4-8 岗位权力识别表

公司名称：××公司

岗位名称：基建部经理岗位职责   姓名：×××

权力名称	是否有以下权力	权力内容清单
1.审批权	否	无
2.销售权	否	无
3.人事权	否	无

权力名称	是否有以下权力	权力内容清单
4. 采购权	是	负责基建工程询价 负责基建工程队选择报批 负责基建合同草签
5. 放行权	是	负责基建施工管理 负责组织基建工程验收
6. 计量权	是	负责基建预算报批 负责组织基建工程结算报批
7. 财务权	否	无
8. 拥有关键信息权	是	由于负责工程询价，因此掌握基建工程内部价格 由于负责基建工程队选择报批，因此知道基建工程的其他投标人信息 由于负责基建预算报批，因此知道基建工程的内部预算量 由于负责组织基建工程结算报批，因此知道基建工程的最终内部预算量

基建部经理的这4项权力（11项具体权力）中的任何一项，如果监督缺失，都有可能因权力滥用导致舞弊。因此，公司需要对这些具体权力的正确行使制订出足够的合规风险管理措施，融入企业正常的制度体系，并加强执行情况监督。通过制度层面的完善和执行中的监督制衡，才能让权力不被滥用。

案例 4-2　××企业合规风险自检表（税务合规部分）

××企业合规风险自检表（税务合规部分）如表4-9所示。

表4-9　××企业合规风险自检表（税务合规部分）

体检项目	表现情形	违规后果	体检结果
逃税罪	纳税人采取欺骗、隐瞒手段进行虚假纳税申报或者不申报	a. 逃避缴纳税款数额较大并且占应纳税额10%以上的，处3年以下有期徒刑，并处罚金 b. 数额巨大并且占应纳税额30%以上的，处3~7年有期徒刑，并处罚金	红（　） 黄（　） 绿（　）
抗税罪	纳税人采取欺骗、隐瞒手段进行虚假纳税申报或者不申报，逃避缴纳税款	a. 数额较大并且占应纳税额10%以上的，处3年以下有期徒刑，并处罚金 b. 数额巨大并且占应纳税额30%以上的，处3~7年有期徒刑，并处罚金	红（　） 黄（　） 绿（　）

续表

体检项目	表现情形	违规后果	体检结果
逃避追缴欠税罪	纳税人欠缴应纳税款，采取转移或者隐匿财产的手段，致使税务机关无法追缴欠缴的税款	a. 数额在 1 万~10 万元的，处 3 年以下有期徒刑，并处或者单处欠缴税款 1~5 倍罚金 b. 数额在 10 万元以上的，处 3~7 年有期徒刑，并处欠缴税款 1~5 倍罚金	红（ ） 黄（ ） 绿（ ）
骗取出口退税罪	以假报出口或者其他欺骗手段，骗取国家出口退税款	a. 数额较大的，处 5 年以下有期徒刑，并处骗取税款 1~5 倍罚金 b. 数额巨大或者有其他严重情节的，处 5~10 年有期徒刑，并处骗取税款 1~5 倍罚金 c. 数额特别巨大或者有其他特别严重情节的，处 10 年以上有期徒刑、无期徒刑，并处骗取税款 1~5 倍罚金或者没收财产	红（ ） 黄（ ） 绿（ ）
虚开增值税发票用于骗取出口退税、抵扣税款发票罪	有为他人虚开、为自己虚开、让他人为自己虚开、介绍他人虚开行为之一的	a. 处 3 年以下有期徒刑，并处 2 万~20 万元罚金 b. 虚开的税款数额较大或者有其他严重情节的，处 3~10 年有期徒刑，并处 5 万~50 万元罚金 c. 虚开的税款数额巨大或者有其他特别严重情节的，处 10 年以上有期徒刑、无期徒刑，并处 5 万~50 万元罚金或者没收财产	红（ ） 黄（ ） 绿（ ）
虚开其他发票罪	除虚开增值税专用发票，或者虚开用于骗取出口退税、抵扣税款其他发票外，虚开其他发票的情形	a. 情节严重的，处 2 年以下有期徒刑，并处罚金 b. 情节特别严重的，处 2~7 年有期徒刑，并处罚金	红（ ） 黄（ ） 绿（ ）
伪造、出售伪造的增值税专用发票罪	伪造或者出售伪造的增值税专用发票的	a. 处 3 年以下有期徒刑，并处 2 万~20 万元罚金 b. 数量较大或者有其他严重情节的，处 3~10 年有期徒刑，并处 5 万~50 万元罚金 c. 数量巨大或者有其他特别严重情节的，处 10 年以上有期徒刑、无期徒刑，并处 5 万~50 万元罚金或者没收财产	红（ ） 黄（ ） 绿（ ）
非法出售增值税专用发票罪	非法出售增值税专用发票的	a. 处 3 年以下有期徒刑，并处 2 万~20 万元罚金 b. 数量较大的，处 3~10 年有期徒刑，并处 5 万~50 万元罚金 c. 数量巨大的，处 10 年以上有期徒刑、无期徒刑，并处 5 万~50 万元罚金或者没收财产	红（ ） 黄（ ） 绿（ ）

续表

体检项目	表现情形	违规后果	体检结果
非法购买增值税专用发票、购买伪造的增值税专用发票罪	非法购买增值税专用发票或者购买伪造的增值税专用发票的	处 5 年以下有期徒刑，并处或者单处 2 万 ~20 万元以下罚金	红（　）黄（　）绿（　）
非法制造、出售非法制造的用于骗取出口退税、抵扣税款发票罪	伪造、擅自制造或者出售伪造、擅自制造的可以用于骗取出口退税、抵扣税款的其他发票的	a. 处 3 年以下有期徒刑，并处 2 万 ~20 万元罚金 b. 数量巨大的，处 3 年以下有期徒刑，并处 5 万 ~50 万元罚金 c. 数量特别巨大的，处 7 年以上有期徒刑，并处 5 万 ~50 万元罚金或者没收财产	红（　）黄（　）绿（　）
非法出售用于骗取出口退税、抵扣税款发票罪	伪造、擅自制造或者出售伪造、擅自制造的前款规定以外的其他发票的（有关本条详细内容可查阅《中华人民共和国刑法》第二百零九条）	a. 处 2 年以下有期徒刑，并处或者单处 1 万 ~5 万元罚金 b. 情节严重的，处 2~7 年有期徒刑，并处 5 万 ~50 万元罚金	红（　）黄（　）绿（　）
非法出售发票罪	违反发票管理规定，非法出售各种不能用于出口退税、抵扣税款的发票的行为	a. 处 2 年以下有期徒刑，并处或者单处 1 万 ~5 万元罚金 b. 情节严重的，处 2~7 年有期徒刑，并处 5 万 ~50 万元罚金	红（　）黄（　）绿（　）
持有伪造的发票罪	明知是伪造的发票而持有，并且数量较大的行为	a. 处 2 年以下有期徒刑，并处罚金 b. 数量巨大的，处 2~7 年有期徒刑，并处罚金	红（　）黄（　）绿（　）

本章问题思考

①如何寻找企业的合规风险源？

②试依据权力识别模型，分析采购业务中采购经理的合规风险及其应对措施。

③为什么说在合规风险评估中需要特别考虑"人"的因素？

④试分析舞弊风险与财税合规风险的关系。

第 5 章

从合规义务到风险分析: 财务合规义务与风险分析

"所有命运馈赠的礼物,都已在暗中标好了价格",市场在赐予企业财富的同时,其实也都已在暗中标好了财务风险。

5.1　账簿设置与记账

5.1.1　账簿设置与登账的合规义务

1. 账簿设置的规范要求

根据《会计法》的规定，企业账簿设置的基本要求如下。

①账簿的设置要能保证系统、全面地反映和监督经济活动的情况，满足经济管理的需要，为经济管理提供总括的核算资料和明细的核算资料。

②账簿的设置要能保证组织严密，各账簿之间既要有明确的分工，又要有密切的联系，考虑人力和物力的节约，力求避免重复或遗漏。

③会计账簿包括总账、明细账、日记账和其他辅助性账簿。现金日记账和银行存款日记账必须采用订本式账簿。不得用银行对账单或者其他方法代替日记账。

④实行会计电算化的单位，用计算机打印的会计账簿必须连续编号，经审核无误后装订成册，并由记账人员和会计机构负责人、会计主管人员签字或者盖章。

⑤启用会计账簿时，应当在账簿封面上写明单位名称和账簿名称。在账簿扉页上应当附启用表，内容包括：启用日期、账簿页数、记账人员和会计机构负责人、会计主管人员姓名，并加盖个人名章和单位公章。记账人员或者会计机构负责人、会计主管人员调动工作时，应当注明交接日期、接办人员或者监交人员姓名，并由交接双方人员签名或者盖章。

启用订本式账簿，应当从第一页到最后一页顺序编定页数，不得跳页、缺号。使用活页式账页，应当按账户顺序编号，并须定期装订成册。装订后再按实际使用的账页顺序编定页码，另加目录，记明每个账户的名称和页次。

2. 登记账簿的规范要求

①进行账簿登记时的记账笔。一般应该用蓝黑色墨水笔记账，特殊情况下，才可以用红色墨水笔记账。

②会计人员应当根据审核无误的会计凭证登记会计账簿。

③各种账簿按页次顺序连续登记，不得跳行、隔页，如果发生跳行、隔页，应当将空行、空页画线注销，或者注明"此行空白""此页空白"字样，并由记账人员签名或者盖章。

④需要结出余额的账户，结出余额后，应当在"借或贷"等栏内写明"借"或者"贷"等字样，没有余额的账户，应当在"借或贷"等栏内写"平"字，并在余额栏内用"Q"表示。

⑤现金日记账和银行存款日记账必须逐日结出余额。

⑥不准涂改、挖补、刮擦或者用化学工具消除字迹，不准重新抄写，发现错账必须按照规定的方法进行更正。

⑦定期核对。各单位应当定期对会计账簿记录的有关数字与库存实物、货币资金、有价证券、往来单位或者个人等进行相互核对，保证账证相符、账账相符、账实相符。对账工作每年至少进行一次。

⑧各单位应当按照规定定期结账。a.结账前，必须将本期所发生的各项经济业务全部登记入账。b.结账时，应当结出每个账户的期末余额。c.需要结出当月发生额的，应当在摘要栏内注明"本月合计"字样，并在下面通栏画单红线。d.需要结出本年累计发生额的，应当在摘要栏内注明"本年累计"字样，并在下面通栏画单红线；12月末的"本年累计"就是全年累计发生额。全年累计发生额下面应当通栏画双红线。e.年度终了结账时，所有总账账户都应当结出全年发生额和年末余额。f.年度终了，要把各账户的余额结转到下一会计年度，并在摘要栏注明"结转下年"字样；在下一会计年度新建有关会计账簿的第一行余额栏内填写上年结转的余额，并在摘要栏注明"上年结转"字样。

5.1.2　账簿设置与记账的合规风险识别

账簿设置与记账方面常见的合规风险有以下几个方面。

①不依法设置会计账簿。

②私设会计账簿。

③伪造、变造会计凭证与会计账簿。

④隐匿、涂改、故意销毁、损坏账簿。

⑤未按照规定填制、取得原始凭证或者填制、取得的原始凭证不符合规定，即出具原始凭证的单位、个人违反法律、行政法规的规定，出具的原始凭证不合法；或者取得原始凭证的单位、个人违反法律、行政法规的规定，取得的原始凭证不合法。

⑥以未经审核的会计凭证为依据登记会计账簿，或者登记会计账簿的行为不符合有关规定。

如在登记账簿的过程中，不按照记账凭证的内容和要求记账，而是随意改动业务内容，故意使用错误的科目，使借贷方科目弄错，混淆业务应有的对应关系，以掩饰其违法乱纪的意图。

⑦挂账作假。

⑧结账作假。

⑨假相符。少数企业财务会出现会计凭证和账簿、账证、账实、账表看似相符，但实际上不全相符的情况。

5.1.3　账簿设置与记账的合规风险评估及案例

账簿设置与记账的合规风险评估，应重点关注以下方面。

①私设会计账簿。

②伪造、变造会计凭证与会计账簿。

③未按照规定填制、取得原始凭证或者填制、取得的原始凭证不符合规定。

④以未经审核的会计凭证为依据登记会计账簿或者登记会计账簿不符合规定。

⑤挂账作假等行为。

🔍案例 5-1　"小金库"为何会演变成大问题

A公司是一家民营企业，经营期间，A公司为节约成本，安排时任财务总监孙柏明（化名）使用其个人银行卡设立"小金库"进行公司业务款结算。2018年1月至2022年8月，孙柏明利用职务之便，连续多次秘密将卡内公司资金转入其个人名下的其他银行账户，并分别用于个人理财、消费等，累计金额2 400多万元。公司审计发现问题后，他把结算业务款的银行卡交给出纳保管，并从单位离职。但该银行卡已开通网银，孙柏明拒不配合交出U盾和用于理财的个人银行卡，给公司带来了巨大损失，严重影响了公司正常经营。

案例分析

"小金库"是指游离于正式账簿记录之外的、不受监督的、可供自由支配的账外资金。设立"小金库"在许多企业中是一种较为普遍的现象。主要包含以下几种。

（1）违规收费、罚款及摊派设立"小金库"。

（2）用资产处置、出租收入设立"小金库"。

（3）以会议费、劳务费、培训费和咨询费等名义套取资金设立"小金库"。

（4）经营收入未纳入规定账簿核算设立"小金库"。

（5）虚列支出转出资金设立"小金库"。

（6）以假发票等非法票据骗取资金设立"小金库"。

（7）上下级单位之间相互转移资金设立"小金库"。

"小金库"带来的危害是很大的。

（1）"小金库"诱发的内部犯罪。主体多为本单位的核心人员。"小金库"的存在为本单位人员贪污、挪用公款提供了便利条件，从而诱发本单位内部掌握"小金库"的核心人员犯罪。比如，某企业分公司领导在职期间私设"小金库"，数额高达上百万元，他利用招待客户、给客户回扣、发奖金等名义虚报支出，用白条从"小金库"中支出50余万元转入自己的账户。

（2）"小金库"诱发的外部犯罪。主体主要是外部权力单位人员。"小金库"客观上为权钱交易提供了物质基础，极易诱发外部犯罪。许多企业私设"小金库"的用途之一是利用小金库的钱去拉关系，为企业谋取不正当的利益，从而诱发本单位以外的人员犯罪。比如某国有企业在一次税务检查中，被查出有偷税漏税的行为，为了使企业减免本应受到的巨额的经济处罚，该企业领导就从"小金库"中支出几十万元送给了负责调查该企业偷税漏税的税务干部，结果国有资产流失了，那名税务干部也被"小金库"送进了监狱。

（3）"小金库"扰乱企业的正常经营，造成经营利润的流失。"小金库"违反企业财务管理制度，致使出现"两本账""多本账"，甚至假账。"小金库"的资金游离在财务、审计监督之外，一定程度上扰乱了企业经营秩序，甚至造成企业财务会计信息失真，影响企业的成本控制和经营管理。

（4）"小金库"造成国家税收的流失。"小金库"的形成主要是减少收入，增加费用，必然会导致利润的减少，从而导致企业少缴纳增值税、企业所得税及其他附加税费等。本案例中，A公司配合税务部门补缴税款及滞纳金等共计 3 400 余万元。

（5）"小金库"的存在助长了铺张浪费、奢侈腐化之风。"小金库"一旦形成，就会被少数人掌握，有的领导者将"小金库"视为私人的钱袋子，一些纯属私事的开支也计入其中。有的"小金库"方便了公款吃喝和公款行贿，严重腐化了社会风气，毒化了人们的心灵。有的领导者建立"小金库"就是为了贪污挪用或者集体私分。

解决方法

"小金库"的产生有两个条件：一是动机，二是机会。动机与机会一结合，"小金库"就形成了，见图 5-1。

图 5-1　"小金库"的形成

因此，有效防治"小金库"，可以从以下两方面着手。

一是抑制产生"小金库"的动机。为此，需要做到以下方面。

（1）加强教育宣传，使领导干部不想设"小金库"。要使领导干部，特别是国有企业的主要负责人在思想上认清"小金库"的严重危害性，道理要讲透，危害要讲够。搞"小金库"不仅违纪而且违法。"小金库"就像一颗随时可能爆炸的炸弹，随时都有可能让人卷入违法违纪的案件，损害的不仅是企业的利益、集体的利益，还有个人及家庭的利益。

（2）加大监督处罚力度，使领导干部不敢设置"小金库"。需要加大对私设"小金库"现象的打击力度。当大家都认为私设"小金库"是一种犯罪行为，而不是一般违纪违规的时候，想要私设"小金库"者，就会不敢去设"小金库"。

（3）建立健全内部控制制度，使领导干部不能设置"小金库"。一方面是完善相关财务制度，预防"小金库"出现。另一方面是加强财务监督和审计监督，推行账务公开制度，建立健全一系列公开制度、监督制度，加强企业员工内部牵制和相互制衡。

二是消灭产生"小金库"的机会。为此，需要做到以下方面。

（1）建立健全法律法规，加强对财务收支全过程的监控和税务监管。税务部门需加强税收和发票的监管，对于企业发票的购买领用及要求代开票的行为，应该严格按照《中华人民共和国发票管理办法》管理监控，审查其合同、业务性质等。

（2）加强金融部门的金融监管责任和法规建设，同时加大处罚力度。银行不能为了拉存款违反规定随意为企业开立账户。银行的失职为"小金库"的成立提供了便利。根据《银行账户管理办法》，存款人只能在银行开立一个基本存款账户，且必须向中国人民银行分支机构申报，企业只有基本存款账户才能办理日常转账结算和现金收付。有的企业随意在不同银行，甚至同一个银行开立账户，而且都能转账、支取现金，就为"小金库"的形成和使用打开了方便之门。同时还要加强对个人银行账户的监管，要切实严肃银行结算纪律，严格执行银行账户实名制，从制度上堵住以个人名义进行公款私存、私设"小金库"的漏洞。

（3）健全企业财务制度，严格遵循企业会计制度的相关规定。主要措施包括：①支票的领用建立备查登记簿；进行账务处理时一定要将银行进账单、转账单等原始凭证作为附件。如有的企业利用开具鸳鸯支票的方式私设"小金库"，企业会计凭证后的存根联记录的是转给甲单位，实际开具支票收款单位是乙单位，资金就流向"小金库"了。因此对于支票的记账一定要有转账单作为附件。②费用的核算实行预算管理。对于非正常或不合理的大额支出要特别关注，内部审计要经常不定期检查其费用发生相关的经营事项、合同、相关内部记录凭证等。③往来账定期与客户进行对账，同时保留对账记录。对于往来款的清收，单位领导应高度重视，组织人员组成清理、催收小组，该收回的催收；对长期欠款的单位和个人采取一定的必要措施，以及运用法律手段收回，并将责任落实到人；对确实无法收回的，按规定程序报经批准后予以核销，同时建立备查账，做到账销案存，由有关责任人员造成的损失应视情节责令其赔偿。

5.2　现金管理

5.2.1　现金管理的合规义务

1. 外部监管要求

现金管理方面的外部监管要求主要体现在《现金管理暂行条例》中。

（1）库存现金限额要求

《现金管理暂行条例》对库存现金限额做出了如下管理要求。

①开户银行应当根据实际需要，核定开户单位 3 天至 5 天的日常零星开支所需的库存现金限额。边远地区和交通不便地区的开户单位的库存现金限额，可以多于 5 天，但不得超过 15 天的日常零星开支。

②经核定的库存现金限额，开户单位必须严格遵守。需要增加或者减少库存现金限额的，应当向开户银行提出申请，由开户银行核定。

③一个单位在几家银行开户的，由一家开户银行负责现金管理工作，核定开户单位库存现金限额。

（2）可以使用现金的情形

根据《现金管理暂行条例》的规定，开户单位之间的经济往来，除按本条例规定的范围可以使用现金外，应当通过开户银行进行转账结算。可以使用现金的情形如下。

①职工工资、津贴。

②个人劳务报酬。

③根据国家规定颁发给个人的科学技术、文化艺术、体育等各种奖金。

④各种劳保、福利费用以及国家规定的对个人的其他支出。

⑤向个人收购农副产品和其他物资的价款。

⑥出差人员必须随身携带的差旅费。

⑦结算起点以下的零星支出。

⑧中国人民银行确定需要支付现金的其他支出。

结算起点为 1 000 元。结算起点的调整，由中国人民银行确定，报国务院备案。

除第⑤、⑥项外，开户单位支付给个人的款项，超过使用现金限额的部分，应当以支票或者银行本票支付；确需全额支付现金的，经开户银行审核后，予以支付现金。

（3）现金收支规定

《现金管理暂行条例》对现金收支做出了如下管理要求。

①开户单位现金收入应当于当日送存开户银行。当日送存确有困难的，由开户银行确定送存时间。

②开户单位支付现金，可以从本单位库存现金限额中支付或者从开户银行提取，不得从本单位的现金收入中直接支付（即坐支）。因特殊情况需要坐支现金的，应当事先报经开户银行审查批准，由开户银行核定坐支范围和限额。坐支单位应当定期向开户银行报送坐支金额和使用情况。

③开户单位根据本条例（指《现金管理暂行条例》）关于现金使用范围的规定，从开户银行提取现金，应当写明用途，由本单位财会部门负责人签字盖

章，经开户银行审核后，予以支付现金。

④因采购地点不固定，交通不便，生产或者市场急需，抢险救灾以及其他特殊情况必须使用现金的，开户单位应当向开户银行提出申请，由本单位财会部门负责人签字盖章，经开户银行审核后，予以支付现金。

（4）其他规定

①开户单位在销售活动中，不得对现金结算给予比转账结算优惠待遇；不得拒收支票、银行汇票和银行本票。

②机关、团体、部队、全民所有制和集体所有制企业事业单位购置国家规定的专项控制商品，必须采取转账结算方式，不得使用现金。

③《中华人民共和国票据法》对票据结算做出了如下管理要求。

一是支票的出票人所签发的支票金额不得超过其付款时在付款人处实有的存款金额。出票人签发的支票金额超过其付款时在付款人处实有的存款金额的，为空头支票。禁止签发空头支票。

二是汇票上记载付款日期、付款地、出票地等事项的，应当清楚、明确。汇票上未记载付款日期的，为见票即付。

三是支票限于见票即付，不得另行记载付款日期。另行记载付款日期的，该记载无效。

四是支票的持票人应当自出票日起十日内提示付款；异地使用的支票，其提示付款的期限由中国人民银行另行规定。超过提示付款期限的，付款人可以不予付款；付款人不予付款的，出票人仍应当对持票人承担票据责任。

④根据《会计法》的规定，出纳人员不得兼任稽核、会计档案保管和收入、支出、费用、债权债务账目的登记工作。

2. 内部管理控制要求

现金，包括库存现金、银行存款、备用金、微信与支付宝等电子货币。现金是企业最重要的资产，任何一家企业都离不开现金。现金，就如同企业的血液，现金短缺，企业就会贫血。盈利能力再强的企业，如果货款收不回，没有足够的现金保证日常周转，企业也可能会关门；盈利能力再弱的企业，只要拥有足够的现金，企业照样可以运转得很好。

正因为现金很重要，因此所有企业的内部管理均要求加强对现金的稽核监管工作。比如不得坐支现金、不得公款私存、不得白条抵库、严格现金支付流程、严格支票管理、现金管理日清月结、定期或不定期盘点现金、会计与出纳分离、财务印鉴分开保管、银行对账单应该由出纳之外的人员到银行领取，银行对账工作按月进行，由总账会计或指定的除出纳之外的人员实施，并逐月编制银行存款余额调节表，等等。

5.2.2 现金管理的合规风险识别

1. 在现金管理方面因未遵循相关法律法规的规定而遭受处罚

根据《现金管理暂行条例》，开户单位超出规定范围、限额使用现金的，开户银行应当依照中国人民银行的规定，责令其停止违法活动，并可根据情节轻重处以罚款。

根据《现金管理暂行条例》，开户单位有下列情形之一的，开户银行应当依照中国人民银行的规定，予以警告或者罚款；情节严重的，可在一定期限内停止对该单位的贷款或者停止对该单位的现金支付。

①对现金结算给予比转账结算优惠待遇的。

②拒收支票、银行汇票和银行本票的。

③违反本条例第八条规定，不采取转账结算方式购置国家规定的专项控制商品的。

④用不符合财务会计制度规定的凭证顶替库存现金的。

⑤用转账凭证套换现金的。

⑥编造用途套取现金的。

⑦互相借用现金的。

⑧利用账户替其他单位和个人套取现金的。

⑨将单位的现金收入按个人储蓄方式存入银行的。

⑩保留账外公款的。

根据《中华人民共和国票据法》，有下列票据欺诈行为之一的，依法追究刑事责任。

①伪造、变造票据的。

②故意使用伪造、变造的票据的。

③签发空头支票或者故意签发与其预留的本名签名式样或者印鉴不符的支票，骗取财物的。

④签发无可靠资金来源的汇票、本票，骗取资金的。

⑤汇票、本票的出票人在出票时作虚假记载，骗取财物的。

⑥冒用他人的票据，或者故意使用过期或者作废的票据，骗取财物的。

⑦付款人同出票人、持票人恶意串通，实施前六项所列行为之一的。

有上述七种行为之一，情节轻微，不构成犯罪的，依照国家有关规定给予行政处罚。

2. 因现金管控不严，导致资金被挪用、侵占、抽逃或遭受欺诈

常见的现金管控不严的情形如下。

①未遵循内部控制原则及会计的要求，将出纳与稽核、会计档案保管、收入、支出、费用、债权债务账目的登记等不相容职务分离。

②实物现金以及支票、本票、汇票等银行票据随手乱放，没有及时放入保险柜。

③现金收入未及时送存开户银行。

④账簿登记不及时，没有做到日清月结。

⑤长期不做实物现金的盘点，或盘点时事先通知出纳，流于形式。

⑥银行对账单由出纳领取，或银行对账工作由出纳负责，且未指定其他人员定期进行审核、监督，缺少有效监管。

5.2.3 现金管理的合规风险评估及案例

现金管理的合规风险评估，除了关注是否触犯法律法规外，重点应该从以下方面进行评估。

1. 不相容职务是否适当分离

不相容职务是指那些如果由一个人担任，既可能发生错误和舞弊行为，又可能掩盖其错误和弊端行为的职务。现金业务不相容职务分离的基本要求如图 5-2 所示。

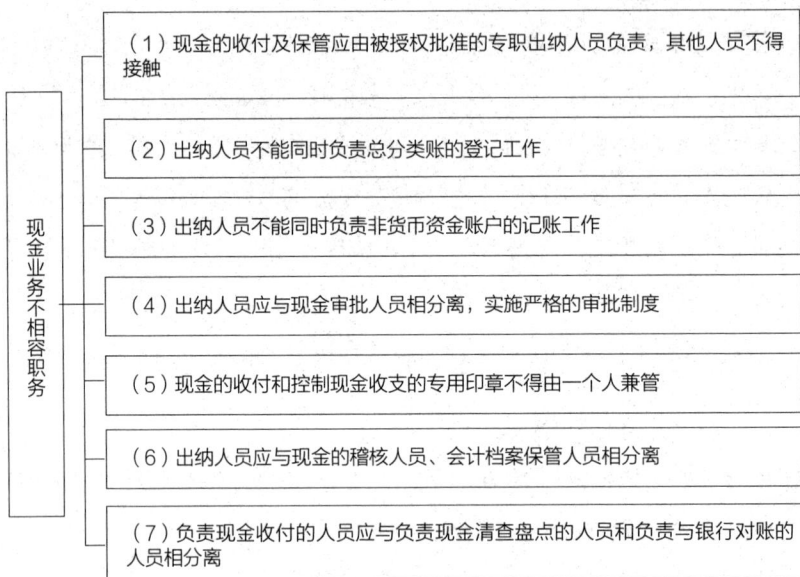

图 5-2　现金业务不相容职务分离的基本要求

2. 库存现金是否专人保管

库存现金保管的责任人是出纳人员以及其他所属单位的兼职出纳人员。合规管理人员需要重点关注以下方面。

①出纳人员是否选择诚实可靠、工作责任心强、业务熟练的人员担任。

②向银行送存现金或提取现金时，是否由两人以上一同前往。数额较大的，途中最好用专箱装放，专车运送，必要时进行武装押运。

③库存现金存放是否有安全措施。通常出纳办公室选择坚固实用的房间，能防潮、防火、防盗、通风，墙壁、房顶要牢固，门、窗要有铁栏杆或金属板（网），根据需要可安装自动报警、监控等装置。

3. 财务印鉴和支票是否分开保管

通常，财务印鉴（财务专用章和个人名章）由会计保管，支票由出纳保管。合规管理人员需要重点关注以下方面。

①是否规定会计、出纳分别为财务印鉴、支票管理的第一责任人。

②财务印鉴、支票管理人员是否具有较强的安全意识，是否发现有随意放置财务印鉴、支票的情形。

③是否具有严格的领用支票登记手续。

④对于在空白支票上加盖财务印章的情形是否进行严格的审查。

⑤若会计或出纳出现一人临时不在岗，是否可能出现由一人办理支票填写、财务印章用印、取款全过程的情形。

⑥作废支票是否加盖"作废"戳记。

4. 是否建立并执行严格的现金收支管理制度

合规管理人员需要重点关注以下方面。

①所有现金支出是否都经过批准。

②现金日记账是否根据经审核合法的收付款凭证登记入账。

③现金支出是否符合国家和公司规定的使用范围。

④出纳办理收付款后是否在收付款凭证上加盖"收讫"戳记。

⑤出纳人员收取现金后是否开出收款收据。

⑥企业是否严禁白条抵库行为。发现白条抵库情形，企业是如何处理的。

⑦企业是否严禁现金坐支行为。发现现金坐支情形，企业是如何处理的。

5. 是否定期或不定期对现金进行盘点

为确保现金账实相符，企业需要对库存现金进行定期和不定期盘点，这属于库存现金内部控制的基本要求。合规管理人员需要重点关注以下方面。

①企业对库存现金是否有日清月结的制度要求。日清月结是出纳人员办理现金收支工作的基本规定和要求，也是避免出现长款、短款的重要措施。日清月结就是按日清理，按月结账。这里所说的按日清理，是指出纳人员应对当日的经济业务进行清理，全部登记日记账，结出库存现金账面余额，并与库存现

金实地盘点数核对相符。

②企业是否建立由财务负责人组织定期或不定期对现金进行盘点的制度要求。对于现金盘点发现的差异，企业是如何进行处理的。

案例 5-2 白条抵库危害大

从 2018 年 6 月到 2021 年 12 月，某幼教服务中心会计周某采取白条抵库等方式，将幼教中心的 45 余万元托儿费据为已有。据检察机关审查，周某贪污公款采取了四种手段。其一，周某为家长开出收据后，将存根联（第一联）和记账联（第三联）上的金额涂改，使入账金额少于实际收取的金额，然后把差额部分放进自己的腰包。其二，周某利用幼教中心自制白条收据入账的机会，贪污公款。该幼教中心在 2018 年以前收取杂费和伙食费经常使用自制的白条收据入账，这种收据没有编号，使周某又找到了大做手脚的机会。其三，周某利用后勤集团管理不严之机，偷出一些空白收据，并用这些收据向家长收费后将托儿费私吞。其四，周某利用有些孩子家长不要收据的机会，将钱直接装进自己的口袋。

案例分析

白条抵库是单位库存现金管理工作中的一种典型违法行为，具体是指：支出现金时没有发票或收据等合法的付款凭证，只是用白纸写了一个收条或欠条作为现金库存。在实际工作中，使用"白条抵库"的情况较多，有的单位购进商品、支付劳务费用没有取得正式发票，而以收据或手写白条入账；有的个人通过一些借口借用单位的现金或银行存款，由于种种原因，钱花掉了，又无正式发票，为了弥补库存现金或银行存款出现的短缺，大都用不符合财务制度规定的"白条"（如由业务经办人员写一纸说明，有的甚至经办人员都不签字而由会计人员进行说明等）顶库，对"白条"的真实性、合法性没有严格审核和把关。

白条抵库主要有以下几点危害。

（1）不利于企业进行财务管理。用白条抵库，会使实际库存现金减少，日常开支所需现金不足，还会使账面现金余额超过库存现金限额，难以进行财务管理。

（2）白条抵库造成了单位账面金额与实际金额不相符，扰乱了单位财务管理，很容易产生挥霍浪费、挪用公款等问题。

（3）从性质上看，白条抵库也是逃避监督或偷漏税款的一种舞弊手段。这种行为，如果规模较小，属于一般违法行为，如果情节严重，则属于犯罪行为。正因为如此，我国现金管理制度规定，凡属现金收支，必须有合法的会计凭证并应按规定手续办理和实现。由于白条不具备合法凭证所规定的条件，因此，不能履行支付手续。诸如出纳人员擅自留白条（借条）挪用现金，或给他人通融借款，或付款凭证未经审批就付款等行为，均属违反国家现金管理与财经纪律之列。

解决方法

（1）企业进行自查，通过现金盘点，把现金中的白条清理出来。

（2）查找白条发生的根源并分类处理，包括对未及时报账的白条、待处理的白条、合理不合法的白条以及有争议的白条进行处理。

（3）通过企业自查，如果存在白条抵库的情形，应及时与涉事单位或个人进行核对，如有符合现金支出规定，但需延后交付发票或凭据的，登记入账，备注未取得发票或合法凭据。

（4）对于延后交付发票或凭据的，应在约定交付时间，及时催收，收到发票后，将发票附在凭证后面；在约定时间未交付且到年底也无法交付发票或收据的，财务人员应及时上报，由企业决定对经手白条入库的人员进行相应的处罚，并在汇算清缴时，不得税前扣除，需全额调增。

（5）对于不符合现金支出规定的，尽快把金额填补上；如果无法填补，应对经手白条入库的人员进行相应的处罚，并在汇算清缴时，不得税前扣除，需全额调增。

（6）建立健全现金管理制度，严格控制白条抵库现象。

5.3 银行账户管理

5.3.1 银行账户管理的合规义务

1. 外部监管要求

银行账户管理方面的外部监管要求主要体现为《人民币银行结算账户管理办法》。该办法规定如下。

①银行结算账户的开立和使用应当遵守法律、行政法规，不得利用银行结算账户进行偷逃税款、逃废债务、套取现金及其他违法犯罪活动。

②存款人应按照规定使用银行结算账户办理结算业务。存款人不得出租、出借银行结算账户，不得利用银行结算账户套取银行信用。

③存款人更改名称，但不改变开户银行及账号的，应于5个工作日内向开户银行提出银行结算账户的变更申请，并出具有关部门的证明文件。

④单位的法定代表人或主要负责人、住址以及其他开户资料发生变更时，应于5个工作日内书面通知开户银行并提供有关证明。

⑤有下列情形之一的，存款人应向开户银行提出撤销[1]银行结算账户的申请。

一是被撤并、解散、宣告破产或关闭的。

二是注销、被吊销营业执照的。

三是因迁址需要变更开户银行的。

四是其他原因需要撤销银行结算账户的。

其中上述第一、第二两种情形，应于5个工作日内向开户银行提出撤销银行结算账户的申请。

⑥存款人撤销银行结算账户，必须与开户银行核对银行结算账户存款余额，交回各种重要空白票据及结算凭证和开户登记证，银行核对无误后方可办理销户手续。存款人未按规定交回各种重要空白票据及结算凭证的，应出具有关证明，造成损失的，由其自行承担。

⑦任何单位及个人不得伪造、变造及私自印制开户登记证。

---

1 撤销是指存款人因开户资格或其他原因终止银行结算账户使用的行为。

⑧存款人应加强对预留银行签章的管理。单位遗失预留公章或财务专用章的，应向开户银行出具书面申请、开户登记证、营业执照等相关证明文件；更换预留公章或财务专用章时，应向开户银行出具书面申请、原预留签章的式样等相关证明文件。

2 . 内部管理控制要求

公司在银行账户管理方面，至少应该做到以下几点。

①财务专用章、法定代表人名章等银行印鉴的刻制、使用应该有审批，并做好相关记录。

②公司预留银行印鉴应指定专人分开保管，相互监督、相互制约。

③银行账户开立、变更、撤销等业务的经办人与审批人应该分开。

④银行的制单与审核密钥应指定专人分开保管，相互监督、相互制约。

⑤支票、本票、汇票等票据购买、保管、领用、背书转让、注销等业务处理应该有明确的职责分工及处理程序。

⑥银行账户应该定期清理，不用的账户需及时注销，公司账户禁止私用。

5.3.2　银行账户管理的合规风险识别

1. 因银行账户管理未遵循相关法律法规的规定而遭受处罚

根据《人民币银行结算账户管理办法》，经营性的存款人开立、撤销银行结算账户，有下列行为之一的，给予警告并处以 1 万元以上 3 万元以下的罚款；构成犯罪的，移交司法机关依法追究刑事责任。

①违反本办法规定开立银行结算账户。

②伪造、变造证明文件欺骗银行开立银行结算账户。

③违反本办法规定不及时撤销银行结算账户。

根据《人民币银行结算账户管理办法》，经营性的存款人使用银行结算账户，有下列行为的，给予警告并处以 5 000 元以上 3 万元以下的罚款。

①违反本办法规定将单位款项转入个人银行结算账户。

②违反本办法规定支取现金。

③利用开立银行结算账户逃废银行债务。

④出租、出借银行结算账户。

⑤从基本存款账户之外的银行结算账户转账存入、将销货收入存入或现金存入单位信用卡账户。

根据《人民币银行结算账户管理办法》，经营性的存款人使用银行结算账户，其法定代表人或主要负责人、存款人地址以及其他开户资料的变更事项未在规定期限内通知银行的，给予警告并处以1 000元的罚款。

2. 因银行账户管控不严导致银行账户管理无序、无效

常见的银行账户管控不严的情形如下。

①财务专用章、法定代表人名章等银行印鉴的刻制、使用混乱，没有相关记录。

②公司预留银行印鉴由出纳一人保管，银行的制单与审核密钥也由出纳一人保管，或印鉴及密钥虽已指定专人分开保管，但出纳随时可以接触到，形同虚设。

③银行账户开立、变更、撤销等业务没有审批流程，随意性比较大。

④支票、本票、汇票等票据购买、保管、领用、背书转让、注销等业务处理没有明确的职责分工，处理程序混乱。

⑤银行账户没有定期清理，不用的账户没有及时注销，存在公司账户私用的情况。

5.3.3　银行账户管理的合规风险评估及案例

银行账户管理的合规风险评估，除了关注是否触犯法律法规外，还应该重点关注如下方面。

①随意开立、变更、撤销银行账户。

②财务专用章、法定代表人名章等银行印鉴的刻制、使用混乱，没有相关记录。

③私自开展理财业务。

案例 5-3 **印鉴、密钥等应妥善保管，安全意识亟待加强**

笔者在提供咨询评估服务过程中，时常发现以下情形。

①工商、税务、银行方面的工作全部由财务部门负责。为方便财务工作，营业执照、税务登记证、组织机构代码证（现已"三证合一"）、公章、银行印鉴章全部交由财务部门保管。

②银行制单、审核密钥，银行印鉴虽已分开保管，但其中一位保管人有事外出时，基于信任，通常会将其保管的银行密钥或银行印鉴交给另一位保管人。还存在银行密钥、银行印鉴随手乱放，保管人离开时密钥、印鉴没有放回保险柜、没有上锁的现象。

③部分企业主朋友义气浓重、法制意识淡薄，经常出现帮朋友"过个账"的现象，有的甚至为方便朋友结算，提供一个专用银行账户给对方。这中间不排除利益交换的可能。

从以上诸行为，可以看出相关人员法制意识、安全意识不强，内部控制意识淡薄等问题。

案例分析

①营业执照、公章是公司重要的家当，是权力的象征。凭借营业执照和公章，可以到工商部门、税务部门办理各种业务，包括变更法定代表人；也可以申明原银行密钥、印鉴作废重新刻制银行密钥、印鉴；还可以对外签订各种合同，包括投资、担保协议等。营业执照、公章保管不善，公司可能在不知不觉中易主、财产流失或莫名其妙惹上官司，公司应加强这方面的风险意识。

②银行印鉴放在财务部门是工作需要，营业执照、公章则通常由公司行政办公室保管，形成彼此制约关系。营业执照、公章、银行印鉴全部放在财务部门保管，风险过高。放在财务部门保管的多枚银行印鉴、银行密钥应该分开保管，彼此形成制约关系。

③营业执照、公章、银行印鉴各保管人员的安全意识应该加强，不可随手乱放；离开办公室时，营业执照、公章、银行印鉴应该放入保险柜或保险箱锁好，公司应该加强这方面的宣导。

④企业高管应加强法制意识，不可出租、出借银行账户，私自开展理财业务。

5.4 其他资产管理

5.4.1 其他资产管理的合规义务

1. 外部监管要求

其他资产管理包括固定资产、无形资产、存货等的采购、配置、维护、使用、处置等。其他资产管理外部监管要求主要表现在资产的采购环节与处置环节。资产采购环节的外部监管要求主要为《中华人民共和国招标投标法》。

《中华人民共和国招标投标法》规定如下。

①在中华人民共和国境内进行下列工程建设项目包括项目的勘察、设计、施工、监理以及与工程建设有关的重要设备、材料等的采购，必须进行招标。

一是大型基础设施、公用事业等关系社会公共利益、公众安全的项目。

二是全部或者部分使用国有资金投资或者国家融资的项目。

三是使用国际组织或者外国政府贷款、援助资金的项目。

前款所列项目的具体范围和规模标准，由国务院发展计划部门会同国务院有关部门制订，报国务院批准。法律或者国务院对必须进行招标的其他项目的范围有规定的，依照其规定。

②任何单位和个人不得将依法必须进行招标的项目化整为零或者以其他任何方式规避招标。

③招标投标活动应当遵循公开、公平、公正和诚实信用的原则。

④依法必须进行招标的项目，其招标投标活动不受地区或者部门的限制。任何单位和个人不得违法限制或者排斥本地区、本系统以外的法人或者其他组织参加投标，不得以任何方式非法干涉招标投标活动。

⑤招标投标活动及其当事人应当接受依法实施的监督。有关行政监督部门依法对招标投标活动实施监督，依法查处招标投标活动中的违法行为。

2018 年 3 月，中华人民共和国国家发展和改革委员会令第 16 号《必须招标的工程项目规定》，进一步明确了项目的具体范围和规模标准——勘察、设计、施工、监理以及与工程建设有关的重要设备、材料等的采购达到下列标准之一的，必须招标。

①施工单项合同估算价在 400 万元人民币以上。

②重要设备、材料等货物的采购，单项合同估算价在 200 万元人民币以上。

③勘察、设计、监理等服务的采购，单项合同估算价在 100 万元人民币以上。

同一项目中可以合并进行的勘察、设计、施工、监理以及与工程建设有关的重要设备、材料等的采购，合同估算价合计达到前款规定标准的，必须招标。

2. 内部管理控制要求

为提高资产使用效能，保证资产安全，企业在资产管理方面至少应该做到以下几点。

①建立资产管理制度。资产管理制度至少包括：资产采购与处置流程；授权审批程序；不相容职务分离控制；价格监督机制；盘点对账制度；审计监督制度。

②达到法定标准的资产应该依法进行招投标。

③严格控制以本企业资产为其他单位提供担保的事项。

④建立健全各类资产管理台账，定期盘点并与财务账目核对，确保账实相符。

5.4.2 其他资产管理的合规风险识别

1. 因资产管理未遵循相关法律法规的规定而遭受处罚

根据《中华人民共和国招标投标法》，企业及有关人员出现下列行为，将会受到相应的处罚；企业及有关人员的下列行为影响中标结果的，中标无效。

①违反本法规定，必须进行招标的项目而不招标的，将必须进行招标的项目化整为零或者以其他任何方式规避招标的。

②招标人以不合理的条件限制或者排斥潜在投标人的，对潜在投标人实行

歧视待遇的，强制要求投标人组成联合体共同投标的，或者限制投标人之间竞争的。

③依法必须进行招标的项目的招标人向他人透露已获取招标文件的潜在投标人的名称、数量或者可能影响公平竞争的有关招标投标的其他情况的，或者泄露标底的。

④依法必须进行招标的项目，招标人违反本法规定，与投标人就投标价格、投标方案等实质性内容进行谈判的。

⑤评标委员会成员收受投标人的财物或者其他好处的，评标委员会成员或者参加评标的有关工作人员向他人透露对投标文件的评审和比较、中标候选人的推荐以及与评标有关的其他情况的。

⑥招标人在评标委员会依法推荐的中标候选人以外确定中标人的，依法必须进行招标的项目在所有投标被评标委员会否决后自行确定中标人的。

⑦招标人与中标人不按照招标文件和中标人的投标文件订立合同的，或者招标人、中标人订立背离合同实质性内容的协议的。

⑧任何单位违反本法规定，限制或者排斥本地区、本系统以外的法人或者其他组织参加投标的，为招标人指定招标代理机构的，强制招标人委托招标代理机构办理招标事宜的，或者以其他方式干涉招标投标活动的。

2. 因资产管理混乱致使企业资产流失

常见的资产管理混乱的情形如下。

①企业固定资产、无形资产采购未经审批。

②企业大额固定资产、无形资产采购没有经过招标比价流程。

③原材料、商品进出库无审批。

④资产管理台账缺失，或虽有资产管理台账，但登记不规范、不完整。

⑤私自抵入、抵出资产。

⑥资产账外管理。

⑦私自出租、出借资产。

⑧资产处置无审批或价格不公允等。

5.4.3　其他资产管理的合规风险评估及案例

资产管理的合规风险评估，除了关注是否触犯法律法规外，还应该重点关注以下方面。

①企业大额资产的采购有无审批，有没有招标、比价流程。

②原材料、商品进出库有无审批。

③有无资产管理台账，资产管理台账的登记是否规范、完整。

④有无私自出租、出借资产。

⑤有无资产账外管理等方面的问题。

⌕案例 5-4　商品管理不规范，账实不符问题严重

A 集团主要生产并销售纺织类保健用品，其中集团总部主要负责生产，各营销型子公司主要负责产品销售，产品销售的主要方式是会议营销。

一次在对华南某子公司例行审计评估过程中，内部审计人员按惯例查看仓库物资保管情况。到达仓库时，发现仓库物资堆放有些混乱，存在同类物资分开堆放的现象。内部审计人员翻阅了存放在仓库管理员手上的物资出入库单据，发现有的单据制单与审核是同一个人。接着，内部审计人员将仓库管理员登记的商品出入库台账与物资出入库单据进行了比对，发现有的物资出库已有 3 天之久尚未登账。基于上述情况，内部审计人员对仓库物资进行了盘点，发现近 30% 的品种账实不符，差异金额正负相抵后合计超过 10 万元。同时，内部审计人员发现该子公司存在虚增业绩的情况——虚开发票、出库单，提前确认收入，其目的是完成集团公司下达的业绩指标。

案例分析

商品变现能力很强，是企业非常重要的资产之一。企业应加强商品管理，在商品实物管理方面至少应该做到以下六点。

①商品进出要有计划。为此，企业应该有相应的生产计划、销售计划、物资调度计划等。

②货品要分类、有序堆放。

③不相容职务要分离。如制单与审核属于业务经办与稽核检查，应该严格分开。

④出入库单据应一式数联，分别交给不同部门、不同岗位的人员保管，以便于后期账目核对，形成相互制约、相互监督的关系，保障企业财产安全。

⑤有保质期的商品，出库时应该遵循先进先出原则。

⑥定期清查盘点，发现差异应及时查明原因并做出处理。

台账管理是企业管理的重要手段之一，在资产管理方面作用更加显著，其益处至少有三点。

①做到有据可查，保障企业资产安全，控制管理风险。

②方便与其他账目核对，形成相互制约、相互监督关系，保障企业财产安全。

③便于数据分析，通过数据分析，可以及时发现企业管理当中的问题，及时予以纠正。

台账应该及时顺序登记，并定期与相关单据、有关账目核对，确保其正确性、完整性。

虚开发票、出库单，提前确认收入问题属于员工道德品质及职业素养问题，企业应该重视，加强人员招聘、任用、培训、激励等环节的把关、控制。

5.5 资金往来

5.5.1 资金往来的合规义务

1. 外部监管要求

（1）"三重一大"制度要求

"三重一大"制度，即：重大事项决策、重要干部任免、重要项目安排、大额资金的使用，必须经集体讨论做出决定的制度。

（2）上市公司监管要求

《上市公司监管指引第 8 号——上市公司资金往来、对外担保的监管要求》明确指出如下条款。

①上市公司应建立有效的内部控制制度，防范控股股东、实际控制人及其他关联方的资金占用，严格控制对外担保产生的债务风险，依法履行关联交易和对外担保的审议程序和信息披露义务。

②控股股东、实际控制人及其他关联方不得以任何方式侵占上市公司利益。

③上市公司不得以下列方式将资金直接或者间接地提供给控股股东、实际控制人及其他关联方使用。

一是为控股股东、实际控制人及其他关联方垫支工资、福利、保险、广告等费用、承担成本和其他支出。

二是有偿或者无偿地拆借公司的资金（含委托贷款）给控股股东、实际控制人及其他关联方使用，但上市公司参股公司的其他股东同比例提供资金的除外。前述所称"参股公司"，不包括由控股股东、实际控制人控制的公司。

三是委托控股股东、实际控制人及其他关联方进行投资活动。

四是为控股股东、实际控制人及其他关联方开具没有真实交易背景的商业承兑汇票，以及在没有商品和劳务对价情况下或者明显有悖商业逻辑情况下以采购款、资产转让款、预付款等方式提供资金。

五是代控股股东、实际控制人及其他关联方偿还债务。

六是中国证券监督管理委员会（以下简称"中国证监会"）认定的其他方式。

④上市公司对外担保必须经董事会或者股东大会审议。

⑤上市公司的《公司章程》应当明确股东大会、董事会审批对外担保的权限及违反审批权限、审议程序的责任追究制度。

⑥应由股东大会审批的对外担保，必须经董事会审议通过后，方可提交股东大会审批。

⑦应由董事会审批的对外担保，必须经出席董事会的三分之二以上董事审议同意并做出决议。

（3）银行监管要求

中国人民银行发布的《贷款通则》第六十一条明确规定，各级行政部门和企事业单位、供销合作社等合作经济组织、农村合作基金会和其他基金会，不得经营存贷款等金融业务。企业之间不得违反国家规定办理借贷或者变相借贷融资业务。

2. 内部管理控制要求

为防止企业资金被非法侵占，保证企业资金安全和有效运行，企业在资金往来管理方面一般做出以下要求。

①"三重一大"制度虽然只是行政事业单位和国有企业必须遵循的一项基本制度，但许多非国有企业，出于风险管理的需要，也参照上述精神，制订企业内部的"三重一大"的标准和管理办法。

②为了防范控股股东、实际控制人及其他关联方的资金占用，严格控制对外担保产生的债务风险，许多非上市公司也遵照或参照《上市公司监管指引第8号——上市公司资金往来、对外担保的监管要求》，建立相关的内部控制制度。

一是根据自身发展战略，科学确定投融资目标和规划。

二是完善严格的资金授权、批准、审验等相关管理制度。

三是加强资金活动的集中归口管理。

四是明确筹资、投资、营运等各环节的职责权限和岗位分离要求。

五是定期或不定期检查和评价资金活动情况，落实责任追究制度。

5.5.2 资金往来的合规风险识别

1. 因资产往来未遵循相关法律法规的规定而遭受处罚

《上市公司监管指引第8号——上市公司资金往来、对外担保的监管要求》在"资金占用和违规担保的处置"部分做出了如下规定。

①中国证监会与公安部、国务院国资委、中国银保监会等部门加强监管合作，实施信息共享，共同建立监管协作机制，严厉查处资金占用、违规担保等违法违规行为，涉嫌犯罪的依法追究刑事责任。

②上市公司及其董事、监事、高级管理人员，控股股东、实际控制人及其他关联方违反本指引的，中国证监会根据违规行为性质、情节轻重依法给予行政处罚或者采取行政监管措施。涉嫌犯罪的移交公安机关查处，依法追究刑事责任。

2. 因资金往来管理混乱致使企业财产流失

常见的资金往来管理混乱的情形如下。

①无"三重一大"资金审批制度或重大资金支出未按"三重一大"要求办理，私自对外拆借资金，私自对外融资、投资或提供担保。

②无应付要件、审批流程不完整付款或超过约定条件、约定金额付款。

③通过无真实交易关联公司资金往来虚增成本。

④往来长期不对账，余额不相符等。

5.5.3　资金往来的合规风险评估及案例

资金往来的合规风险评估，除了关注是否触犯法律法规外，还应该重点关注以下方面。

① 有无"三重一大"资金审批制度。

②重大资金支出是否已按"三重一大"要求办理，是否存在私自对外拆借资金，私自对外融资、投资或提供担保事项。

③企业是否存在无应付要件、付款审批流程不完整或超过约定条件、约定金额付款等现象。

④企业是否存在资金往来长期不对账，导致余额不相符等方面的问题。

🔍案例 5-5　**辅仁药业信息披露违法违规案**

本案系一起大股东及关联方长期非经营性占用上市公司资金的典型案件。2015年至2018年，辅仁药业集团制药股份有限公司（简称"辅仁药业"）大股东及其关联方长期非经营性占用辅仁药业及子公司资金，期末余额分别为 4.1 亿元、5.8

亿元、4.7 亿元和 13.4 亿元，辅仁药业未在相关年度报告和重组文件中依法披露。[1]

2020 年，辅仁药业遭到中国证监会行政处罚[2]。

①辅仁药业定期报告存在虚假记载、重大遗漏，以及未及时披露关联方担保的行为。

②辅仁药业报送和披露的重大资产重组文件中存在虚假记载的行为。

③辅仁药业集团有限公司提供的信息存在虚假记载的行为。

其中，对辅仁药业集团制药股份有限公司处以 120 万元罚款；对辅仁药业集团有限公司处以 60 万元罚款；对时任辅仁药业法定代表人、实际控制人、董事长朱文臣处以 150 万元罚款；对时任辅仁药业副董事长朱成功及高管朱文亮、苏鸿声分别处以 35 万元罚款；对时任辅仁药业财务总监朱学究处以 30 万元罚款；对时任辅仁药业监事会主席朱文玉处以 25 万元罚款；对时任辅仁药业财务总监赵文睿处以 20 万元罚款；对其他 7 名责任人员处以 6 万元至 15 万元不等罚款。

案例分析

（1）资金是企业的血液，是企业生存和发展的重要基础，是企业财务管理的核心。有效的资金管理能够促进资金快速、良性循环，使有限的资金用在刀刃上，提高资金的时间价值和经济效益，确保资金的安全与完整。资金往来的管理是资金管理的重要组成部分。往来管理不善会导致资金被非法挪用，甚至被侵占，造成企业资产流失或资金周转效率低下，甚至可能造成企业资金周转不畅而出现经营困难，因此进入破产清算程序。为此，企业应加强资金往来管理，可重点从下述三个方面努力。

①与自然人之间的往来。公司属于法律意义上的人，简称"法人"。法人的财产与自然人，尤其是股东的财产应该严格分开。参与经营的股东除依法可以从公司领取工资薪金、借支差旅费、借支临时采购款等与经营有关的款项及领取分红外，不得从公司支取与经营无关的款项；不参与经营的股东，除依法领取应得分红外，不得从公司支取款项；公司员工只能从公司领取工资薪金、借支差旅费、借支临时采购款等与经营有关的款项。参与经营的股东及公司员

---

1 摘自：中国证券监督管理委员会官网，2021-01-29，2020 年证监稽查 20 起典型违法案例。
2 摘自：中国证券监督管理委员会官网，2020-10-14，中国证监会行政处罚决定书（辅仁药业）〔2020〕79 号。

工从公司借支款项时应遵循公司有关规章制度，注明归还日期；财务部门应定期核对，并清理往来款项。

②与单位之间的往来。企业与其他单位之间的往来至少应该做到：a.以真实交易为基础；b.重大交易事项应按照"三重一大"的要求，由领导班子集体做出决定；c.往来账目应定期核对；d.往来款项应及时催收、清理。

③担保事项。担保是指法律为确保特定的债权人实现债权，以债务人或第三人的信用或者特定财产来督促债务人履行债务的制度。担保包括抵押、质押、留置、保证等形式。其中保证又分为一般保证和连带责任保证。一般保证所付的责任是，在债务人不能清偿到期债务时，担保人要为其承担该责任，即清偿到期债务；连带责任保证所负的责任是，当债务已到清偿期，债权人有权要求债务人或保证人偿还债务。无论是为他人提供哪一种形式的担保，均存在一定的法律风险，均有可能给担保人带来财产或信用损失，企业为他人提供担保需要格外慎重。

基于某些特殊考虑，确实需要为他人提供担保时，企业至少应做到：a.尽量要求被担保人提供反担保；b.符合 "三重一大" 标准的，应按照"三重一大"的要求由领导班子集体做出决定；c.密切跟踪担保事项，避免因遗忘这一重大表外事项而引发资金周转甚至经营困难。

（2）上市公司属于公众企业，应当依法依规履行信息披露义务，披露的信息应当真实、准确、完整、简洁、易于理解，不得有虚假记载、误导性陈述或者重大遗漏。这是一根红线，不可逾越。

5.6 费用管理

5.6.1 费用管理的合规要求

1. 外部监管要求

（1）会计法要求

根据《会计法》，公司、企业的费用核算需遵循如下规定。

①必须根据实际发生的经济业务事项，按照国家统一的会计制度的规定确认、计量和记录费用，进行费用核算。

②不得有随意改变费用、成本的确认标准或者计量方法，虚列、多列、不列或者少列费用、成本的行为。

（2）税收法律要求

根据《税收征收管理法》，从事经营活动的单位、个人需遵循如下规定。

①税务机关是发票的主管机关，负责发票印制、领购、开具、取得、保管、缴销的管理和监督。单位、个人在购销商品、提供或者接受经营服务以及从事其他经营活动中，应当按照规定开具、使用、取得发票。

②从事生产、经营的纳税人、扣缴义务人必须按照国务院财政、税务主管部门规定的保管期限保管账簿、记账凭证、完税凭证及其他有关资料。账簿、记账凭证、完税凭证及其他有关资料不得伪造、变造或者擅自损毁。

③企业或者外国企业在中国境内设立的从事生产、经营的机构、场所与其关联企业之间的业务往来，应当按照独立企业之间的业务往来收取或者支付价款、费用；不按照独立企业之间的业务往来收取或者支付价款、费用，而减少其应纳税的收入或者所得额的，税务机关有权进行合理调整。

（3）发票管理办法要求

根据《中华人民共和国发票管理办法》（以下简称《发票管理办法》），成本、费用发票的取得需遵循如下规定。

①所有单位和从事生产、经营活动的个人在购买商品、接受服务以及从事其他经营活动支付款项时，应当向收款方取得发票。取得发票时，不得要求变更品名和金额。

②不符合规定的发票，不得作为财务报销凭证，任何单位和个人有权拒收。

（4）八项规定要求

八项规定一般指 2012 年 12 月中共中央政治局提出的关于改进工作作风、密切联系群众的规定，具体包括：改进调查研究、精简会议活动、精简文件简报、规范出访活动、改进警卫工作、改进新闻报道、严格文稿发表、厉行勤俭节约八个方面。这八项规定体现了中国共产党"为人民服务"的宗旨，和务实、清廉的工作作风，也为公司、企业经营管理提供了良好的参考、指引。

2. 内部管理控制要求

企业在费用管理方面，至少应该做到以下几点。

①定期编制费用预算和资金支出计划，严格按照计划执行。

②费用报销制度建设。企业可根据费用性质，分类建立费用报销管理制度。在报销流程方面应尽可能将不相容职务分离开来，同时兼顾运营效率。

③严格执行费用报销制度，谨防超范围、超标准报销，虚假报销等舞弊行为。

5.6.2　费用管理的合规风险识别

1. 因费用管理未遵循相关法律法规的规定而遭受处罚

因费用管理未遵循相关法律法规的规定而遭受处罚的情形比较多样化，常见的情形有以下几点。

①虚报费用，如虚报差旅费、招待费、会议费等。

②乱开发票，即通过虚构开票、重复开票、强制开票、无票代开等方式，达到减税和抵扣的目的。

③篡改票据，为了个人利益或者是提高业绩而篡改票据，例如改变金额、日期、收款方名称等情况。

④隐瞒报销事项，如通过假公济私行为报销个人消费等。

2. 因费用管理混乱致使企业财产损失

常见的费用管理混乱的情形如下。

①企业没有资金支出计划，也没有编制费用预算，资金支出随意性较强，费用控制不得力。

②不相容职务没有分离，或费用报销管理制度执行不到位，超范围、超标准报销，虚假报销等舞弊行为频发。

③没有制订招待费、差旅费费用报销标准，标准不明确，或执行不到位，缺乏节约意识，缺乏艰苦奋斗精神。

④违规公款旅游，注重个人享受。

⑤没有制订公务用车标准、公务用车管理办法，或虽有标准、办法但执行不到位。

⑥备用金超额超期借支，企业资产被个人长期占用。

5.6.3　费用管理的合规风险评估及案例

费用管理的合规风险评估，除了关注是否触犯法律法规外，还应该重点关注以下问题。

①企业有没有资金支出计划。

②不相容职务是否已分离。

③有无招待费、差旅费等费用报销标准。

④有无违规公款旅游等方面的问题。

案例 5-6　报销管理不严，制度形同虚设

受某市国资委委托，审计师庄某曾带队对一国资参股公司的财务管理状况进行审计评估，该公司主营客运、货运业务。到达审计评估现场后，审计小组首先和管理人员进行了简单的会谈。会谈过程中，审计小组了解到该公司费用管理体系比较健全，有费用预算，也有资金支出计划，日常的费用报销也都有相应的标准、流程。接下来审计小组进行了内部控制测试，发现费用管理相关制度的执行在形式上比较吻合，该有的审批程序都有，签字也比较齐全。在这一过程中，审计小组发现这家公司在费用报销标准的执行方面不够到位，存在超标招待（如，制度规定业务单位经理级人员来访，陪同人数不超过 3 人，人均消费不超过 80 元，实际陪同人员 4 人，人均消费 95.80 元）、公务用车违规使用、备用金超期借支长期不归还等现象。

案例分析

费用是利润的抵减项，会直接导致公司利润及净资产的减少，公司应严格把关。同时，公司制度经讨论、确认、发布后便是一项公开承诺，所有员工都应该严格遵守。制度一旦被少数人破坏，就会丧失其应有的严肃性，这会影响正面、积极的企业文化，而正面、积极的企业文化才是企业长治久安、健康发展的根本保证。企业领导应该带头维护制度的严肃性，不可任由少数人随意践踏。

为保证制度的严肃性及有效性，企业可以从以下四个方面努力。

（1）设专人负责制度规划、建设，制度的起草、签发。企业的制度既不宜太多，也不宜太少，更不宜彼此交叉、相互重叠，不能彼此矛盾。企业制度的规划、建设应该由专人负责（此专人暂且命名为制度建设专员）。企业需要建立什么样的制度，各部门有建议权，但需报经制度建设专员审核同意后方可执行。

（2）制度起草与意见征询。制度由哪个部门、哪位员工起草，应由制度建设专员指定。制度建设专员在指定起草人员的同时，应列明此项制度需经哪几个部门、哪几位员工讨论会签。起草人员应该对会签意见一一做出回应，做出同意修改或拒绝修改的明确意见。

（3）制度审核与试运行。制度建设专员收到起草人员提报的制度修改稿及各部门会签意见后，给出审核意见，并报企业领导审批。企业领导审批同意后予以公开发布。发布时注明试运行一段时间，通常为一个月。试运行期间，广大员工如有异议，可向制度建设专员反馈。

（4）意见收集与正式发布。制度建设专员负责制度试运行期间的意见收集。意见收集完成后，由制度建设专员召集制度起草、制度会签等相关人员进行讨论，决定是否采纳员工意见，如果不予采纳，如何向员工解释等事宜。依据讨论结果，修改完成后，由制度建设专员向企业领导汇报。征得企业领导同意后予以正式发布。

经过上述流程制订的制度具有较高的严谨性，且已广泛征求过意见，不同意见也事前做了沟通，支持率会大大提升。执行过程中很少出现问题，即使出现问题，沟通起来也相对会容易很多。

5.7 收入管理

5.7.1 收入管理的合规义务

1. 外部监管要求

（1）会计法的要求

根据《会计法》，公司、企业的收入核算需遵循如下规定。

①必须根据实际发生的经济业务事项，按照国家统一的会计制度的规定确认、计量和记录收入，进行收入核算。

②不得有虚列或者隐瞒收入，推迟或者提前确认收入的行为。

（2）税收征收管理法的要求

根据《税收征收管理法》，从事经营活动的单位、个人需遵循如下规定。

①单位、个人在购销商品、提供或者接受经营服务以及从事其他经营活动中，应当按照规定开具、使用、取得发票。

②从事生产、经营的纳税人、扣缴义务人必须按照国务院财政、税务主管部门规定的保管期限保管账簿、记账凭证、完税凭证及其他有关资料。账簿、记账凭证、完税凭证及其他有关资料不得伪造、变造或者擅自损毁。

③企业或者外国企业在中国境内设立的从事生产、经营的机构、场所与其关联企业之间的业务往来，应当按照独立企业之间的业务往来收取或者支付价款、费用；不按照独立企业之间的业务往来收取或者支付价款、费用，而减少其应纳税的收入或者所得额的，税务机关有权进行合理调整。

2. 内部管理控制要求

在收入管理方面，企业至少应该做到以下几点。

①根据自身情况选择合适的销售政策和策略。企业销售策略应该与其竞争战略相匹配。

②密切检测市场动向，做好销售预测。

③加强销售渠道及客户信用管理，慎重选择结算方式。

④加强账款回收工作。

⑤分离不相容职务，谨防截留货款、操纵价格等舞弊行为。

5.7.2 收入管理的合规风险识别

1. 因收入管理未遵循相关法律法规的规定而遭受处罚

因收入管理未遵循相关法律法规的规定而遭受处罚的情形，通常指企业在收入确认、销售折扣、收入调整、财务会计等方面存在违规行为。比如，企业虚构交易，以虚假的销售合同或发票来虚增收入，或者私下与客户达成口头协议进行返利或退货等操作，并未按照规定计入合法的收入，以此来违反税收、财务和公司治理等方面的相关法律法规。此外，企业也可能出现其他收入管理方面的行为不当，如恶意隐瞒业务损失、不合理地调整财务数据、滥用会计估计等。根据《税收征收管理法》，纳税人伪造、变造、隐匿、擅自销毁账簿、记账凭证，或者在账簿上多列支出或者不列、少列收入，或者经税务机关通知申报而拒不申报或者进行虚假的纳税申报，不缴或者少缴应纳税款的，是偷税行为。偷税行为将会受到相应的法律制裁。

2. 因收入管理混乱致使企业财产流失

常见的收入管理混乱的情形如下。

①销售政策和策略不当、市场预测不准确、销售渠道管理不当，导致销售不畅、库存积压、经营难以为继。

②客户信用管理不到位、结算方式选择不当、账款回收不力等，导致销售款项不能收回或遭受欺诈。

③不相容职务分离不到位，或存在串通合谋的情况，销售过程存在操纵价格等舞弊行为，导致企业利益受损。

5.7.3 收入管理的合规风险评估及案例

收入管理的合规风险评估，除了关注是否触犯法律法规外，还应该重点关注销售政策和策略、销售渠道管理、不相容职务分离、关键岗位员工素养等方面的问题。

🔍案例 5-7　员工合谋截留收入，道德建设亟须加强

A集团主要生产并销售纺织类保健用品，其中集团总部主要负责生产，各营销型子公司主要负责产品销售，产品销售的主要方式是会议营销。

一次例行审计评估，内部审计人员到达西北某子公司审计评估现场时，发现销售部门的员工斗志很高，状态很好，心想这家公司业绩应该可以。查看财务报表发现，这家子公司营销人员人均销售不算高，基本没有利润。测算了一下毛利率，发现在兄弟公司中的排名处于后10%，经核实，该子公司主要产品售价执行的是集团总部统一指导价，没有下浮。财务数据明显存疑，于是内部审计人员启动了舞弊审计程序，通过员工领取的销售提成，反推公司应有的销售收入。最终审计确认，该子公司存在员工合谋侵占公司财产、截留货款、隐瞒收入的行为。截留的货款存在于个人名义开立的存折上。此行为，不仅导致公司财产流失，还造成公司隐匿收入未申报缴纳增值税面临税务处罚的风险，企业所得税方面也存在风险。

案例分析

员工的道德品质、职业素养良好，是企业合规风险管理成功的关键，企业在人员招聘及培养环节均应该予以足够重视。

在员工道德品质、职业素养建设方面，企业可以从以下三个方面努力。

①招聘环节应有道德品质、职业素养方面的测试，同时应做好背景调查。

②员工入职后，还应该有洁身自好、廉洁奉公等个人修养方面的熏陶和培养，以及职业素养方面的培训。

③企业文化的力量也不容小觑，企业应该建立正向、积极的企业文化，通过文化去影响员工、改变员工。

5.8　财务报告编制

财务数据失真主要是指企业虚假列报收入、成本及利润，人为控制债权、债务增减，无理计提或冲销减值准备等。

5.8.1　财务报告编制的合规义务

1. 外部监管要求

（1）公司法的要求

根据《公司法》，公司、企业的财务报告编制需遵循如下规定。

①公司应当在每一会计年度终了时编制财务会计报告，并依法经会计师事务所审计。

②公司分配当年税后利润时，应当提取利润的百分之十列入公司法定公积金。公司法定公积金累计额为公司注册资本的百分之五十以上的，可以不再提取。

③公司的法定公积金不足以弥补以前年度亏损的，在依照前款规定提取法定公积金之前，应当先用当年利润弥补亏损。

④公司弥补亏损和提取公积金后所余税后利润，有限责任公司依照本法第三十五条的规定分配；在公司弥补亏损和提取法定公积金之前向股东分配利润的，股东必须将违反规定分配的利润退还公司。

⑤股份有限公司以超过股票票面金额的发行价格发行股份所得的溢价款以及国务院财政部门规定列入资本公积金的其他收入，应当列为公司资本公积金。

⑥公司的公积金用于弥补公司的亏损、扩大公司生产经营或者转为增加公司资本。但是，资本公积金不得用于弥补公司的亏损。法定公积金转为资本时，所留存的该项公积金不得少于转增前公司注册资本的百分之二十五。

⑦公司聘用、解聘承办公司审计业务的会计师事务所，依照公司章程的规定，由股东会、股东大会或者董事会决定。

⑧公司应当向聘用的会计师事务所提供真实、完整的会计凭证、会计账簿、财务会计报告及其他会计资料，不得拒绝、隐匿、谎报。

⑨公司除法定的会计账簿外，不得另立会计账簿。

⑩对公司资产，不得以任何个人名义开立账户存储。

（2）会计法的要求

根据《会计法》，公司、企业的财务报告编制需遵循如下规定。

①各单位必须根据实际发生的经济业务事项进行会计核算，填制会计凭证，登记会计账簿，编制财务会计报告。任何单位不得以虚假的经济业务事项或者资料进行会计核算。

②会计凭证、会计账簿、财务会计报告和其他会计资料，必须符合国家统一的会计制度的规定。使用电子计算机进行会计核算的，其软件及其生成的会计凭证、会计账簿、财务会计报告和其他会计资料，也必须符合国家统一的会计制度的规定。任何单位和个人不得伪造、变造会计凭证、会计账簿及其他会计资料，不得提供虚假的财务会计报告。

③财务会计报告应当根据经过审核的会计账簿记录和有关资料编制，并符合本法和国家统一的会计制度关于财务会计报告的编制要求、提供对象和提供期限的规定；其他法律、行政法规另有规定的，从其规定。

④财务会计报告由会计报表、会计报表附注和财务情况说明书组成。向不同的会计资料使用者提供的财务会计报告，其编制依据应当一致。有关法律、行政法规规定会计报表、会计报表附注和财务情况说明书须经注册会计师审计的，注册会计师及其所在的会计师事务所出具的审计报告应当随同财务会计报告一并提供。

⑤公司、企业必须根据实际发生的经济业务事项，按照国家统一的会计制度的规定确认、计量和记录资产、负债、所有者权益、收入、费用、成本和利润。

⑥公司、企业进行会计核算不得有下列行为。

一是随意改变资产、负债、所有者权益的确认标准或者计量方法，虚列、多列、不列或者少列资产、负债、所有者权益。

二是虚列或者隐瞒收入，推迟或者提前确认收入。

三是随意改变费用、成本的确认标准或者计量方法，虚列、多列、不列或者少列费用、成本。

四是随意调整利润的计算、分配方法，编造虚假利润或者隐瞒利润。

五是违反国家统一的会计制度规定的其他行为。

（3）税收征收管理法的要求

《税收征收管理法》针对税收征管相关工作做出了如下规定。

①从事生产、经营的纳税人、扣缴义务人必须按照国务院财政、税务主管部门规定的保管期限保管账簿、记账凭证、完税凭证及其他有关资料。账簿、记账凭证、完税凭证及其他有关资料不得伪造、变造或者擅自损毁。

②纳税人必须依照法律、行政法规规定或者税务机关依照法律、行政法规的规定确定的申报期限、申报内容如实办理纳税申报，报送纳税申报表、财务会计报表以及税务机关根据实际需要要求纳税人报送的其他纳税资料。

2. 内部管理控制要求

财务报告编制也是企业经营管理的需要。通过分析财务报告数据，可评价企业过去的经营业绩，衡量现在的财务状况，预测未来的发展趋势；可以分析企业资产的流动性、企业的盈利能力、企业面临的财务风险等，为企业经营决策提供依据。从内部管理控制的角度，企业至少应做到以下几点。

①在严格执行会计法律法规和国家统一的会计准则制度的基础上，尽可能地统一企业内部同类组织之间的会计政策及会计估计，以确保同类组织之间的数据可比。

②明确相关工作流程和要求，落实责任制。

③加强对财务报告编制、对外提供和分析利用全过程的管理，确保财务报告合法合规、真实完整和有效利用。

④定期分析、有效利用企业的财务报告，及时发现企业经营管理中存在的问题。

5.8.2　财务报告编制的合规风险识别

财务报告编制是企业对外提供财务信息的首要环节，对保证财务报告真实完整、规避财务报告风险至关重要。依据《企业内部控制应用指引第 14 号——

财务报告》第三条："企业编制、对外提供和分析利用财务报告，至少应当关注下列风险。（一）编制财务报告违反会计法律法规和国家统一的会计准则制度，可能导致企业承担法律责任和声誉受损。（二）提供虚假财务报告，误导财务报告使用者，造成决策失误，干扰市场秩序。（三）不能有效利用财务报告，难以及时发现企业经营管理中存在的问题，可能导致企业财务和经营风险失控。"

从财务报告编制环节来看，主要风险点至少包括以下五点。

①因企业会计政策未能有效更新，不符合有关法律法规要求，或会计政策、会计估计变更未经审批，导致会计政策使用不当；会计政策未能有效贯彻、执行等原因，导致企业财务报告编制与披露违反国家法律法规，可能遭受外部处罚、经济损失和信誉损失。

②因企业各部门职责、分工不清，导致会计数据的收集或传递出现差错、遗漏、格式不一致等，以及财务报告编制与披露未经适当审核或超越授权审批，导致企业因重大差错、舞弊、欺诈而遭受外部处罚、经济损失和信誉损失。

③因企业财务报告编制前期准备工作不充分，可能导致结账前未能及时发现会计差错。

④企业纳入汇总、合并报表范围不准确，调整事项或合并调整事项不完整可能导致财务报告信息不真实、不完整，特别是公司下属企业较多时，其下属集团公司与子公司之间、子公司之间，关联方交易非常频繁，在编制和披露财务报告时，该抵销的经济业务未抵销，该调整的事项未调整，最终导致财务信息失真，存在财务报告风险因素。

⑤企业财务报告披露程序不当，可能因虚假记载、误导性陈述、重大遗漏和未按规定及时披露导致损失。

企业内部财务部门和合规管理部门需要从以上几个方面对财务报告编制环节的合规风险进行识别与排查，有效防范财务报告风险。

5.8.3 财务报告编制的合规风险评估及案例

财务报告编制的合规风险评估，除了关注是否触犯法律法规，还应该重点关注以下方面。

①企业适用的会计准则、会计制度是否正确。

②国家对该行业是否有特殊监管要求。

③税收法律法规对企业财务报告编制是否有重大影响。

④环保、劳动生产、产品责任等方面的合规要求在财务报告编制中是否被充分考虑。

⑤财务报告数据是否有充分的证据支持。

⑥财务报告信息披露是否符合相关制度规定要求。

⑦财务报告数据的内部传递、分析利用是否符合企业内部的规定要求。

⌕案例 5-8　财务数据失真，潜在损失很大

笔者在提供咨询评估服务过程中，时常发现以下情形。

①因企业所得税法对招待费、广告费、业务宣传费等有限额控制，部分企业为了少缴纳企业所得税，采取"替票"的方式进行处理，导致财务报告数据失真。

②部分企业的上游供应商不提供发票，或虽能提供发票，但需要加收税点。为了降低成本，企业采取另找其他发票替代的方式进行处理，导致财务报告数据失真。

③为了降低用工成本、节省开支，部分小微企业把财务外包给第三方代理记账公司，而代理记账公司基本上只负责账务核算及税收申报，不提供财务分析服务，企业自身也不具备财务分析能力，导致财务报告数据未被有效利用。

以上诸情形会导致财务报告数据失真或财务报告数据未被有效利用，报告数据价值未被挖掘。

案例分析

财务报告是企业会计核算的成果，可综合反映企业的经营状况。其中，资产负债表反映企业一定时期的财务状况，利润表反映企业一定时期的经营成果，现金流量表反映企业一定时期的现金流量。

对财务报告进行综合分析，至少有以下四个方面的益处。

①有利于企业经营管理人员了解本企业各项指标的完成情况，评价有关人员的经营业绩。

②有利于企业及时发现问题，改善经营管理措施，提升经营管理水平。

③有利于企业及时调整经营方向，规避经营风险，提高经济效益。

④为经济预测和决策提供依据。

企业应加强财务数据管理，努力提升财务数据的规范性、准确性和完整性，并及时编制、定期分析财务报告，发现并挖掘财务数据价值。

本章问题思考

①财务合规主要涉及哪几部法律、法规或规章？

②企业财务合规主要涉及哪几个方面的业务？

③不相容职务主要有哪些？

④某国有企业人事科职员徐某利用经办会计的职务便利，串通酒店工作人员，通过虚增参会人数、虚构专家授课费等方式，待会议经费进入开会酒店账户，酒店工作人员将虚构出来的会议经费交由徐某，徐某将该笔款项交由会计保管，并用于支付违规招待产生的费用。请问徐某的行为是否属于私设"小金库"？

第 6 章

从合规义务到风险分析：
税务合规义务与风险分析

依法纳税，企业安全无忧；违法"避"税，终将无路可逃。

税务合规风险是指企业的涉税行为因未能正确有效地遵守税法规定，而导致企业未来利益的可能损失；或者说企业在遵从税法时的实际表现与应该达到的实际标准之间存在差异进而导致损失的不确定性。

企业税务合规风险主要包括两方面：一方面是企业的纳税行为不符合税收法律法规的规定，应纳税而未纳税、少纳税，从而面临补税、罚款、加收滞纳金、刑罚处罚以及声誉损害等风险；另一方面是企业经营行为适用税法不准确，没有用足有关优惠政策，多缴纳了税款，承担了不必要的税收负担。

企业的税收有多种。按征税对象划分有：流转税（增值税、消费税、关税）、所得税（企业所得税、个人所得税）、财产行为税（房产税、城镇土地使用税、城市房地产税、土地增值税、耕地占用税、车船使用税、契税、环保税）、资源或特定目的税（城市维护建设税、车辆购置税、印花税、屠宰税、资源税）等。

以上每个税种在征税范围、纳税主体、税率、计税依据、减免优惠、纳税义务发生时间等方面存在差异，因此，每一税种在合规管理方面均有所差异。本部分内容以目前我国开征的主要税种及常见涉税合规风险进行分析，同时对发票的合规义务与风险进行分析。

6.1 增值税合规义务与风险分析

6.1.1 增值税申报缴纳的合规义务

增值税合规管理包括准确界定增值税征税范围、适用税率、销项税额、进项税额、纳税义务发生时间等方面。

1. 增值税征税范围合规管理

很多企业无法准确界定发生的业务是否属于增值税应税行为，导致企业涉税存在问题。

根据税法规定，在中华人民共和国境内销售货物、提供加工和修理修配劳务、销售服务、销售无形资产与不动产、进口货物及其他视同销售行为的单位和个人，均为增值税的纳税义务人（以下简称"纳税人"），应当缴纳增值税。

2. 增值税税率合规管理

增值税税率反映征税尺度和深度，由于增值税多税目并存，如果税率适用不当则易导致涉税税额存在问题，故加强增值税税率合规管理非常必要，目前我国增值税采用比例税率，设置了基本税率（13%）、低税率（9%）、零税率（针对出口货物）及征收率（小规模纳税人或一般纳税人采用简易计税方法的征收率为 3%，不得抵扣进项税额）[1]，偶尔存在阶段性优惠税率。

3. 增值税纳税人合规管理

在中华人民共和国境内销售货物，销售服务、无形资产或者不动产（以下简称"应税行为"）或者提供加工、修理修配劳务以及进口货物的单位和个人，为增值税的纳税人。

单位是指企业、行政单位、事业单位、军事单位、社会团体及其他单位。

单位以承包、承租、挂靠方式经营的，承包人、承租人、挂靠人（以下简称"承包人"）以发包人、出租人、被挂靠人（以下简称"发包人"）名义对外经营并由发包人承担相关法律责任的，以该发包人为纳税人。否则，以承包人为纳税人。

个人是指个体工商户和其他个人。

纳税人分为一般纳税人和小规模纳税人。两类纳税人计税方法有所不同，故准确界定纳税人是确定税额计算的前提。

应税行为的年应征增值税销售额（以下简称"应税销售额"）超过财政部

1　自 2022 年 4 月 1 日至 2022 年 12 月 31 日，增值税小规模纳税人适用 3% 征收率的应税销售收入，免征增值税。自 2023 年 1 月 1 日至 2023 年 12 月 31 日，增值税小规模纳税人适用 3% 征收率的应税销售收入，减按 1% 征收率征收增值税；需要说明的是销售或租赁不动产征收率为 5%。

和国家税务总局规定标准的纳税人为一般纳税人，未超过规定标准的纳税人为小规模纳税人，见表6-1。

表6-1　一般纳税人和小规模纳税人分类标准

类型	年应税销售额
小规模纳税人	年销售额未超过 500 万元
一般纳税人	年销售额超过 500 万元（含）或虽未超过 500 万元，但会计核算健全

但有两种情况要注意。一是年应税销售额超过规定标准的其他个人不属于一般纳税人。年应税销售额超过规定标准但不经常发生应税行为的单位和个体工商户可选择按照小规模纳税人纳税。二是年应税销售额未超过规定标准的纳税人，会计核算健全，能够提供准确税务资料的，可以向主管税务机关办理一般纳税人资格登记，成为一般纳税人。

会计核算健全，是指能够按照国家统一的会计制度规定设置账簿，根据合法、有效凭证核算。

4. 增值税销项税额合规管理

对于增值税一般纳税人销售货物和提供应税劳务时向购买方收取的各种价外费用，均要并入计税销售额计算征税，目的是防止纳税人以各种名目的收费减少计税销售额逃避纳税。

纳税人销售货物或者提供应税劳务，按照销售额和《中华人民共和国增值税暂行条例》（以下简称《增值税暂行条例》）规定的税率计算并向购买方收取的增值税，为销项税额。其计算公式如下。

销项税额＝销售额 × 税率

或：销项税额＝组成计税价格 × 税率

销售额为纳税人销售货物或提供应税劳务向购买方收取的全部价款和价外费用，但是不包括收取的销项税额，具体地说，应税销售额包括以下内容。

销售货物或提供应税劳务源于购买方的全部价款；向购买方收取的各种价外费用，具体包括手续费、补贴、基金、集资费、返还利润、奖励费、违约金

（延期付款利息）、包装费、包装物租金、储备费、优质费、运输装卸费、代收款项、代垫款项及其他各种性质的价外收费。上述价外费用无论其会计制度如何核算，都应并入销售额计税。

5. 增值税进项税额合规管理

纳税人购进货物或接受服务过程中需要承担相应进项税额，但不一定都能够在税前扣除，只有准确掌握哪些不得抵扣，哪些可以抵扣，才能规避增值税涉税风险。根据目前我国税法规定，可抵扣和不得抵扣进项税额规定如下。

（1）可抵扣进项税额规范

①增值税专用发票、机动车销售统一发票、收费公路通行费增值税电子普通发票：需要认证或通过勾选确认方式，抵扣票面税额。

②海关进口增值税专用缴款书。

③农产品收购发票或者销售发票。

从按照简易计税方法依照 3% 征收率或免税纳税人处取得增值税专用发票的，以增值税专用发票上注明的金额和 9% 的扣除率计算进项税额。

取得（开具）农产品销售发票或收购发票的，以农产品销售发票或收购发票上注明的农产品买价和 9% 的扣除率计算进项税额。

纳税人购进用于生产销售或委托、受托加工 13% 税率货物的农产品，按照 10% 的扣除率计算进项税额。

④购进国内旅客运输服务，其进项税额允许从销项税额中抵扣，纳税人未取得增值税专用发票的，暂按照以下规定确定进项税额。

一是取得增值税电子普通发票的，为发票上注明的税额；取得注明旅客身份信息的航空运输电子客票行程单的，按照下列公式计算进项税额。

航空旅客运输进项税额 =（票价 + 燃油附加费）÷（1+9%）×9%

二是取得注明旅客身份信息的铁路车票的，按照下列公式计算进项税额。

铁路旅客运输进项税额 = 票面金额 ÷（1+9%）×9%

三是取得注明旅客身份信息的公路、水路等其他客票的，按照下列公式计算进项税额。

公路、水路等其他旅客运输进项税额 = 票面金额 ÷（1+3%）×3%

（2）不得抵扣进项税额规范

①纳税人购进货物、劳务、服务、无形资产、不动产，取得的增值税扣税凭证不符合法律、行政法规或者国务院税务主管部门有关规定的，其进项税额不得从销项税额中抵扣。

②用于简易计税方法计税项目、免征增值税项目、集体福利或者个人消费的购进货物、劳务、服务、无形资产和不动产。

③非正常损失的购进货物，以及相关的劳务和交通运输服务。

④非正常损失的在产品、产成品所耗用的购进货物（不包括固定资产）、劳务和交通运输服务。

⑤适用一般计税方法的纳税人，兼营简易计税方法计税项目、免征增值税项目而无法划分不得抵扣的进项税额，按照下列公式计算不得抵扣的进项税额。

不得抵扣的进项税额 = 当期无法划分的全部进项税额 ×（当期简易计税方法计税项目销售额 + 免征增值税项目销售额）÷ 当期全部销售额

主管税务机关可以按照上述公式依据年度数据对不得抵扣的进项税额进行清算。

⑥已抵扣进项税额的固定资产、无形资产或者不动产，发生不得抵扣情形的，按照下列公式计算不得抵扣的进项税额。

不得抵扣的进项税额 = 固定资产、无形资产或者不动产净值 × 适用税率

固定资产、无形资产或者不动产净值，是指纳税人根据财务会计制度计提折旧或摊销后的余额。

6. 增值税纳税义务发生时间、扣缴义务发生时间合规管理

只有准确掌握增值税纳税义务发生时间、扣缴义务发生时间，才不至于提前或延迟纳税，形成税务风险。根据税法，增值税纳税义务发生时间具体规定如下。

①纳税人发生应税行为并收讫销售款项或者取得索取销售款项凭据的当天；先开具发票的，为开具发票的当天。

收讫销售款项，是指纳税人销售服务、无形资产、不动产过程中或者完成后收到款项。

取得索取销售款项凭据的当天，是指书面合同确定的付款日期。未签订书面合同或者书面合同未确定付款日期的，为服务、无形资产转让完成的当天或者不动产权属变更的当天。具体规定如下。

一是采取直接收款方式销售货物，不论货物是否发出，均为收到销售款或者取得索取销售款凭据的当天。

二是采取托收承付和委托银行收款方式销售货物，为发出货物并办妥托收手续的当天。

三是采取赊销和分期收款方式销售货物，为书面合同约定的收款日期的当天，无书面合同的或者书面合同没有约定收款日期的，为货物发出的当天。

四是采取预收货款方式销售货物，为货物发出的当天，但生产销售生产工期超过 12 个月的大型机械设备、船舶、飞机等货物，为收到预收款或者书面合同约定的收款日期的当天。

五是委托其他纳税人代销货物，为收到代销单位的代销清单或者收到全部或者部分货款的当天。未收到代销清单及货款的，为发出代销货物满 180 天的当天。

六是销售应税劳务，为提供劳务同时收讫销售款或者取得索取销售款的凭据的当天。

七是纳税人发生视同销售货物行为，为货物移送的当天。

②纳税人提供租赁服务采取预收款方式的，其纳税义务发生时间为收到预收款的当天。

③纳税人提供建筑服务取得预收款，应在收到预收款时，以取得的预收款扣除支付的分包款后的余额，按照规定的预征率预缴增值税。

④纳税人从事金融商品转让的，为金融商品所有权转移的当天。

⑤纳税人发生《营业税改征增值税试点实施办法》第十四条规定情形的，其纳税义务发生时间为服务、无形资产转让完成的当天或者不动产权属变更的当天。

增值税扣缴义务发生时间为纳税人增值税纳税义务发生的当天。

6.1.2 增值税的合规风险识别

增值税常见涉税风险及识别方式如下。

1. 适用税率不正确的涉税风险及识别方式

（1）涉税风险

针对一般业务，重点关注：有无将高税率业务按低税率申报纳税，导致少纳税，或有无将低税率业务按高税率申报纳税，导致多纳税的情况，尤其关注涉及税率调整时点前后适用税率是否正确。

针对混合销售或兼营行为，重点关注适用税率是否正确。

一项销售行为如果既涉及服务又涉及货物，为混合销售。从事货物的生产、批发或者零售的单位和个体工商户的混合销售行为，按照销售货物缴纳增值税；其他单位和个体工商户的混合销售行为，按照销售服务缴纳增值税。

纳税人兼营免税、减税项目的，应当分别核算免税、减税项目的销售额；未分别核算的，不得免税、减税。

（2）风险识别方式

采取查阅、询问、实地观察等方法，了解企业的工商登记情况及实际经营范围，审核主营业务收入明细账、应交增值税明细账以及有关凭证，结合合同或协议，了解业务实质，准确判定适用税目和税率，判断适用税率是否正确；尤其核实是否有混合销售或兼营行为，检查"其他业务收入""营业外收入""其他业务支出""营业外支出"以及费用类账户，审核混合销售或兼营行为适用税率是否正确，判断是否按规定正确缴纳了增值税。

2. 销售额少申报或不申报涉税风险及识别方式

（1）涉税风险

一是采取少申报或不申报销售额的办法，不计或少计销项税额，包括：账面已记销售，但账面未计提销项税额、未申报纳税或者虽然账面已记销售、已计提销项税额，但未申报或少申报纳税。

二是价外费用不申报，即将向购货方收取的各种应一并缴纳增值税的价外费用，采用不入账、冲减费用、人为分解代垫运费或长期挂往来账等手段，不计算缴纳增值税。

（2）风险识别方式

对于纳税人向税务机关申报的增值税销项税额与账面销项税额不一致，申报数额小于账面计提数的情况，可以采用以下方法检查。

①采用对比分析法，对账表进行比对，将增值税纳税申报表与"应交税费——应交增值税"明细账进行逐月比对，从中发现问题。

②检查生产成本、原材料、库存商品明细账的贷方发生额，如果存在与资金账户直接对转的异常情况，应结合原始凭证，核查销售货物是否直接冲减生产成本或库存商品是否存在以物易物不按规定确认收入少缴纳税款的问题。

③查阅相关合同和负债类账户的明细账，审核各种债务的清偿方式，核实是否存在与"库存商品""原材料"等资产类账户的贷方发生额对转的情况，确认是否存在以货抵债的事项。

④审核销售合同，查阅是否有收取价外费用的约定或协议。检查往来明细账，重点检查其他应付款明细账，如果存在长期挂账款项，需进一步审阅有关原始单据，核实是否属于价外费用。

3. 进项税额抵扣不正确涉税风险及识别方式

（1）涉税风险

进项税额抵扣常见涉税风险主要表现为：接受虚开增值税专用发票抵扣税额，扩大农产品收购凭证的使用范围，将其他费用计入买价，多抵扣进项税额；错用扣除税率，低税高扣；采购途中的非合理损耗未按规定转出进项税额；发生退货或取得折让未按规定进行进项税额转出，多抵扣税额；用于职工福利、个人消费、免税项目、简易计税项目购进货物抵扣进项税额。

（2）风险识别方式

可采用审阅法、核对法、观察法等多种方法，审查"库存商品""应交税费——应交增值税（进项税额）"账户借方发生额，对照增值税专用发票，检查是否相符。审查购入免税农业产品的买价是否真实，有无将一些进货费用，如收购人员的差旅费、奖金、雇用人员的手续费以及运杂费等采购费用计入买价计算进项税额进行扣税的情况；有无擅自扩大收购凭证的使用范围或错用扣除税率的问题。纳税人在材料采购过程中发生短缺与毁损时，在查明原因前，其短缺与毁损部分应按含税成本记入"待处理财产损溢"账户，待查明原因后，再根据不同情况做出账务处理。

6.1.3 增值税的合规风险评估及案例

指标1：增值税税收负担率（以下简称"税负率"）。

税负率 = 本期应纳税额 ÷ 本期应税主营业务收入 ×100%

指标参照值及引发风险点：往往参照企业纵向指标和同行业横向指标进行比对，即通常所称的税务预警值。如果企业实际税负率低于预警值，企业销项税额和进项税额易存在合规风险点。对进项税额的评估，应查证有无扩大进项抵扣范围、骗抵进项税额、不按规定申报抵扣等问题，对应核实销项税额计算的正确性。对销项税额的评估，应侧重查证有无账外经营、瞒报、迟报计税销售额、混淆增值税税目、错用税率等问题。

指标2：销项比对。

①当期开具发票（不包含不征税发票）的金额、税额合计数应小于或者等于当期申报的销售额、税额合计数。反之，则说明企业有漏记收入或隐匿收入未申报的嫌疑。

②纳税人当期申报免税销售额、即征即退销售额的，应当比对其增值税优惠备案信息，按规定不需要办理备案手续的除外。否则，企业有可能存在不符合税收优惠政策擅自享受免税的嫌疑。

指标3：进项比对。

如果存在以下几种比对情况，则可能存在多申报抵扣进项税额，少缴纳增值税的合规风险。

①当期已认证或确认的进项增值税专用发票（以下简称"专用发票"）上注明的金额、税额合计数小于申报表中本期申报抵扣的专用发票进项金额、税额合计数。

②经稽核比对相符的海关进口增值税专用缴款书上注明的税额合计数小于申报表中本期申报抵扣的海关进口增值税专用缴款书的税额。

③取得的代扣代缴税收缴款凭证上注明的增值税税额合计数小于申报表中本期申报抵扣的代扣代缴税收缴款凭证的税额。

④取得的《出口货物转内销证明》上注明的进项税额合计数小于申报表中本期申报抵扣的外贸企业进项税额抵扣证明的税额。

⑤按照政策规定，依据相关凭证注明的金额计算抵扣进项税额的，计算得出的进项税额小于申报表中本期申报抵扣的相应凭证税额。

⑥红字增值税专用发票信息表中注明的应进行转出的进项税额小于申报表中进项税额转出中的红字专用发票信息表注明的进项税额。

指标 4：应纳税额减征额比对。

应纳税额减征额指的是根据企业所得税法和国务院税收优惠的规定，做出减征、免征和抵免的应纳税额。当期申报的应纳税额减征额应小于或者等于当期符合政策规定的减征税额。反之，说明企业应纳税额减征额计算错误。

指标 5：预缴税款比对。

申报表中的预缴税款本期发生额应小于或者等于实际已预缴的税款。否则说明企业多预缴了税款，会影响企业现金流。

案例 6-1　进项税额抵扣错误

某贸易公司（一般纳税人）合规管理部对公司涉税情况进行风险自查，通过比较分析法发现公司近三年增值税税负率波动较大，尤其是 2022 年度增值税税负率较低，通过具体审核发现两笔业务处理如下。

①购进洗涤剂一批，原规划用于销售，取得增值税专用发票列明的销售额为 10 万元，增值税 1.3 万元，当月认证抵扣。后将所购进的该批次洗涤剂全部用于职工福利发放给职工。

②购进一批实木家具，取得增值税专用发票注明金额 20 万元，进项税 2.6 万元，其中开具发票注明为餐桌、床等，该笔进项税额已抵扣。

案例分析

企业将外购的商品用于职工福利和个人消费，进项税额不允许抵扣，如已抵扣应进行进项税额转出处理。所以以上两笔业务进项税额均不得抵扣，应进行进项税额转出处理。

6.2 企业所得税合规义务与风险分析

6.2.1 企业所得税申报缴纳的合规义务

1.企业所得税纳税人及征税对象合规管理

企业所得税是对我国境内的企业和其他取得收入的组织的生产经营所得和其他所得征收的一种税。

企业所得税的纳税人包括居民企业和非居民企业。

居民企业应就来源于中国境内、境外的所得缴纳企业所得税。

非居民企业在中国境内设立机构、场所的，应当就其所设机构、场所取得的来源于中国境内的所得，以及发生在中国境外但与其所设机构、场所有实际联系的所得，缴纳企业所得税。非居民企业在中国境内未设立机构、场所的，或者虽设立机构、场所，但取得的所得与其所设机构、场所没有实际联系的，应当就其来源于中国境内的所得缴纳企业所得税。

根据《中华人民共和国企业所得税法》（以下简称《企业所得税法》）及其实施条例的规定，所得来源地的确定有如下方法。

①销售货物所得，按照交易活动发生地确定。

②提供劳务所得，按照劳务发生地确定。

③转让财产所得。不动产转让所得按照不动产所在地确定。动产转让所得按照转让动产的企业或者机构、场所所在地确定。权益性投资资产转让所得按照被投资企业所在地确定。

④股息、红利等权益性投资所得，按照分配所得的企业所在地确定。

⑤利息所得、租金所得、特许权使用费所得，按照负担、支付所得的企业或者机构、场所所在地确定，或者按照负担、支付所得的个人的住所地确定。

⑥其他所得，由国务院财政、税务主管部门确定。

2. 企业所得税税率合规管理

我国企业所得税实行比例税率。

①基本税率为 25%，适用于居民企业和在中国境内设有机构、场所且所得与机构、场所有关联的非居民企业。

②低税率为 20%，适用于在中国境内未设立机构、场所的，或者虽设立机构、场所，但取得的所得与其所设机构、场所没有实际联系的非居民企业。但对这类企业实际征税时适用 10% 的税率。

③小型微利企业所得税税率。对小型微利企业年应纳税所得额不超过 100 万元的部分，减按 25% 计入应纳税所得额，按 20% 的税率征收企业所得税；在 2021 年 1 月 1 日至 2022 年 12 月 31 日，在前述优惠政策基础上再减半征收企业所得税（实际税负率 2.5%）。

对年应纳税所得额超过 100 万元但不超过 300 万元的部分，减按 50% 计入应纳税所得额，按 20% 的税率征收企业所得税；在 2022 年 1 月 1 日至 2024 年 12 月 31 日，在前述优惠政策基础上再减半征收企业所得税（实际税负率 5%）。

3. 企业所得税收入确认合规管理

①一般收入。企业以货币形式和非货币形式从各种来源取得的收入，为收入总额，包括销售货物收入，提供劳务收入，转让财产收入，股息、红利等权益性投资收益，利息收入，租金收入，特许权使用费收入，接受捐赠收入和其他收入。

②不征税收入。不征税收入包含财政拨款、依法收取并纳入财政管理的行政事业性收费、政府性基金。

③免税收入。免税收入包含国债利息收入，符合条件的居民企业之间的股息、红利等权益性投资收益。后者指居民企业直接投资于其他居民企业取得的投资收益，在中国境内设立机构、场所的非居民企业从居民企业取得与该机构、场所有实际联系的股息、红利等权益性投资收益。

4. 企业所得税扣除项目合规管理

企业实际发生的与取得收入有关的合理的支出，包括成本、费用、税金、损失、其他支出，准予在计算应纳税所得额时扣除。

只有准确掌握企业所得税扣除项目标准，才不至于将不得扣除事项进行扣除，将扣除标准计算错误，对本可以扣除事项未进行扣除，形成税务风险。根据税法规定，在计算应纳税所得额时，各项目扣除标准与规范如下。

（1）工资、薪金支出

企业发生的合理的工资、薪金支出准予据实扣除。

（2）职工福利费、工会经费、职工教育经费

企业发生的职工福利费支出，不超过工资、薪金总额14%的部分准予扣除。

企业拨缴的工会经费，不超过工资、薪金总额2%的部分准予扣除。

企业发生的职工教育经费支出，不超过工资、薪金总额8%的部分准予扣除，超过部分准予结转以后纳税年度扣除。

（3）社会保险费

企业依照国务院有关主管部门或者省级人民政府规定的范围和标准为职工缴纳的"五险一金"，即基本养老保险费、基本医疗保险费、失业保险费、工伤保险费、生育保险费等基本社会保险费和住房公积金，准予扣除。

（4）利息费用

企业在生产、经营活动中发生的利息费用，按下列规定扣除。

①非金融企业向金融机构借款的利息支出、金融企业的各项存款利息支出和同业拆借利息支出、企业经批准发行债券的利息支出可据实扣除。

②非金融企业向非金融机构借款的利息支出，不超过按照金融企业同期同类贷款利率计算的数额的部分可据实扣除，超过部分不许扣除。

（5）借款费用

①企业在生产经营活动中发生的合理的不需要资本化的借款费用，准予扣除。

②企业为购置、建造固定资产、无形资产和经过12个月以上的建造才能达到预定可销售状态的存货发生的借款的，在有关资产购置、建造期间发生的合

理的借款费用，应予以资本化，作为资本性支出计入有关资产的成本；有关资产交付使用后发生的借款利息，可在发生当期扣除。

（6）汇兑损失

企业在货币交易中，以及纳税年度终了时将人民币以外的货币性资产、负债按照期末即期人民币汇率中间价折算为人民币时产生的汇兑损失，除已经计入有关资产成本以及与向所有者进行利润分配相关的部分外，准予扣除。

（7）业务招待费

企业发生的与其生产经营业务有关的业务招待费支出，按照发生额的 60% 扣除，但最高不得超过当年销售（营业）收入的 5‰。

（8）广告费和业务宣传费

企业发生的符合条件的广告费和业务宣传费支出，除国务院财政、税务主管部门另有规定外，不超过当年销售（营业）收入 15% 的部分，准予扣除；超过部分，准予结转以后纳税年度扣除。

（9）租赁费

企业根据生产经营需要租入固定资产支付的租赁费，按照以下方法扣除。

①以经营租赁方式租入固定资产发生的租赁费支出，按照租赁期限均衡扣除。经营性租赁是指所有权不转移的租赁。

②以融资租赁方式租入固定资产发生的租赁费支出，按照规定构成融资租入固定资产价值的部分应当提取折旧费用，分期扣除。融资租赁是指在实质上转移与一项资产所有权有关的全部风险和报酬的一种租赁。

（10）公益性捐赠支出

企业发生的公益性捐赠支出，在年度利润总额 12% 以内的部分，准予在计算应纳税所得额时扣除；超过年度利润总额 12% 的部分，准予结转以后三年内在计算应纳税所得额时扣除。

（11）不得扣除项目

①向投资者支付的股息、红利等权益性收益款项。

②企业所得税税款。

③税收滞纳金，是指纳税人违反税收法规，被税务机关处以的滞纳金。

④罚金、罚款和被没收财物的损失，是指纳税人违反国家有关法律、法规

规定，被有关部门处以的罚款，以及被司法机关处以的罚金和被没收财物。

⑤超过规定标准的捐赠支出。

⑥赞助支出，是指企业发生的与生产经营活动无关的各种非广告性质支出。

⑦未经核定的准备金支出。

⑧与取得收入无关的其他支出。

6.2.2　企业所得税的合规风险识别

企业所得税常见涉税风险及识别方式如下。

1. 未全面反映企业收入的涉税风险及识别方式

（1）涉税风险

涉税风险主要有：企业故意隐匿收入和虚增虚减销售收入，或者虽然收入已入账，但入账金额不准确，另外还包含属于所得税收入事项但按不征税收入或免税收入处理。

（2）风险识别方式

一是抽查部分收入业务的原始凭证，与主营业务收入明细账相核对，核实已实现的收入，并检查是否已经如数入账。

二是查阅各种收入明细账，从中抽出一部分与相关的记账凭证、原始凭证互相核对，以证实所记录的收入是否均已实现并确属本期。

三是检查企业的销售发票是否完整无缺、连续编号，核实有无涂改或"大头小尾"现象，抽取部分发票与库存商品明细账、分期收款发出商品明细账以及主营业务收入明细账相核对，检查其发出数与销售数量是否一致。

对于已确认并已记录入账的收入，进一步与现金日记账、应收账款明细账、预收账款明细账以及库存商品明细账相核对，以进一步确定销售数量、金额和时间是否相符。

注意企业有无错将应税收入当作不征税收入或免税收入从收入总额中予以扣除，减少应纳税所得额的情况。

四是检查企业产成品、库存商品的发出，对应"应付职工薪酬""交易性金融资产""长期股权投资""其他应付款""营业外支出"科目，核实有无企业的产品、商品发生视同销售行为未进行视同销售处理的情况。

🔍案例 6-2　偷税认定

F 公司自 2016 年以来一直申报无收入，2022 年大连市税务局稽查局对 F 公司依法进行了税务稽查。税务机关在稽查过程中发现，F 公司在 2014 年至 2016 年经营期间，通过账外经营，销售医疗器械及相关配件等产品给张某红等个人，产品发出并开具《出货单》，取得应税销售收入合计公告金额 2 651 602 元（含税，下同），其中 2014 年 585 595 元，2015 年 752 766 元，2016 年 1 313 241 元，已通过现金形式全部收齐货款，没有发生退货、退款，上述销售收入没有开具发票，没有在会计账册上核算，未进行纳税申报。上述销售收入对应的销售成本没有在账册上核算，无法提供对应成本费用资料。税务机关认定该企业上述行为构成偷税。

案例分析

以上医疗器械经销企业 2014 年至 2016 年经营期间虽然商品已经出库销售，开具了《出货单》，但由于购货方为个人，未要求开具发票，所以企业在会计账册上未进行核算，未进行纳税申报。但是税务机关通过查阅商品出库单、盘点库存能够发现企业隐匿收入少缴纳增值税和企业所得税问题，构成偷税。该企业受到处罚，不但需补缴税款，还需要缴纳滞纳金和罚款。

2. 企业所得税扣除项目涉税风险及识别方式

（1）涉税风险

一是将不得扣除项目或扣除凭证不规范的项目进行扣除，导致少确认应纳税所得额，少缴纳企业所得税。二是有限额标准的未按限额标准在当年进行纳税调整。

（2）风险识别方式

一是审核各项费用列支是否符合税法规定的准予税前扣除的标准，比如业务招待费、广告费和业务宣传费、公益性捐赠支出、社会保险费等。

二是审核是否存在将非工资性的支出列入工资总额，有无将不属于本企业人员的工资列入本企业的工资支出；有无弄虚作假、重复列支工资，扩大成本、费用的情况。必要时可结合审核工资卡、职工花名册或从人力资源部门查询有关资料，从而查明是否有不属于本企业人员的工资和重复列支工资问题。

三是审核各项费用扣除凭证是否符合税法规定，税前扣除凭证在管理中是否遵循真实性、合法性、关联性原则。

四是审核是否发生不允许扣除项目，比如税收罚款、滞纳金、计提的各项坏账准备、与收入无关的支出等，年度汇缴是否已经进行纳税调增处理。

6.2.3　企业所得税的合规风险评估及案例

指标1：企业所得税贡献率。

企业所得税贡献率＝应纳所得税税额÷主营业务收入×100%

将当地同行业同期与本企业基期所得税贡献率相比，低于标准值视为异常，说明企业可能存在不计或少计销售（营业）收入、多列成本费用、扩大税前扣除范围等不合规问题，应运用所得税变动率等相关指标进行进一步评估分析。

指标2：主营业务利润税收负担率（以下简称"利润税负率"）。

利润税负率＝本期应纳税额÷本期主营业务利润×100%

将当地同行业同期和本企业基期所得税收负担率相比，如果低于同行业平均值，企业可能存在销售未计收入、多列成本费用、扩大税前扣除范围等不合规问题，应做进一步分析。企业可能存在销售未计收入、多列成本费用、扩大税前扣除范围等不合规问题，应进行进一步分析。

指标3：应纳税所得额变动率。

应纳税所得额变动率＝（评估期累计应纳税所得额－基期累计应纳税所得额）÷基期累计应纳税所得额×100%

如果企业该指标在税收优惠期前后发生较大变化，可能存在少计收入、多列成本，人为调节利润的财税不合规问题；也可能存在费用配比不合理等问题。

指标4：所得税税收负担率（以下简称"税负率"）。

税负率 = 应纳所得税额 ÷ 利润总额 × 100%

与当地同行业同期和本企业基期所得税负担率相比，低于标准值可能存在不计或少计销售（营业）收入、多列成本费用、扩大税前扣除范围等问题，应运用其他相关指标深入评估分析。

指标 5：所得税贡献变动率。

所得税贡献变动率 =（评估期所得税贡献率 – 基期所得税贡献率）÷ 基期所得税贡献率 × 100%

与企业基期指标和当地同行业同期指标相比，低于标准值可能存在不计或少计销售（营业）收入、多列成本费用、扩大税前扣除范围等不合规问题。

运用其他相关指标深入详细评估，并结合上述指标评估结果，进一步分析企业销售（营业）收入、成本、费用的变化和异常情况及其原因。

指标 6：所得税负担变动率。

所得税负担变动率 =（评估期所得税负担率 – 基期所得税负担率）÷ 基期所得税负担率 × 100%

与企业基期和当地同行业同期指标相比，低于标准值可能存在不计或少计销售（营业）收入、多列成本费用、扩大税前扣除范围等不合规问题。

运用其他相关指标深入详细评估，并结合上述指标评估结果，进一步分析企业销售（营业）收入、成本、费用的变化和异常情况及其原因。

指标 7：其他对比。

如企业列支的工资、薪金与个人所得税申报工资、薪金和社保缴费基数进行数据比对；企业缴纳工会经费和残疾人保障金与实发工资、薪金进行比对。通过对比，可以反映企业是否存在虚列职工工资，或者未按国家有关规定缴纳工会经费、社保、残疾人保障金等涉税问题。

🔍案例6-3 所得税合规风险自查

某工业企业合规管理部门对企业所得税合规风险进行自查。该企业为居民企业，2021 年企业会计报表利润总额为 800 万元，未进行任何项目纳税调整，已按 25% 的所得税税率计算缴纳所得税 200 万元。合规管理人员对该企业进行所得税纳税审查，发现如下问题。

①企业当年度有正式职工 100 人，实际列支工资为 600 万元，拨缴工费经费 12 万元，实际发生职工福利费 100 万元、职工教育经费 30 万元。

②全年销售收入为 6 000 万元，企业列支业务招待费 60 万元。

③企业直接向某困难地区捐赠 20 万元，2021 年 3 月向某医院捐款 50 万元。

④国债持有期间的利息收入 15 万元。

案例分析

根据上述问题，合规管理人员初步判断企业存在涉税问题，并提出合规整改建议。

①职工福利费和职工教育经费存在超标准扣除的问题。

职工福利费列支标准 =600×14%=84（万元），当年实际发生额为 100 万元，应纳税调增 16 万元。

职工教育经费扣除标准 =600×8%=48（万元），实际发生 30 万元未超标。

职工工会经费扣除标准 =600×2%=12（万元），实际发生 12 万元未超标。

②业务招待费扣除限额 =30[60×60%=36（万元）＞6 000×5‰ =30（万元）] 万元，实际发生额为 60 万元，应纳税调增 30 万元。

③直接向受灾地区的捐赠 20 万元不得扣除，应纳税调增。

④国债持有期间的利息收入 15 万元为免税收入，应纳税调减。

应纳税所得额 =800+16+30+20−15=851（万元）

应补缴企业所得税税额 =851×25%−200=12.75（万元）

6.3 其他税种合规义务与风险分析

6.3.1 其他税种常见涉税问题及风险识别

目前我国税制体系中除了增值税和企业所得税以外的税种，如果管理不当，也可能带来各种各样的涉税风险，常见涉税风险如下。

①未按规定履行个人所得税代扣代缴义务。

②发放给个人的过节费、高温费（或购物卡）等实物福利，未代扣代缴个人所得税。

③个人所得税适用税目和税率不正确，导致少缴纳税款。

④属于城镇土地使用税和房产税纳税范围却未按规定申报缴纳城镇土地使用税和房产税。

⑤房产税和城镇土地使用税计税依据不正确，比如未将土地价值计入房产原值缴纳房产税。

⑥未按规定时间进行土地增值税清算，清算对象、清算收入和扣除项目不符合税法规定。

⑦股权转让过程中未按规定申报个人所得税、印花税等。

⑧从租计征与从价计征方式不准确。

⑨签订合同未履行印花税申报缴纳义务。

⑩纳税人将性质相似的应税凭证错用税目、税率、计税依据等。

⑪应履行契税纳税义务而未申报，或不应申报契税或差额申报而多申报契税。

⑫在建工程变动与房产原值变动不匹配。

⑬无形资产增加与城镇土地使用税申报土地总面积变动不匹配。

⑭城镇土地使用税申报面积信息与国有土地使用证登记面积信息变动不匹配。

⑮纳税人因将原免税用途土地改为非免税用途，或者将原划拨土地改为出让使用，补缴土地出让金，但未按规定补缴或少缴纳契税。

⑯房产权属转移时提供虚假契税完税凭证。

⑰土地增值税预征计税依据与增值税预交依据比对异常。

⑱主营业务收入与印花税核定征收计税依据不匹配。

⑲城镇土地使用税增加与产权转移书据印花税申报不匹配。

6.3.2 纳税评估指标及典型案例解析

指标1：印花税税负变动系数。

印花税税负变动系数 = 本期印花税负担率 ÷ 上年同期印花税负担率

其中：

印花税负担率 = 应纳税额 ÷ 计税收入 ×100%

指标2：印花税同步增长系数。

印花税同步增长系数 = 应纳税额增长率 ÷ 主营业务收入增长率

其中：应纳税额增长率 = ［（本期累计应纳税额 - 上年同期累计应纳税额）÷ 上年同期累计应纳税额］×100%

主营业务收入增长率 = ［（本期累计主营业务收入额 - 上年同期累计主营业务收入额）÷ 上年同期累计主营业务收入额］×100%

以上两个指标反映印花税税负率以及印花税与企业收入之间关系是否合理，从而判断印花税缴纳是否正确，是否存在漏缴印花税、适用税目税率错误问题。

指标3：房产税同步增长系数。

房产税同步增长系数 = 应纳税额增长率 ÷ 固定资产增长率

其中：

应纳税额增长率 = ［（本期累计应纳税额 - 上年同期累计应纳税额）÷ 上年同期累计应纳税额］×100%

固定资产增长率 = ［（本期固定资产平均值 - 上年固定资产平均值）÷ 上年固定资产平均值］×100%

指标4：房产税申报房产原值与企业所得税汇缴信息比对。

以上指标反映房产税与固定资产中房屋原值或租金的关系，从而判断房产税税额缴纳是否正确，是否存在漏缴房产税的情况，从租计征与从价计征计税方法是否正确。

指标5：城镇土地使用税与企业实际占用面积进行比对。

指标6：城镇土地使用税与房产税申报比对。

若纳税人申报的土地总面积或本期应纳税额大于0，但同属期房产税未申报或零申报，可能存在房产税瞒报风险。

以上两个指标反映城镇土地使用税与企业实际占用土地面积关系，城镇土地使用税与房产税之间呈正相关关系，利用此关系可以判断城镇土地使用税及房产税缴纳是否正确，是否存在漏缴城镇土地使用税、房产税问题。

指标7：城市维护建设税、教育费附加与地方教育附加税基同流转税税额比对。

这一指标反映城市维护建设税、教育费附加与地方教育附加税基同流转税税额之间呈正相关关系，利用此关系可以判断企业是否存在涉税问题。

指标8：资源税税负变动系数。

资源税税负变动系数 = 本期资源税税收负担率 ÷ 上年同期资源税税收负担率

其中：

资源税税收负担率 =［应纳税额 ÷ 主营业务收入（产品销售收入）］×100%

这一指标用于本期资源税税收负担率与上年同期资源税税收负担率的对比分析。一般在产品售价相对稳定的情况下二者的比值应接近1。

🔍案例6-4　逃避代扣代缴个人所得税

C有限公司，存在出于为员工降低个人所得税税负，从而通过供应商走账的行为。此外出于为员工减轻税负，公司实际控制人俞×× 存在为公司代垫薪酬、费用的情形。

案例分析

公司内部管理不合规，存在以下几方面风险。

①公司内部的财务税收制度应当具有独立性，其会计核算和纳税申报不应受到股东或实际控制人的过多干预。但是，存在一些企业运行不合规的情况，让企业、股东、高管陷入涉税风险。

②股东借款超期、报销股东的个人消费、未按照视同分配股息红利处理。股东、高管、实际控制人通过私户收款、账外经营，隐匿企业真实的交易情况。

③股东、高管的工资薪金通过个人账户付款，逃避代扣代缴个人所得税。

🔍案例6-5　　未申报缴纳房产税

甲公司在村委会租来的土地上建造的度假小区，无法办产权证，该度假小区用于出租，经营娱乐餐饮，年收取租金2 000万元，甲公司认为度假小区未办理产权证，所以未申报缴纳房产税。

案例分析

房产税以房产作为征税对象，房产是以房屋形态表现的财产。房屋是指有屋面和围护结构（有墙或两边有柱），能够遮风避雨，可供人们在其中生产、工作、学习、娱乐、居住或储藏物资的场所。

房产税的缴纳方式分为两种：一是从价计征，自用房产按照房产余值的1.2%缴纳；二是从租计征，出租房产按照租金收入的12%缴纳。度假小区完全满足"房屋"的定义，因而甲公司收取的度假小区年租金2 000万元，应该从租计征房产税2 000×12%=240（万元）。

6.4　发票合规义务与风险分析

6.4.1　开具发票的义务

发票是指一切单位和个人在购销商品、提供或接受服务以及从事其他经营活动中，所开具和收取的业务凭证，是会计核算的原始依据，也是审计机关、税务机关执法检查的重要依据。索取和提供正规发票是消费者的法定权利和经营者的法定义务。消费者在接受经营者提供的商品或者服务后，有向经营者索取发票的权利，经营者在开具发票时，不得以任何理由加收任何费用。

开具发票是经营者的法定义务，经营者为消费者提供购物凭证或正式的发票，是经营者必须履行的义务，如果违反了这一法定的义务，经营者需承担相应的法律责任。

发票开具义务包括两个方面。

一是税法义务。根据我国《增值税暂行条例》和《发票管理办法》的规定，向购买方开具增值税专用发票系作为销售方的税法义务，受到国家税收征管秩序的约束。如销售方拒不履行开具增值税发票的行为，购买方可以向税务机关进行投诉举报来维护自身权益。税务机关可以根据《发票管理办法》第三十五条"违反本办法的规定，有下列情形之一的，由税务机关责令改正，可以处1万元以下的罚款；有违法所得的予以没收：应当开具而未开具发票，或者未按照规定的时限、顺序、栏目，全部联次一次性开具发票，或者未加盖发票专用章的"的规定，责令销售方限期履行开具增值税发票的义务。

二是合同附随义务。附随义务是指在法律无明文规定、当事人之间无明确约定的情况下，为确保合同目的的实现并维护对方当事人的利益，遵循诚实信用原则，依据合同的性质、目的和交易习惯所承担的作为或不作为的义务。依据《中华人民共和国民法典》第五百零九条规定，"当事人应当遵循诚信原则，根据合同的性质、目的和交易习惯履行通知、协助、保密等义务。"此条款即是关于合同附随义务的规定。要求开具增值税发票作为一项协助履行主给付义务，应属于合同的附随义务范畴。因出卖人未能向买受人开具增值税发票将必然导致买受人因不能抵扣进项税额而遭受损失，买受人亦可以根据《中华人民共和国民法典》五百七十七条"当事人一方不履行合同义务或者履行合同义务不符合约定的，应当承担继续履行、采取补救措施或者赔偿损失等违约责任"的规定，向法院起诉要求出卖人赔偿损失。因此，买受人既选择可以向法院起诉要求出卖人开具增值税发票，也可以起诉要求出卖人赔偿损失。

具体来说，企业开具发票的基本要求如下。

①《发票管理办法》第十九条：销售商品、提供服务以及从事其他经营活动的单位和个人，对外发生经营业务收取款项，收款方应当向付款方开具发票；特殊情况下，由付款方向收款方开具发票。

专用发票须依客户依法索取而开具，且非禁止开具范围；若客户不索取专用发票，则收款方负有开具普通发票义务。

②《发票管理办法》第二十条：所有单位和从事生产、经营活动的个人在购买商品、接受服务以及从事其他经营活动支付款项，应当向收款方取得发票。取得发票时，不得要求变更品名和金额。

③《发票管理办法》第二十一条：不符合规定的发票，不得作为财务报销凭证，任何单位和个人有权拒收。

④《发票管理办法》第二十二条：开具发票应当按照规定的时限、顺序、栏目，全部联次一次性如实开具，并加盖发票专用章。

任何单位和个人不得有下列虚开发票行为。

一是为他人、为自己开具与实际经营业务情况不符的发票。

二是让他人为自己开具与实际经营业务情况不符的发票。

三是介绍他人开具与实际经营业务情况不符的发票。

⑤《增值税暂行条例》第二十一条：纳税人发生应税销售行为，应当向索取增值税专用发票的购买方开具增值税专用发票，并在增值税专用发票上分别注明销售额和销项税额。

属于下列情形之一的，不得开具增值税专用发票。

一是应税销售行为的购买方为消费者个人的。

二是发生应税销售行为适用免税规定的。

6.4.2　取得发票的要求

①《发票管理办法》第二十条：所有单位和从事生产、经营活动的个人在购买商品、接受服务以及从事其他经营活动支付款项，应当向收款方取得发票。取得发票时，不得要求变更品名和金额。第二十一条：不符合规定的发票，不得作为财务报销凭证，任何单位和个人有权拒收。

②《发票管理办法实施细则》第二十四条和《发票管理办法》第十九条所称特殊情况下，由付款方向收款方开具发票，是指下列情况。

一是收购单位和扣缴义务人支付个人款项时。

二是国家税务总局认为其他需要由付款方向收款方开具发票的。

6.4.3　发票风险分析与防范

随着发票商品和服务税收分类编码、普通发票购买方纳税人识别号应按规定填写等管理规定的实施，发票合规对企业税务风险管理越来越重要，发票作为基本的税务管理事项，属于税务风险的入口，良好的发票管理制度，有利于降低企业税务风险。

企业发票风险的识别与防范可以从以下几个方面入手。

1. 检查发票基本信息是否完整、准确

①发票抬头是否正确填写企业全称，纳税人识别号是否正确。自 2017 年 7 月 1 日起，购买方为企业的，索取增值税普通发票时，应向销售方提供纳税人识别号或统一社会信用代码；销售方为其开具增值税普通发票时，应在"购买方纳税人识别号"栏填写购买方的纳税人识别号或统一社会信用代码。不符合规定的发票，不得作为税收凭证。

②对于增值税专用发票，还应检查企业地址、电话、开户行及账号信息是否正确。

③票面信息是否压线错格，特别要关注专票的密码区是否压线。

④发票联和抵扣联是否加盖发票专用章，印章名称是否和对方名称一致。如取得税务机关代开的专用发票，备注栏上应加盖对方发票专用章；如取得税务机关代开的普通发票，代开的发票上应加盖税务机关代开发票专用章。机动车销售统一发票在发票联加盖发票专用章，抵扣联和报税联不得加盖。汇总开具发票方式的，销货清单应加盖发票专用章。

2. 结合交易合同检查发票的具体信息是否正确

①货物或应税劳务、服务名称是否准确具体，是否符合行业惯例，有无含混不清现象，如填写服务费、管理费、办公用品、食品、礼品、材料、低值易耗品等，应核实是否实际发生，是否附有销货清单或者小票。

②购买实物的，是否有入库单，入库单签章、审批手续是否齐全，是否有采购合同，是否有质量验收合格证明，发票日期和金额是否与采购合同对应，是否有从第三方开票，是否舍近求远采购，成本费用率是否明显超过行业合理

水平。

③价税合计与已支付或应支付金额是否一致。

④税率或征收率是否正确，是否与实际业务相符，重点关注 3% 或者 5% 征收率、0%、免税、不征税等情形。

⑤备注栏有特殊填写要求的，是否按规定填写。发票备注栏特殊填写要求包括运输服务，建筑服务，销售不动产，出租不动产，异地代开不动产经营租赁，机动车保险，单、多用途卡，差额开票，个人保险代理人汇总代开增值税发票等业务。

⑥汇总开具发票方式的，专用发票销货清单是否自税控系统开出［发票上货物或应税劳务名称显示为（详见销货清单），附带的清单显示购销双方名称、发票金额、发票代码、具体商品或服务名称、金额、税额等信息］。

3. 结合业务实质、合同协议、税收政策等进一步进行审核

①交易是否属于增值税应税范围，是否需要开票。

②计税方法是否正确，一般纳税人适用简易计税方法计税，是否符合规定。是否正确适用差额开票功能。

③税收分类编码选择是否正确，税收分类编码对应的简称是否与实际交易相符。

④开票对应税目是否符合交易实质。

4. 特殊项目审核

针对某些特殊项目，在取得发票时应提供相应的辅助材料加以证明。

①劳务派遣人员支出应核对用工合同，对劳务派遣人员额外发放津贴、补贴、加班费、奖金等，应以工资表和付款单据作为凭证。

②企业接受个人劳务而支付的费用，应当取得税务机关代开发票，企业应当核对劳务合同等资料，按规定扣缴或代征相关税费。

③会议费应核对会议审批手续、会议时间、地点、内容、参会人数、费用标准、签到表等相应证明材料，检查是否有与会议无关的费用（如旅游费）列支。

④差旅费应核对出差人员、时间、地点和任务等资料。检查所附车票是否为来往出差地车票，餐饮、住宿、交通费发票是否为出差地发票，人员是否与

派出人数吻合。

⑤向非金融机构或者个人借款而支付的利息，应取得发票，并核对借款合同。

⑥因合同违约等原因支付赔款和违约金的，原交易合同继续履行的，赔款和违约金属于增值税的价外费用，应当取得发票作为凭证。

⑦与其他单位、个人共用水费、电费、暖气费、网费等，如无法取得发票，应取得费用分割单，并核对租赁合同。上述费用由物业公司代收的，应取得物业公司开具的发票。核对发票上的字码是否与水表、电表的字码相符，是否与公司的业务量吻合。

⑧油费采取加油卡方式的，加油卡充值时应取得加油站开具的不征税普通发票。凭卡加油后，应凭加油卡或加油凭证回笼记录换开增值税专用发票。不采取加油卡方式时，应取得发票作为凭证。不论何种方式，油费发票"单位"栏应填写"吨"或"升"，蓝字发票的"数量"栏为必填项且不为"0"。核对报销的加油费是否为公司车辆所用，油费总额是否超过了车辆理论行车的最大油耗量。

⑨取得电子发票时，应取得发票提取码或通过电子邮件、手机等渠道获取电子发票，严禁利用已报销的电子发票重复报销。

⑩接受行政事业单位按照自愿有偿的原则提供的服务，如信息咨询、培训等，其收费属于经营服务性收费，应当取得发票，不得使用资金往来结算票据。

本章问题思考

①增值税常见涉税风险及识别方式有哪些？

②增值税的合规风险评估指标有哪些？

③企业所得税常见涉税风险及识别方式有哪些？

④企业所得税的合规风险评估有哪些？

⑤其他税种常见涉税风险及识别方式有哪些？

⑥企业开具发票有哪些基本要求？

⑦企业取得发票需要注意哪些事项？

第 7 章

从合规风险分析到制度融合：财税合规管理制度与其他管理制度如何有机融合

要想实现"1+1＞2"的效应，前提就是要做好"此1"和"彼1"的有机融合。

7.1　企业合规管理基本制度

7.1.1　合规管理基本制度的内容

企业合规管理基本制度是企业合规管理的基本规范，是制订其他合规制度的基础和依据，适用于所有部门和员工。合规管理基本制度应当明确以下内容。

①总体目标。基本制度中应当明确合规管理的总体目标是建立健全企业合规风险管理体系，实现对合规风险的有效识别和管理，促进企业全面风险管理体系的建设，确保企业依法合规经营。

②基本理念。基本制度中应该包括企业合规管理的基本理念。a. 法治理念：企业应该遵守和尊重法律法规，必须在法律法规之上开展经营活动，同时遵循国家政策，履行社会责任。b. 诚实守信：企业应当诚信经营，秉承合作、信守信约，履行合同义务，严格按照国家有关规定及约定履行义务并落实合同中的合法责任。c. 公平公开：企业应当明确其责任，公开、客观、完整地表述其经营者和经营对象的信息，以及经营活动基本情况，并按照法律法规的要求披露各种有关信息，如企业的财务信息、福利信息，以及企业在市场中的表现等。d. 接受监管：企业应当欢迎来自企业外部的监督和监管，接受监管部门的审查。

③机构职责。基本制度中要明确董事会、经理层在企业合规管理体系建立与运行中的领导作用，将董事会"定战略、做决策、防风险"、经理层"谋经营、抓落实、强管理"落实到企业全面合规管理之中，并明确合规管理部门主责推动、业务部门协同配合的合规管理制度体系；切实发挥合规管理部门统筹协调、组织推动、督促落实、监督评价的作用，压实合规管理主体责任，进一步充实合规管理部门人员力量，提供必要的工作组织保障，形成领导有力、职责明确、流程清晰、规范有序的合规管理工作机制。除此之外，各级各类国有独资、全资、控股企业，还应当始终坚持党的领导，充分发挥企业党委（党组）在企业合规管理工作中的全面领导责任，把党的领导贯穿合规管理全过程。各

中央企业在企业合规管理体系建设与运行过程中，要真正发挥党委（党组）"把方向、管大局、促落实"的顶层领导责任。

④运行机制。基本制度中要明确合规管理的主要运行机制，包括健全有效的合规管理制度、科学合理的合规风险识别预警机制、适用的合规风险应对机制、合规审查机制、违规问责机制以及合规管理评估机制。

⑤考核评价。在基本制度中，应该明确声明，将合规职责的履行情况作为各部门及其负责人、所属企业及其负责人以及全体员工年度综合考核的重要指标，其考核结果直接影响任用干部和评选优秀等事项。

⑥监督问责。在基本制度中，应该明确规定对责任单位和个人实施追责的问责机制。

7.1.2 欧美跨国企业的做法

欧美跨国企业大多制订《合规行为准则》作为企业的合规管理基本制度，如经济合作与发展组织的《内控、道德与合规最佳实践指南》、世界银行集团的《世界银行诚信合规指南》等。《合规行为准则》主要包括：企业愿景和使命、企业核心价值观、企业合规方针与领导承诺等。

欧美跨国企业集团的行为准则模式，主要是基于诚信合规的理论和理念，内容也局限于诚信合规。诚信合规管理体系源于企业的不诚信或不道德行为，以完善有效的内部控制体系为基础，以防范和惩处不诚信行为（如反腐败、反舞弊、反串通等）为主要内容，是诚信合规管理体系的显著特点。诚信合规管理体系关注企业及其员工合规意识的培育及合规文化建设，关注企业发现违规行为（包括违规举报）的途径以及及时有效应对整改违规行为的机制。

世界银行集团于2010年9月发布《世界银行诚信合规指南》，指导企业将诚信合规建设分为十一大模块：①不当行为的禁止；②责任；③计划建立、风险评估和审核；④内部政策；⑤业务伙伴政策；⑥内部控制；⑦培训与沟通；⑧激励；⑨报告制度；⑩不当行为补救措施；⑪集体行动。以此构成一个完整的诚信合规管理体系。

7.1.3 我国企业的普遍做法

我国大多数企业也是制订《合规行为准则》《合规管理办法》《合规管理手册》等作为企业的合规管理基本制度。如中国石油天然气集团有限公司于2015 年发布第一版《诚信合规手册》，2018 年进行第一次修订，2021 年进行第二次修订。2021 版《诚信合规手册》明确提出了公司人员诚信合规主要行为规范，规范了公司和公司人员在生产建设、商务交往、劳动用工、财税与资产管理、信息数据保护、处理政府与社区关系等 6 个方面的诚信合规基本要求，列明了公司人员行为规范正面清单 46 项、负面清单 60 项，为公司人员合规办事提供了清晰指引。

7.2 财税合规管理的制度要求

财税合规管理具体制度一般包括三个类型：一是财税合规领域专项管理制度，二是财税合规管理运行制度，三是财税合规管理保障制度。

7.2.1 财税合规领域专项管理制度

1. 财务规范化管理制度

财务规范化管理制度包括以下内容。

①财会人员岗位职责制度。财会人员岗位职责制度是根据财会各个岗位的工作性质和业务特点，明确规定其职责、权限，并按照规定的工作标准进行考核及奖惩而建立起来的制度。财会人员岗位一般可分为：会计主管、出纳、固定资产核算、工资核算、往来核算、总账报表、稽核、档案管理等岗位。

②预算管理制度。预算管理的内容包括经营预算、专门决策预算、财务预算等。企业需要就预算管理的目的、职责、内容、编制原则、编制方法、预算

变更流程、预算执行考核等内容进行明确规定。

③成本控制制度。成本控制主要包括资源耗费控制、费用支出控制、生产经营过程控制等内容。资源耗费构成产品成本的基本因素，对成本有决定性的影响，必须严加控制。费用支出是企业经营所必要的支出，但费用毕竟属于企业资源的流出，所以企业必须对费用支出的效率和效果进行控制；生产经营过程控制的目的主要是以工程质量和工作质量来保证产品质量。企业需要通过制度来对材料物资的领用、耗费、费用开支标准、产品质量管理等进行规定。

④资产管理制度。资产包括固定资产、存货等实物资产以及专利权、商标权等无形资产。实物资产的管理包括购置、调配、使用、处置、报废、盘点和监督检查等内容。无形资产的管理包括确认、购置、保护、摊销、注销等。企业需要通过制度来对上述资产的管理等进行规定。

⑤融资管理制度。融资管理是指企业从企业外部有关单位或个人以及从企业内部筹措和集中生产经营所需资金的财务管理活动。融资管理的目的是规范企业融资行为，降低资本成本，减少融资风险，提高资金利用效益。企业需要对融资立项、融资方案的可行性分析、融资决策、融资执行及融资效果评价的系统管理等进行制度性规范。

⑥投资管理制度。投资是企业为获取未来长期收益而向一定对象投放资金的经济行为。投资包括直接投资（将资金直接投放于形成生产经营能力的实体性资产，直接谋取经济利润）和间接投资（将资金投放于股票、债券等权益性资产上的企业投资）。通过投资，企业可以将资金投向生产经营的薄弱环节，使企业的生产经营能力配套、平衡、协调，为实现多元化经营准备。为此，企业需要对投资立项、投资方案的可行性分析（包括投资资金的安全性）、投资决策、投资执行及投资效果评价的系统管理等进行制度性规范。

⑦资金审批制度。资金有广义与狭义之分。广义的资金是指一个企业所有财产的货币表现，包括货币资金（钱）、固定资金（物）、商品资金（物）、结算资金（债权）等。狭义的资金概念仅包括货币资金。资金审批制度中的"资金"通常指的是货币资金。资金审批的目的是严格遵守财务制度、维护财经纪律、规范财务管理秩序、加强资金管理、防止损失、杜绝浪费、保证资金安全、提高资金使用效益。为此，企业需要对资金审批的原则、权限、流程、资

金使用效果及罚则等进行制度性规范。

⑧费用报销制度。费用报销制度主要是为了规范企业差旅费、业务招待费、图书资料费、培训费、零星采购支出等日常费用报销原则与报销流程，合理控制费用支出，提高资金使用效率及效果而制订的制度。

⑨收入管理制度。收入管理制度主要是为了规范企业营业收入、营业外收入、投资收益等各项收入管理工作，确保各项收入的记录及时、准确而制订的制度。

⑩应收账款管理制度。应收账款管理制度主要是为保证企业能最大限度地利用客户信用拓展市场，同时又要以最小的坏账损失代价来保证企业资金的安全，防范经营风险，并尽可能地缩短应收账款占用资金的时间，加速企业资金周转，提高企业资金的使用效率而制订的制度。

⑪利润分配制度。利润分配制度主要是对企业利润分配政策、分配原则、分配流程、分配形式等内容而制订的制度。利润分配关系着国家、企业、职工及所有者各方面的利益，是一项政策性较强的工作，企业必须严格按照国家的法规和制度，制订本企业的制度细则。

2. 税务规范化管理制度

税务规范化管理制度主要包括以下内容。

①税务管理岗位职责制度。税务管理岗位职责制度是根据税务工作岗位的性质和业务特点，明确规定其职责、权限，并按照规定的工作标准进行考核及奖惩而建立起来的制度。税务管理岗位职责一般包括发票管理、发票开具、发票认证、开票数据核对、税务文件管理归档、税务登记、纳税申报等。

②税务管理制度（流程）。税务管理制度（流程）主要是为加强企业税务管理工作、合理控制税务风险、防范税务违法行为而制订的制度（流程）。

7.2.2　财税合规管理运行制度

财税合规管理运行制度主要包括：财税合规风险管理制度、财税合规审查制度、财税合规管理自我评估制度、财税合规记录与报告制度、财税违规问责制度等。

①财税合规风险管理制度主要包括：风险识别、风险评估、风险对应、监测预警、沟通协调、风险报告、持续改进等内容。

②财税合规审查制度主要包括：合规审查的主体、合规审查对象与范围、合规审查依据、职责权限、审查计划和程序、合规意见与处理决定、处理申诉等内容。

③财税合规管理自我评估制度主要包括：评估的主体、评估对象与范围、评估依据、职责权限、评估计划和程序、评估报告、评估整改等内容。

④财税合规记录与报告制度主要包括：合规记录的要求与审核、年度合规报告、专项合规报告、合规资料管理流程等。

⑤财税违规问责制度主要包括：问责主体、责任范围、问责依据、问责标准、问责公告与申诉等。

7.2.3　财税合规管理保障制度

财税合规管理保障制度主要包括：财税合规宣传制度、财税合规培训制度、财税合规考核与评价制度、财税合规审计制度、财税合规信息化平台建设制度、财税合规文化建设制度等。

①财税合规宣传制度主要包括：财税合规宣传的目标、组织、计划、审批、实施、考核等。

②财税合规培训制度主要包括：财税合规培训的目标、组织、内容、师资、审批、实施、考核等。

③财税合规考核与评价制度主要包括：财税合规考核与评价的指标、计划、组织、程序、处置结果等。

④财税合规审计制度主要包括：财税合规的审计目标、审计对象与范围、审计依据、审计计划、审计实施、审计报告、审计结果运用等。

⑤财税合规信息化平台建设制度主要包括：财税合规信息化平台的管理模块、输入和输出流程、日常监测、信息安全与保护等。

⑥财税合规文化建设制度主要包括：财税合规理念、合规价值观、合规行

为准则、合规文化培育、合规激励等。

7.2.4　常见的财税合规操作流程

常见的财税合规操作流程如下。

（1）预算管理流程

①预算编制（以战略目标为导向，进行全面预测和筹划）→②预算执行→③执行过程监督→④预算分析与评价（使用实际数与预算相对比的报告作为评价标准）→⑤调整预算。

（2）成本控制流程

①制订成本控制标准→②执行成本控制→③计量成本控制结果→④分析与评价成本控制成效→⑤调整成本控制标准。

（3）资产管理流程

①采购申请→②采购执行→③资产验收→④资产入账→⑤资产使用与控制→⑥资产使用效率与效果分析→⑦资产报废。

（4）融资管理流程

①融资立项申请→②融资方案选择→③融资谈判→④融资后资金使用过程控制→⑤融资效果分析与评价。

（5）投资管理流程

①投资立项申请→②投资方案选择→③投资谈判→④投资后项目过程控制→⑤投资效果分析与评价。

（6）资金审批流程

①资金申请→②资金审批→③办理财务手续→④资金使用过程控制→⑤资金使用效果分析与评价。

（7）费用报销流程

①报销人填写费用报销单→②申请人所在部门负责人审批→③主管领导审批→④办理财务报销手续。

（8）收入管理流程

①审核收入确认文件→②财务记录收入→③计算相关税金。

（9）应收账款管理流程

①制订赊销信用政策→②赊销信用审批→③审核应收账款确认文件→④财务记录应收账款→⑤应收账款催收→⑥期末评估与计提坏账→⑦收回应收账款。

（10）纳税筹划流程

①制订纳税筹划方案→②方案论证（含合规性审核）与选择→③方案执行过程控制→④方案效果分析与评价。

（11）纳税核算流程

①审核纳税文件→②计算税金→③相关负责人审核→④进行会计处理。

（12）纳税申报流程（以增值税为例）

①进项发票认证解密→②销项发票抄税→③打印开票清单→④网上申报税额→⑤确认纳税专户内有足够的资金用于缴纳税金→⑥打印相关申报资料到税务局大厅窗口审核纳税。

7.3 财税合规操作流程

7.3.1 什么是流程

无论你干什么事，无论你是休闲还是工作，都有一个"先做什么、后做什么、再做什么"的先后顺序，这就是我们所说的"流程"，只不过我们没有用"流程"这个词汇来表达而已。通俗地讲，流程就是我们做事的过程，它不仅包括做事的先后顺序，还包括做事的内容、方法和标准。流程的规范性定义是：流程是为了完成某一特定目标而由不同的人或部门按计划执行的一系列任务的有序组合。其关系可以用公式表示如下。

$$流程 = \sum_{i=1}^{n} f_i （任务）$$

当 $n=1$ 时，流程 = 任务。通常情况下，流程是由多个任务组成的，即多个任务按照一定的逻辑关系集合而成为流程。

一个完整的流程，通常包括以下六要素：输入、任务、任务之间的相互作用、输出、客户和价值，见图7-1。

①输入。输入是运作流程所必需的资源，不仅包括传统的人、财、物，而且包括信息、关系、计划等。

②任务。任务是有目的的工作或者活动，与活动相比较，任务的目的性更强。

③任务之间的相互作用。即任务之间的逻辑关系、先后顺序，例如：串行还是并行；哪个活动先做；哪个活动后做。

④输出。输出是流程运作的结果，它应该承载流程的价值。

⑤客户。是流程服务的对象，对外来讲是单位服务的个人或组织，对内来讲是流程的下一个环节。

⑥价值。价值是流程运作为客户最终带来的好处，很多情况下不是用货币来衡量的，而是用客户是否满意来衡量的。价值可以表现为提高效率、降低成本等。一个流程一定要有价值，否则就失去了意义。

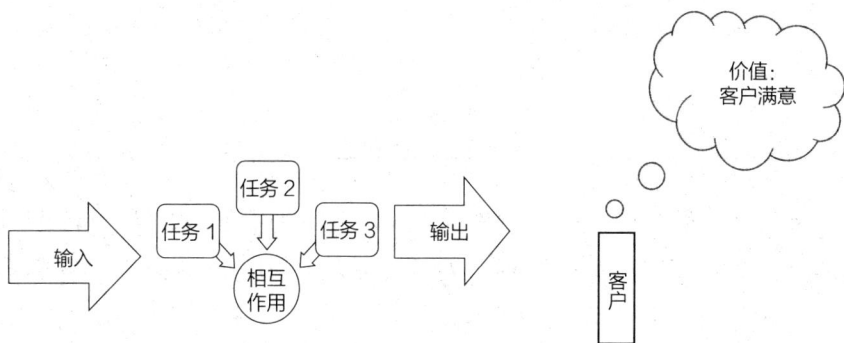

图7-1 流程六要素

流程是为目标服务的。流程要解决的就是怎么更好地实现决策的目标，而不是改变决策的目标。

7.3.2 流程与制度的关系

什么是制度？按照《辞海》的解释，制度的第一含义便是指要求大家共同遵守的办事规程或行动准则。汉语中"制"有节制、限制的意思，"度"有尺度、标准的意思。这两个字结合起来，表明制度是节制人们行为的尺度。也就是说，制度是一种规范，流程则强调处理事务的逻辑顺序。以下是某企业财务报销制度（部分列示）供参考。

财务报销制度

一、费用报销

（一）一切费用要在核定批准的费用定额范围内开支，超支部分须经企业主管领导批准方可向财务部报销。

（二）已经取得原始发票的只要填制报销凭证，由经办人验收或证明人签章、领导签字即可报销，报销的费用在批准定额内的由部门领导签字，定额外的由企业主管领导签字。

（三）未取得原始发票而要先付款时，可以先到财务部办理借款手续，经领导批准后（已经批准的费用定额内的由部门领导签字，定额外的由总经理签字）一周之内办理报销手续，同时撤回借款单第三联。

二、固定资产报销

......

三、流动资产报销

......

四、费用报销审批制度

......

流程与制度本质是一样的，都是管理或工作标准文件。当制度的编写具体到活动的每个环节和步骤，并把环节和步骤的逻辑关系用文字或图片描述清楚，就具有了流程的特性，也可以称其为流程；当流程以手册的形式呈现，配以详细的说明文字描述，并作为管理要求在企业中强制执行，即流程制度化，那同样也可以称之为制度。

可见，制度与流程从本质上来说，都是一种管理语言，是为了实现管理目标而采取的管理手段。从广义的含义来说，制度应该包含流程，或者说制度具有一定的流程特性，见图 7-2。

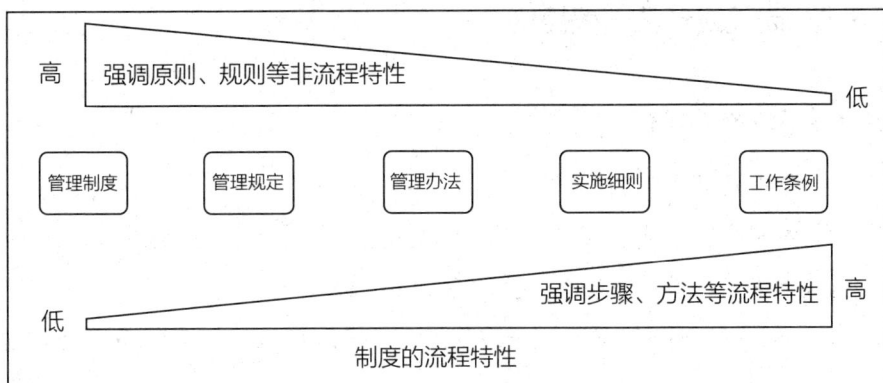

图 7-2　制度的流程特性

当然，流程与制度还是有一些区别的。主要表现为以下几点。

第一，制度和流程的管理重点不同。制度主要是对某事项的规则进行说明，强调原则性、规范性，即应该做什么、不应该做什么、能做什么、不能做什么、有什么后果。流程主要是对开展某项活动的过程进行描述，强调逻辑性，即先做什么、后做什么、输入什么、输出什么、如何转化。

第二，制度和流程的适用范围不同。制度适用于企业的一切事项，包括问题、事情、活动等，都可以用制度来约束和规范。流程只针对活动，包括业务活动和管理活动，都可以用流程来描述和说明，对应着业务流程和管理流程。制度从事项出发，流程从活动出发，从这点意义上说，制度和流程是两种不同的企业管理模式。

第三，对于共同适用的活动而言，制度和流程共同起着规范活动的作用。企业的各个方面都有制度，当某个流程或流程的某个动作涉及某个方面时，就必须遵守该方面对应的制度。流程按逻辑描述活动的环节和步骤，制度则对环节和步骤的具体规则进行规范。

在本书中，如果没有特别说明，制度包括流程，或者说流程属于制度的一部分。

7.3.3 流程设计的一般原则

1. 复杂事情简单化

复杂事情简单化的方法如下。

①把需求分解。把复杂的需求尽可能地分解，再一个一个去解决。

②先考虑主要情况，个别情况可先暂时放一放。

③求同存异。对于不能达成一致共识的方案，可以都试，可以采用不同的做法。

2. 简单事情标准化

标准化即标准作业程序，就是将某事件的标准操作步骤和要求以统一的格式描述出来，用来指导和规范日常工作。标准化是一个活动过程，主要是制订标准、宣传贯彻标准、对标准的实施进行监督管理、根据标准实施情况修订标准的过程。

标准化的作用主要如下。

①降低成本。标准是多年智慧和经验的结晶，它代表了最好、最容易、最安全的作业方式和方法。标准的有效执行，必然能有效地提高生产效率，从而降低成本。

②减少变化。

③便利性和兼容性。

④累积经验与技术。

⑤明确责任。确定原因、明确责任是争取针对性对策的关键，标准化的推进有助于更简单地确定问题责任。

3. 标准事情固定化

标准事情固定化，指的是要形成先僵化、再优化、最后固化的做事方法和步骤。僵化是一个痛苦的适应阶段，优化就是改进、创新，最后是固化。固化就是例行化（制度化、程序化）及规范化（模板化、标准化）。固化阶段是流程管理进步的重要一环。

①例行化。管理就是不断把例外事项变为例行事项的过程。例行事项越多，管理越简单；科学程序越多，就越不需要归属个人的经验知识；责任越能纳入流程，权力空间就越简明。

②规范化。重视管理的规范化将是企业长期努力的目标和任务，规范化的具体手段就是模板化、标准化，是企业管理进步的有效工具。

4.固定事情流程化

①流程以简单易行为标准。流程不在于多，而在于实用。

②流程要量化、细化，并且要与员工的工资绩效挂钩，方便考核与执行。

③流程要用来培训。通过培训，员工能理解流程化、流程化的好处，用流程培养员工，鼓励员工了解流程的设置，培养员工的创新意识。

④流程面前人人平等，严格执行奖惩措施。奖惩的目的是规范员工的工作行为；只有做到有奖有惩、奖惩分明，才能增强员工遵纪守法和自我约束意识，以此激发团队成员的积极性和创造性。

7.3.4　常见的财税合规操作流程

常见的财税合规操作流程有：预算管理流程、成本控制流程、资产管理流程、融资管理流程、投资管理流程、资金审批流程、费用报销流程、收入管理流程、应收账款管理流程、纳税筹划流程、纳税核算流程、纳税申报流程等。

7.4　财税合规与其他制度的融合

7.4.1　构建"三位一体"的管理制度体系

进行合规管理，当然需要有合规制度。但通常来说，企业并不需要制订一套独立的合规管理制度，而是在原有制度的基础上，依据最新的合规管理要求，对原有的管理制度进行修订与优化，将合规、内控、风险管理有机地进行融合，即"三位一体"，完善企业的管理制度体系。

1.融合的共同基础：以业务流程为对象

合规、内控、风险管理等工作，均是面向业务的管理，为业务稳定、快速、持续发展提供帮助。对业务流程中出现的各类风险行为进行管控，是合规、内控与风险可以一体化管理的共同基础。也就是说，基于业务流程，既是三个风险管理体系建设过程中均须依赖的前提，也是合规、内控与风险一体化融合管理体系建设过程中必须依赖的前提。

2.融合的逻辑思路：以风险管控为导向

合规、内控、风险管理具有高度的同质性，即三者均与风险相关，均是对某一类风险进行预防、监控与应对，这也是"三位一体"协同运作的另一基础。"企业经营好比一场足球比赛，业务拓展的前提是风险防控。合规管理者类似于裁判，是规则执行的监督者；内部控制者好比球场上的队长，需要考虑企业内部环境，平衡好合规人员与一线工作人员的关系；风险管理者类似于教练，需要及时调整战术，对企业整体性、组合性风险进行管理。彼此相互影响，互相交叉融合。"[1]

事实上，合规、内控、风险管理三者的关系可以这样理解：全面风险包括合规风险；风险管理及合规管理，是对经营管理过程中可能发生的风险事件、违规事件的防范和控制，对已经发生的风险事件、违规事件的化解和处置；内控是实现风险、合规管理目标的控制过程和手段，内控的主要工作内容是建立健全机制、建立完善流程。总的来说，合规、风险管理侧重于解决"管什么"的问题，内控侧重于解决"如何管"的问题。通过强内控，达到防风险、促合规、增效益的目的。

3.融合的实现路径：以制度设计与实施为主线

合规、内控、风险管理，都是为了防范与应对风险。面对风险，人们能做

1　谢潜，卢荣婕.法律、合规、风险、内控：一体化管理的必要性及路径［N］.民主与法制时报，2021-11-25.

的就是去识别它、预测它、评估它，然后通过对风险问题提出应对方案，用制度的方式提前规定好，以防范它。因此，三者的核心举措都是通过制度去进行管理。为此，要想对合规、内控、风险管理等制度进行有机融合，构建"三位一体"的管理制度体系，发挥最佳的协同效果，就必须进行组织职能融合、工作机制融合、评价机制融合和管理制度融合，见图 7-3。

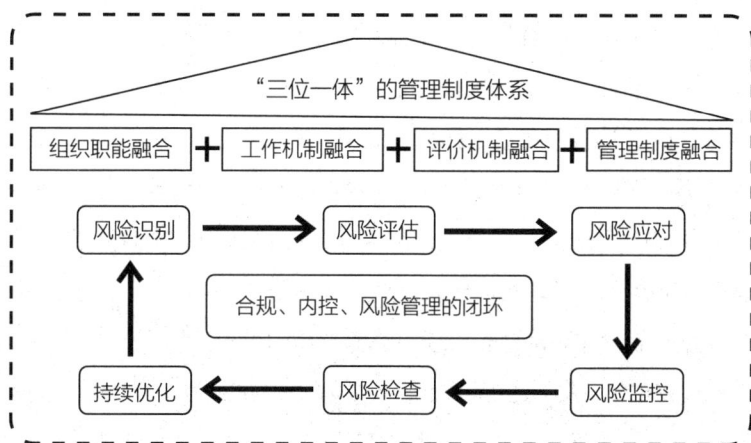

图 7-3　"三位一体"的管理制度体系

7.4.2　财税合规制度融合的基本步骤

财税合规制度融合的基本步骤可以分为四步。

第一步，梳理财税合规义务，评估现有制度内容的完整性、专业性。

内部控制是以流程为核心的风险管控手段，是指导具体工作的管理文件。企业通过内控流程规范内控机制，合理界定岗位职责及权力运行结构，梳理优化业务及管理流程，科学规范经济活动和业务活动，对业务层面潜在风险进行全面评估，拟定适当控制措施并遵照执行，为业务运营体系起到强有力的支撑保证作用。

内控流程强调经营风险，大多数企业现有内部控制体系中的流程图主要通过逻辑关系对作业程序进行描述，关键节点审核、审批作为重点控制，与企业规章制度基本保持一致，而对合规性管理要求体现不够。大多数企业的合规风险通过合规义务清单进行控制，而合规义务清单一般由法务工作者或律师按照外部法律梳理，具有法律条文的全面性、广泛性的特点，形成的合规义务清单是一份大而全的数据库，与业务活动衔接不是很紧密，从而形成内控与合规管理"两张皮"现象。为此，企业需要按照前面提出的构建"三位一体"的管理制度体系的思路，识别企业的合规义务，分析企业的合规风险，对现有的内控制度进行全面梳理，评价内控制度内容的完整性、专业性。

合规义务的梳理既是合规管理工作和合规体系运行的起点，也是进行合规与其他管理制度融合的依据。因此，需要针对外部法律法规、监管规定、行业准则、相关方要求及国际条约、国际通行规则等不同效力层级、不同种类的纷繁复杂的外部要求和管理的内部要求，明确合规义务的梳理标准，对不同来源的、对同一件事的合规义务进行提炼整合，最终描述为一个合规要素，依据合规具体要素，结合企业管理要素相应制订"应当""必须""应""不得""禁止"等的行为规范，并明确违规责任主体需要承担的后果。

第二步，将合规义务和管理要求嵌入具体的业务流程。

制度修订人员需要从各业务、职能部门收集相关法规、制度，进行分类并确认法规、制度的适用性，汇总行业最新的关键合规点。从各类法规要求中提炼、汇总、整理相应的合规条款，识别合规条款中的关键点，将业务风险和包括财税合规风险在内的所有合规风险进行融合，体现在现有的业务流程图中，清晰地提醒流程执行者充分关注业务流程环节的风险点与合规要求。

例如，某企业制度制订的一般流程是：相关部门拟订规章制度→部门负责人审核→制度归口部门审核→分管领导审核→总经理办公会审议。但这一流程中，合规性考虑不够，没有征求法律、财务部门的意见，没有考虑财税合规问题，没有考虑职工的利益诉求，重要的制度没有形成董事会决议。融入这些合规要求后的业务流程为：相关部门拟订制度→部门负责人审核→法律部门合规审查→是否涉及财税合规问题→（如果是）财务部门审核→（如果否）制度归口部门审核→分管领导审核→是否涉及职工切身利益→（如果是）执行代表大会审议→（如果否）总经理办公会审议→董事会决议→行政发布。财税合规与业务流程融合见图7-4。

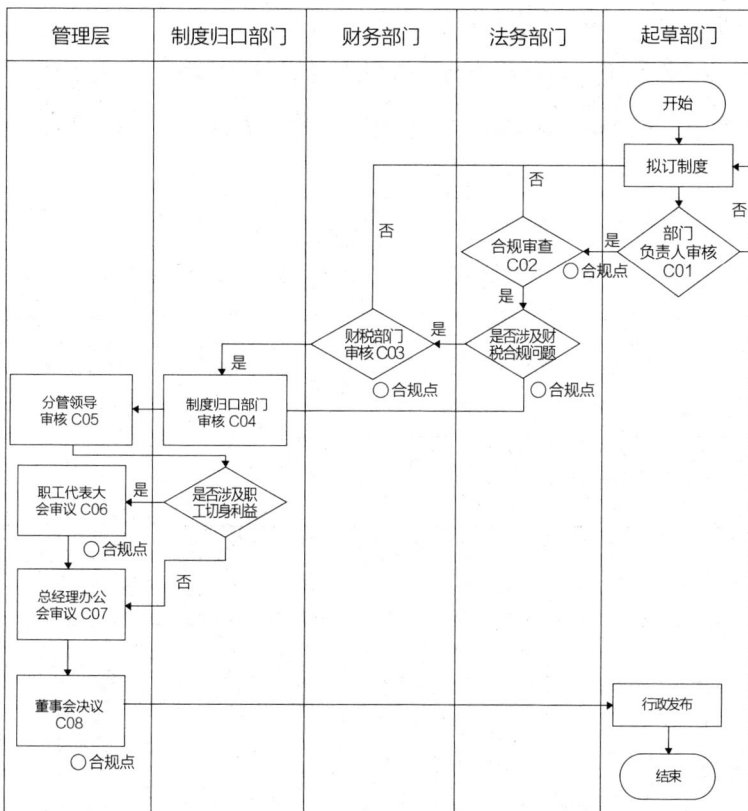

注：菱形标记为风险识别判断点，流程节点 C01~C08 为业务层面风险控制点，圆点标记为合规点。

图 7-4　财税合规与业务流程融合

在图 7-4 中，用醒目符号标注合规风险识别与控制点，从而在一张业务流程图中，实现了财税合规与业务流程的控制融合。

第三步，嵌入合规要求，形成新的控制矩阵。

内部控制的流程（风险）控制措施主要以控制矩阵形式体现，一般包括风险类别、控制目标、风险点描述、控制点编号、控制点描述、执行部门、执行岗位、控制频率、控制证据、控制依据等要素，主要反映业务层面风险的控制，一般为流程执行者日常工作中的风险防范。

合规要求与控制矩阵融合的基本做法是：首先通过流程图识别法，辨别哪个环节存在合规风险，其次对形成风险的主要因素进行分析，再次准确进行合规风险描述，最后拟订控制措施。

表现形式上是对原控制矩阵进行修改，增加风险类别，将内控和合规进行区分，融合的作用就是让流程执行者关注业务风险的同时，提高对合规风险的警觉，潜移默化地将合规文化渗透到日常经营管理当中。风险控制矩阵（示例）见表7-1。

表7-1　风险控制矩阵（示例）

风险编号	风险类别	风险描述	控制编号	控制描述	缺陷编号	控制依据	控制频率	责任人
101	内控	合同履行过程中，未能及时发现已经或潜在企业利益受损情况，可能导致企业经济利益受损	101	业务主管部门对合同全过程进行跟踪管理，对协作单位合同履行情况及效果实施有效监控，发现问题及时纠正、处理		公司合同管理办法		业务主管部门
201	合规	一方或双方未全面履行合同义务，未采取相关措施降低合同风险，导致合同违规执行	201	1.合同依法成立，合同各方均应履行合同约定的义务，任何一方不得擅自变更或解除合同 2.合同生效后，出现或发现就合同主要条款约定不明或有遗漏时，合同双方协商可签订补充协议		民法典		合同承担单位
……	……			……				

第四步，进行组织机构调整，增设合规岗位或岗位职责。

为保障合规要求能够得到有效的实施，企业需要对内部机构职责进行重新梳理，充分考虑各业务职能部门涉及的合规关键条款、合规关键控制点、敏感权限的职责分离等，重新规划岗位职责，增设合规岗位或合规岗位职责内容，形成闭环管理，降低或防止舞弊与其他违规行为发生的可能性。

7.4.3　财税合规制度融合需要注意的问题

第一，制度融合是一个渐进的过程。融合是在企业现有的、已有的管理制度的基础上，结合财税合规义务和管理要求，对企业现有的业务流程进行梳理、改进的过程。因此，从"度"的角度分析，财税合规制度融合不是把原有的制度推翻重来，一定意义上，我们可以理解为是基于财税合规管理视角解决现有制度在运营过程中存在的一些缺陷，通过减少缺陷、调整管理制度与业务流程，实现管理制度（含业务流程）逐步优化和改进的目的。融合是一个渐进的过程，意味着当条件还不完全成熟时，企业不是必须要把三个不同的部门或岗位，全部纳入一个部门或岗位，企业仍可以按照之前的部门设置，只是可能需要重新梳理几个部门之间的职责分工和工作事项，调配人员到最适合的岗位上去。

第二，管理制度的有效实施需要强有力的组织体系作为保障。从合规、风险、内控单独规划转变为统筹一体的规划，将原来独立的三个部门整合到同一部门统筹岗位设置，提出业务定位、战略目标、规章制度、阶段性目标与全年工作任务，为三者融合发展提供基础。在这里，强有力的组织体系是"三位一体"管理制度体系有效运行的纽带，企业需要从决策层、管理层、执行层、监督层四个层面搭建"三位一体"的管理组织架构，将一体化管理要求有效嵌入企业决策、经营、管理各个环节，形成各司其职，各负其责，紧密配合，协调联动，集合规、内控、风险管理为一体的管理组织体系。

第三，融合需要协同。一个强有力的组织体系，除了企业领导的高度重视、合理分工外，最重要的是部门与部门之间、防线与防线之间、机制与机制之间以及体系与体系之间，具有全局意识，以保障企业合规管理效率与效果为目标，融会贯通、协同运作，从而推动企业可持续发展。协同的关键是协助，需要三个专业的人员，包括合规（含法务）人员、内控人员和风险管理人员（风控人员），对其他专业领域及其区别均要认识到位，对三者的异同也要认识到位，如此才可主动协助其他体系，而不是因专业区别而建立起新的部门防火墙。

本章案例

🔍**案例 7-1**　**华侨城集团探索构建"四位一体"全面风险管理体系**

2021 年《深圳法治评论》第六期发表了华侨城集团有限公司（以下简称"华侨城集团"）原总法律顾问曾辉撰写的《华侨城集团探索构建"四位一体"全面风险管理体系》文章，对华侨城集团着力构建合规、内控、风险管理、法务的"四位一体"全面风险管理体系进行了介绍。

华侨城集团法律合规部成立于2018年初，先后承担法律事务管理、合规管理、全面风险管理和内部控制管理四项具体职能，并逐步建立以实现合规要求为目标，以内控和风险管理为抓手，以法律思维为底层连接，"四位一体"的全面风险管理体系，见图7-5。

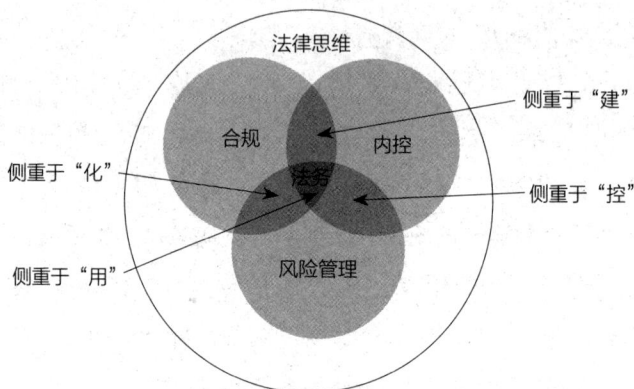

图7-5 华侨城集团"四位一体"全面风险管理体系

合规和内控的交集在于"建"，即将企业的合规义务融贯于企业内规内制，形成合规管理和内控管理框架，突出合规重点，将财务税收、知识产权、安全环保等重点领域的合规要求镶嵌在内控工作流程中。

内控和风险管理的重点在于"控"，即将重要业务领域风险易发点（即关键控制点）及其控制措施制订于相应的业务流程之中，并在各重要环节明确责任部门和责任人，对重点环节和重要流程进行监督，确保内控工作落到实处。

合规与风险管理的重心在于"化"，即坚持以防范和化解重大风险作为业务开展的基础，规范执行"三重一大"决策制度，强化相应决策程序的执行和监督，确保重大决策事先做到调研、论证、讨论"三充分"；对业务领域可能产生的各种风险进行评估，并针对风险评估制订相应的预案，以有效防范包括合规在内的重大风险。

依法治企着力于"用"，即法务部门在强化企业全员依法办事的法治理念和行为习惯的基础上，针对企业运营过程中出现的风险，充分调剂企业资源，促使"四位一体"全面风险管理体系有效实施。

🔍案例 7-2　Z 公司合同管理中的财税合规体系

（1）项目背景

Z 股份公司（简称"Z 公司"）成立于 2012 年。2015 年后，Z 公司每年签订各类商业合同的数量为 9 000 份左右，标的金额为 30 亿元左右，并逐年上升。这些合同的覆盖率很高，是 Z 公司的生产经营正常运转的法律保障。合同管理是公司经营管理基础工作的重要内容，通过加强合同管理、规范公司合同的订立和履行，能够有效地防范风险、优化管理、降低成本、提高效益。Z 公司自 2017 年重组上市以来，一直把合同管理作为法律工作的重中之重，致力于不断提高管理水平。

2014 年开始，Z 公司开始研发合同管理系统，并经历了 2015 年第一版静态、2017 年第二版动态、2019 年第三版信息化的过程。

（2）Z 公司合同管理历程

Z 公司对外交易量大、交易类型复杂、管理层次多，因此，优化合同管理机制，对其防范与控制交易过程中的法律风险、提高交易效率和管理水平具有重要意义。Z 公司在总结以往合同管理经验教训的基础上，重点突出了合同管理制度化、标准化和信息化建设。

一是完善合同管理制度。根据合同管理的实际需要，强化了合同选商、谈判、审查、订立、履行等合同管理主要环节的制度建设，从制度层面明确了合同管理职责、权限、流程等内容，实现了合同管理全过程的制度覆盖，加强了对合同管理薄弱环节的控制，解决了合同管理中存在的重订立轻履行、重实体轻程序、重业务轻法律、重效率轻安全等弊端。

二是推进合同文本标准化。石油行业合同专业化程度高，不同企业的交易类型、交易方式和交易条件有规律，分散制作文本效率低、风险大。2017 年 Z 公司上市后，本着整合资源、提高效率、减少关联交易矛盾、防范法律风险的原则，Z 公司组织编制了主要业务领域的 30 多个合同示范文本，明确规定其下属企业在文本使用过程中，对必备条款的修订必须征得法律部门同意。这有效地避免了滥签合同现象的出现。

三是打造合同管理信息化工程。2018年，Z公司和国内著名软件公司R公司合作，并于2019年底研究开发了Z公司合同管理信息系统，在合同文本标准化的基础上，搭建了总部与地区公司之间的合同管理信息化平台，实现了合同立项、选商、审查、审批、履行、归档和信息数据统计分析等环节的网上运行。合同管理机制的优化，有效地规范了交易行为，提高了交易质量和工作效率，降低了交易成本，提高了交易管理透明度，同时对反腐倡廉也起到了积极作用。

（3）Z公司合同管理中的财税合规风险控制

2018年《中央企业合规管理指引（试行）》发布后，Z公司设立了专门的合规管理部门，开始针对合规管理要求修订企业管理的各项制度，为此成立了专门的课题组负责此项修订工作。下面仅针对合同管理制度中的财税合规性需求，说明课题组的修订思路。

①组织结构方面。原制度涉及合同管理体制、合同管理机构的设置与功能的健全性、外聘企业法律顾问/律师的能力3个子项。由于原合同管理制度将合法性管理要求置于专门的法律机构或法律专员监管之下，考虑到合规管理机构设立，课题组需要在新的合规管理制度中对合规管理职能在合规管理机构与法律机构之间进行重新配置。

②合同管理制度风险。该项包含制度健全程度、制度明确程度、制度和谐性3项内容。课题组需要考虑：原合同管理制度是否全面考虑了企业合规义务，尤其是财税合规要求方面；针对财税合规义务是否有明晰的风险分析及应对措施；合同管理制度中是否存在政出多门、相互矛盾的情形。

③合同管理业务流程风险。该项包括业务流程的规范性、业务流程的效率性、业务流程的可操作性、业务流程的有效性4个子项。课题组需要考虑：各地区公司所制订的合同管理业务流程是否符合公司规定和财税合规管理要求；合同管理业务流程是否便捷；是否符合管理实践，有无不合理之处；能否有效地防范预计到的合同管理中的各种风险。

本章问题思考

①如何理解制度与流程的关系？

②合规管理运行制度与合规管理保障制度有什么差别？它们对合规管理体系的有效性各有何影响？

③本章阐述了"三位一体"的管理制度体系，在案例中又提到了华侨城集团的"四位一体"全面风险管理体系。你觉得这里所说的"三位一体"与"四位一体"有什么本质上的区别吗？谈谈你的理解。

④有人说，现在才讲合规体系建设，难道以前的管理体系中就没有包含"合规"的要求吗？谈谈你的认识。

第 8 章

从制度设计到制度运行：财税合规管理体系的运行与控制

既要仰望星空，也要脚踏实地。再好的制度也要落实到具体的执行上。

8.1　财税合规风险预警

风险预警是事前防范重要的手段，合规风险的识别、评估、预警机制是公司合规运行机制的第一环节。《央企合规办法》明确规定："中央企业应当建立合规风险识别评估预警机制，全面梳理经营管理活动中的合规风险，建立并定期更新合规风险数据库，对风险发生的可能性、影响程度、潜在后果等进行分析，对典型性、普遍性或者可能产生严重后果的风险及时预警。"因此，财税合规风险识别、预警、应对机制均是财税合规运行机制的重要内容，建立起良好的财税合规风险预警机制，才能为公司运行过程中各相关主体的行为设定边界，以便其了解具体的合规要求，拒绝违规行为。

8.1.1　财税合规风险预警机制的内容

1.明确组织机构各层级的财税合规风险管理职责

关于这一问题，本书第 3 章中，对党委（党组）、董事会、监事会、经理层、合规委员会、合规管理部门、财务部门、其他业务及职能部门在合规管理中的职责进行了阐述。财税合规工作是合规管理中的重要内容，企业内部各级组织都应负有相应的职责。

2.设定财税合规目标

企业建立和实施财税合规风险预警机制最根本目标是实现企业内部控制的目标，具体包括：合理保证企业经营管理合法合规、资产资金安全、财务报告及相关信息真实完整、提高经营效率和效果、促进企业实现发展战略。企业经营目标是企业财税合规管理和合规风险预警机制的引导性目标，企业财税合规管理和合规风险预警机制就是要及时识别、评估和应对可能影响实现经营目标的各种不确定性事项，通过实现各层级经营目标来确保实现企业整体经营目标。

企业建立和实施财税合规风险预警机制的直接目标是：及时收集与沟通财税合规风险信息；及时识别、评估和应对财税合规风险，特别是重大合规风险；维护和创造因财税合规风险机会带来的价值，保护企业不因财税合规风险而遭受重大损失等。

3. 识别财税合规风险因素

导致企业财税合规风险的因素有多种，本书第 5 章和第 6 章已经进行了较为详细的分析。企业应当结合实际情况，尽可能完整、清楚地识别这些与财税合规相关的风险因素，建立财税合规风险清单（财税合规风险库），并定期进行完善、更新，以便为各级管理层和员工提供识别风险因素的有效工具。

4. 建立财税合规风险清单

建立财税合规风险清单是财税合规风险预警的基础工作，企业可以风险识别机制为基础，完成财税合规风险的评估和分级。

根据财税合规风险识别、评估、分级结果，结合收集到的财税相关司法判例和监管案例，准确掌握已存在、可能存在的财税合规风险，必要时也可由企业法务部门或专业律师团队对企业财税相关事项进行尽职调查、梳理，明确风险点。此外，企业因历次不合规行为引起的诉讼纠纷、行政处分都应进行全面而深刻的分析，因此带来的启示，都应成为财税合规风险清单的素材。

5. 定期更新财税合规风险清单

①企业应在初始数据基础上定期更新财税合规风险清单，合规风险识别和预警机制才有生命力。

②动态实施、动态更新、动态完善的财税合规风险预警机制是后续开展财税合规管理有效性评价的根基。

③因企业内外部环境处于动态变化中（如外法内规不断立改废释），企业合规风险也处于持续变动之中（数量增减、高中低合规风险之间相互转化等），企业须基于初始财税合规风险清单，不断进行合规风险的识别和评估，持续改进。

6. 设置财税合规风险预警指标

企业应当根据各类风险特征，针对整体层面和各业务层面建立相应的财税合规风险预警指标体系，以监测和预警财税合规风险的严重性。财税合规风险预警指标可以是定性指标，也可以是定量指标。以税务合规风险为例，可以设定以下税务合规风险预警指标：①增值税收入与所得税收入不一致预警；②存货扣税比异常预警；③进项税额和销项税额变动弹性异常预警；④预收账款占比过大预警；⑤所得税贡献率异常预警；⑥主营业务收入变动率异常预警；⑦利润总额与应纳税所得额异常预警等。当出现这些风险预警指标中的一项或多项时，就意味着企业可能出现了某种程度的税务合规风险，应当启动相应的风险应对预案。

7. 财税合规风险评估和分级

财税合规风险的评估和分级也应是一个动态的、自我发现、自我完善的可持续改进的机制。企业要有特定的人员或机构根据风险发生概率和影响程度对其业务活动、产品和服务的财税合规风险进行评估分级，评估的相关制度、方法、流程要明确，经营者可根据实际情况，建立符合自身需要的财税合规风险评估程序和标准。

企业应以重大风险、重大事件和重大决策、重要管理及业务流程为重点，对财税合规风险管理初始信息、风险评估、风险管理策略、关键控制活动及风险管理解决方案的实施情况进行监督，采用压力测试、返回测试、穿行测试以及风险控制自我评估等方法对风险管理的有效性进行检验，根据变化情况和存在的缺陷及时加以改进。

8. 确定财税合规风险应对预案

企业应当根据财税合规风险类型及其风险预警级别，事先制订相应的财税合规风险应对预案，应对财税合规风险的主要方法有：风险规避法、风险降低法、分散分担法以及风险承受法。财税合规风险应对方案的主要内容包括：设立或调整与财税合规风险应对相关的机构、人员，补充经费或风险准备金等；制订或完善与财税合规风险应对相关的制度、流程；针对特定财税合规风险，编撰指引、标准类文件，供业务人员使用；利用技术手段规避、控制或转移某些合规风险；针对某些财税合规风险事件发布警告或预警信息；开展专项活动，规避、控制或转移某些财税合规风险；对某些关键岗位人员进行财税合规风险培训，提高合规风险意识和合规风险管理技能。

8.1.2　财税合规风险预警发布

企业应完善财税合规风险预警机制，明确风险提醒主体、提醒方式。企业合规委员会可以根据不同职位、级别和工作范围的员工面临的不同合规风险，对员工开展风险测评和风险提醒工作，提高风险防控的针对性和有效性，降低员工的违法风险。

《央企合规办法》中虽然明确规定了中央企业应当建立合规风险识别评估预警机制，但均未明确合规风险预警发布的主体，从合规管理三道防线并结合合规审查制度来看，由财务部门和合规管理部门共同作为发布财税合规风险预警的机构比较可行。

日常财税合规审查过程中发现的财税合规风险，由财务部门对相关业务部门提出风险预警；因合规管理部门作为审核企业"三重一大"事项、处理企业涉诉案件和处罚案件的职能部门，所以对应对重大财税合规风险和来自外部的财税合规风险均有天然的便利条件。

8.1.3　财税合规风险应对与处置

公司应建立健全风险处置机制，对识别、提示和评估的各类合规风险采取恰当的控制和应对措施。面临财税合规风险的相关业务部门或经办人在收到合规风险预警之后采取的应对与处置才是合规风险预警真正发挥价值的关键。财税合规风险应对应至少包括合规风险的处置和应急预案的完善两个方面的内容。合规风险应对的措施应当与风险级别、预警级别相对应，应急响应、资源调动等各方面均应当符合对等原则。公司在发现合规风险已经发生或者监管机构已经立案并启动调查合规程序时，应立即停止实施相关行为。

在合规风险预警机制建立时，就应当明确预警分级以及具体的应对适用情况，同时需建立不落实财税合规风险预警相关应对措施的追责机制。

8.1.4　财税合规风险预警解除

任何预警都应有时空限制，财税合规风险预警的解除是预警机制的有机组成部分。

为了让财税合规风险管理形成有效闭环，每次预警机制解除后公司应进行风险事件的全面分析。完整实现预警发出、风险应对、预警解除、风险复盘全过程，并将分析整改结果落实到后续业务的提升中。将合规风险预警机制应用在经营活动中，合规管理就有了生命力。

8.1.5　强化发票合规管理与预警分析

伴随着"金税四期"时代的来临，中国税收监管将从"以票管税"向"以数治税"的分类精准监管转变，这是适应数字时代、推进智慧税务的必然要求，发票也将实现全领域、全环节、全要素电子化。企业在开票、交付发票、查验发票过程中，税务部门均可利用大数据监察网络进行核查，并对任何发票相关违规行为展开稽查，稽查覆盖面更宽，稽查力度更大。

企业有必要从多个方面加强对上游供应商以及增值税发票的管理：首先，加强对供应商的资质管理，对不合格的供应商采取合理的改进措施；其次，加强对供应商业务流程的了解和监控，妥善留存记录货物、服务交易真实性的完整资料；最后，明确内部增值税发票管理责任，建立内外部统一的增值税发票风险控制体系。

8.2　财税合规审查

财税合规审查是指由业务部门或合规管理部门对公司经营管理过程中财税相关事项及员工履职行为是否合规进行内部审查、核验的机制。

财税合规审查机制包括审查目标与原则、审查主体与流程、审查范围与重点、审查模式等事项，完善的财税合规审查机制可以让业务人员将对个人经验的依赖转化为对明确标准的遵从，确保审核标准的统一性。

8.2.1　财税合规审查的目标与原则

财税合规审查的基本目标是确保公司经营管理及重大决策事项符合财税领域相关规范，降低违规处罚风险，提高决策科学性。财税合规审查的原则主要如下。

（1）全面性原则

财税合规审查应当涵盖公司合规管理体系建设、运行的整体情况，涵盖公司所有业务类型并贯穿于业务全流程。公司应建立健全财税相关风险识别分析、预警、报告、咨询、审核、调查、处置、评价、改进等全流程工作机制。

（2）明确性原则

财税合规的审查主体、审查范围、审查流程、审查依据均应明确而具体，确保审查的规范性和一致性。

（3）持续改进原则

合规管理部门、业务及职能部门需依据公司发展状况对财税合规审查相关的职责权限进行完善，从合规审查的标准、流程、重点等方面定期对审查情况开展后续评估并对合规审查的系统性漏洞或责任缺失进行补救。

8.2.2　财税合规审查的主体与流程

财税合规审查的主体包括业务部门、财务部门和合规管理部门。合规审查的基本流程如下。

第一步，业务部门合规自查。业务部门作为企业财税合规风险管理的第一道防线以及企业合规风险管理的主体，有责任对其负责的合规审查对象进行全面的合规审查。业务部门合规自查，一般由负责财税合规审查对象的业务部门经理提起，报业务部门财税合规专员进行。

第二步，财务部门合规审查。财务部门作为财税相关业务的职能单位，应当承担财税事项合规的主要工作和责任。因此，财务部门对财税活动的合规审查，本质上仍属于业务审查。财务部门合规审查包括两个方面。一是对企业运营过程的财税相关业务进行流程发起并对该事项进行初步合规审核；二是对企业其他职能部门业务范围中与财税合规相关事项进行财税合规审核。实务中，多数企业在内部控制的流程设置上，财税合规审查与法务合规审核同为不可或缺的步骤。

第三步，合规管理部门合规审查。合规管理部门（常见的为法律事务机构或其他相关机构）是合规管理牵头部门，是企业合规管理的第二道防线，负责组织、协调和监督合规管理工作，为其他部门提供合规支持，包括财税合规支持。合规管理部门的财税合规审查范围为企业所有与财税相关的规章制度、经济合同、重大决策。重大决策事项的合规审查意见应当由首席合规官签字，并由其对决策事项的合规性提出明确意见。

8.2.3　财税合规审查的范围与重点

财税合规审查的范围主要包括制度设计、重大决策、重要合同等方面。审查主体对不合规的内容要及时提出修改建议，未经合规审查不得实施，特别是重大决策领域，强调"决策先问法、违法不决策"。

1. 财税合规制度设计的合理性审查

企业所有内部规章制度既是合规审查依据，也是重要的合规审查对象。对企业财税合规制度进行审查，除审查其是否符合外部合规要求（即是否违反法律法规禁止性规定、落实监管要求是否到位）外，还须审查其是否符合企业内部更高效力层次的内部规章制度（如企业章程、企业价值观等），是否能够有效防范财税合规风险清单中涉及的风险，以及与企业内部其他规章制度是否协调一致与融合，避免相互矛盾和相互重叠。

2. 重大决策事项的合规性审查

重大决策事项的合规性审查包括实质性审查和形式性审查。

实质性审查主要审查以下内容：审查企业有无权限做出决策；审查决策内

容是否合法合规，涉及的商业行为程序是否合法；审查决策实施的可行性；审查决策涉及企业的权利义务是否明确，发生风险后有无补救措施等。

形式性审查的目的是审查送审流程是否符合要求、背景材料是否齐全完整。对于形式性审查不符合要求的，合规管理部门可根据不同的情况要求送审部门进行完善；对于资料不完整的，可要求送审部门补充；对于送审程序不符合要求的，可要求送审部门完善程序；对于表述不清的，可以要求送审部门修改、完善对重大决策事项内容的描述。

3. 重要合同的合规性审查

重要合同的合规性审查包括合同的真实性、合规性、公平性、缜密性。就合同的合规性而言，主要审查以下四个方面的内容。

一是合同主体是否合规。主要审查合同当事人的主体资质（营业许可、经营范围等）是否合法合规，是否具备相应的履约能力（财务证明、过往业绩等）。

二是合同形式是否合规，即合同的形式是否符合规定要求。当事人订立合同，有书面形式、口头形式和其他形式。如果法律、行政法规规定采用书面形式的，应当采用书面形式。

三是合同内容是否合法。重点审查合同内容是否损害国家、集体或者第三人的利益，是否有以合法形式掩盖非法目的的情况，是否损害社会公共利益，是否违反法律的强制性规定。

四是订立程序是否合规。重点审查合同是否需要经过有关机关批准或者登记，如果有规定，是否履行了上述手续；如合同需要公证才能生效，应审查合同是否经公证机关公证；如果合同附有期限，应审查是否到期；审查合同当事人是否在合同上签名或者盖章；签名或者盖章的企业名称是否和当事人的名称一致，签字人是否是企业的法定代表人或者其授权的代表。

8.2.4　财税合规审查模式

实践中，公司财税合规审查模式可以归纳为两种：多节点全流程审查和单一节点专岗审查。

1. 多节点全流程审查模式

多节点全流程审查是指业务流程各个岗位均作为审查节点承担审查职责，上一个流程未审核通过无法进入下一流程。该模式更贴近于《央企合规办法》"管业务必须管合规""谁的业务谁合规"的管理思路。该模式的优点是将否决权赋予每个审核流程节点，上一流程审核不通过，无法进入下一流程，审查的风险和责任由多部门（多人）共担，相关业务的合规性经不同部门、从不同角度得到共同确认。缺点是因每个节点都有否决和退回权限，所以审核时间长，审核效率相对较低。

2. 单一节点专岗审查模式

单一节点专岗审查是指公司设置专门岗位集中对财税合规风险审查把关。如未建立线上办公系统的公司会采用从业务部门直接到法务合规部门（或外聘法律顾问）的模式，合规审核与法律审核合二为一。部分公司重大决策事项中常用流程简化模式，重大事项的审核流程会集中于财税部门的合规审核。该模式很容易造成审查压力全部集中在财税部门或法务合规部门（或外聘法律顾问）的情况，但审核效率高是其显著优势。

8.3　财税合规管理评估

8.3.1　财税合规管理评估概述

1. 财税合规管理评估的目的

财税合规管理评估的目的是及时发现合规管理体系运行过程中存在的问题和不足，并进行整改和持续改进，确保企业合规管理体系持续的适用性、充分性和有效性。

财税合规管理是企业合规管理体系的重要组成部分。企业开展财税合规管理有效性评估，应围绕设计合理性、实施有效性和结果有用性三大要素，以财税合规风险为导向，覆盖财税合规管理各环节，重点关注可能存在的合规管理缺失、遗漏或薄弱的环节，充分揭示财税合规风险。

2. 财税合规管理评估机制

企业应结合自身实际情况，制订财税合规管理评估工作的实施办法，对评估组织形式、评估范围、评估内容、评估程序和方法、评估报告、评估问责等做出明确规定。企业应当将各类子公司的财税合规管理统一纳入企业合规管理评估范围。

3. 财税合规管理评估类型

财税合规管理评估属于专项评估范畴。按照评估机构的级别来划分，财税合规管理评估可以划分为集团评估、同级评估和自我评估。集团评估是指集团合规管理部门会同集团财务部门、审计部门对各子公司财税合规管理进行专项评估。同级评估是指同级合规管理部门对同级相关业务部门的财税合规管理进行专项评估。自我评估是指相关业务部门开展财税合规管理的自我评估。

4. 财税合规管理评估频率

企业可以根据自己业务规模、行业特点、合规风险情况、行业监管要求等，确定本企业财税合规管理评估频率。以下财税合规管理评估的频率值得参考：企业建立财税合规管理体系后的前三年，宜每年进行一次全面评估，以后每两年进行一次；专项评估不定期进行，企业可以选择针对各职能管理部门和业务管理部门，轮流进行专项评估，每年评估一两个部门。

企业可以自主决定开展财税合规管理专项评估。但在下列情况下，企业应当开展财税合规管理专项评估。

①被监管机构实施采取限制业务等重大行政监管措施、行政处罚或刑事处罚或者发生重大财税合规风险事件造成严重影响的。

②监管机构或自律组织提出要求的。

③其他需要开展财税合规管理专项评估的情形。

8.3.2　财税合规管理评估的内容

公司开展财税合规管理评估，应当涵盖以下内容。

1. 财税合规管理环境的评估

财税合规管理环境的评估应当重点关注财税合规文化建设是否到位、财税合规管理制度是否健全、财税合规经营基本要求是否能被遵循等。

2. 财税合规管理职责履行情况的评估

财税合规管理职责履行情况的评估应当重点关注各层级财税合规管理职责履行情况，包括财税合规审查、财税合规检查、财税合规咨询、财税合规培训、财税合规监测、财税合规考核、财税合规问责、合规报告（重点关注财税合规部分）、监管沟通与配合等合规管理职能是否有效履行。

3. 财税合规管理保障的评估

财税合规管理保障的评估应当重点关注合规负责人、财务总监、财税部门负责人任免及缺位代行，合规部门设立和职责，合规人员配备，子公司财税合规管理，合规人员履职保障等机制是否健全并实际得到执行。

4. 经营管理制度与机制建设情况的评估

经营管理制度与机制建设情况的评估应当重点关注各项财税管理制度和操作流程是否健全，是否与外部法律、法规和准则相一致，是否能够根据外部法律、法规和准则的变化及时修订、完善。如外部法律、法规和准则实施超过半年公司制度等仍未参考其规定修订完善的，公司应当详细说明理由和修订的进展程度。

5. 财税合规风险识别评估

财税合规风险识别首先对财税合规义务识别机制的实施效果进行评估，包括识别出重要财税合规义务、财税合规风险，并将这些合规义务与业务活动、产品和服务相关联，确保识别合规义务的机制与管理措施更新相结合。

财税合规风险的评估和分级机制，包括根据风险发生概率和影响程度，对合规风险进行评估和分级的机构、方法、制度和流程。

财税合规风险评估和分级机制的实施，包括配备人员，规定方法，落实制度，实施流程，形成合规风险评估、分级的文件化信息。此外，还应对财税合规风险评估和分级机制的实施保障和实施效果进行评估。

6.财税经营管理制度与机制运行状况的评估

财税经营管理制度与机制运行状况的评估应当重点关注是否能够严格执行财税经营管理制度和操作流程，是否能够及时发现并纠正有章不循、违规操作等问题。

8.3.3　财税合规管理评估主体与评估程序

公司自行组织开展财税合规管理评估的，应当成立跨部门评估小组，不得将财税评估工作交由单一部门负责。因财税合规管理评估的专业性较强，实务中财税合规管理评估的相关工作多由财务部门、合规管理部门、审计部门等部门形成评估小组。

评估小组应具备独立开展财税合规管理评估的权力，且评估小组成员应具备相应的胜任能力。公司应对参与评估的人员开展必要的培训。公司财税合规管理评估的程序一般包括评估准备、评估实施、评估报告和后续整改四个阶段。

1.评估准备阶段

（1）制订评估实施方案

评估小组应当制订评估实施方案，明确评估目的、范围、内容、分工、进程和要求，制作评估底稿等评估工作文件。

（2）组织自评

评估小组可组织各业务部门、财务部门开展财税合规管理自评，各业务部门和财务部门应当如实填写评估工作底稿，提交评估相关材料。财税合规管理环境评估底稿、财税合规管理职责履行情况评估底稿、财税合规管理保障评估底稿应当由公司董事长或公司财务负责人签署确认，财税经营管理制度与机制的建设及运行状况评估底稿应当由财务部门负责人和公司财务总监签署确认。

（3）搜集资料并确定评估重点

评估小组应当搜集评估期内外部监管和自律检查意见、审计报告、合规报告、投诉、举报、媒体报道等资料，根据业务重要性、风险发生频率、媒体关注度、新业务和新产品开展情况等确定评估重点。

（4）复核自评底稿

评估小组应当对自评底稿进行复核，并针对评估期内发生的合规风险事项开展重点评估，查找合规管理缺陷，分析问题产生原因，提出整改建议。

评估小组成员对其所在部门或者分管部门的评估底稿的复核应当实行回避制度。

2. 评估实施阶段

（1）评估方法

公司财税合规管理评估应当采取多种评估方法，包括但不限于访谈、文本审阅、问卷调查、知识测试、抽样分析、穿行测试、系统及数据测试等。

评估小组可以根据关注重点，对财税相关业务与管理事项进行抽样分析，按照业务发生频率、重要性及合规风险的高低，从确定的抽样总体中抽取一定比例的样本，并对样本的符合性做出判断。

（2）实施过程

评估小组可以对具体业务处理流程开展穿行测试，检查与其相关的原始文件，并根据文件上的业务处理痕迹，追踪流程，对相关管理制度与操作流程的实际运行情况进行验证。

（3）核实发现的问题

评估小组应当在评估工作结束前，与被评估部门就财税合规管理评估的结果进行必要沟通，就评估发现的问题进行核实，听取被评估部门的反馈意见。

3. 评估报告阶段

（1）撰写评估报告

评估小组应当根据评估实施情况及评估反馈意见撰写财税合规管理评估报告。财税合规管理评估报告至少应包括：评估依据、评估范围和对象、评估程序和方法、评估内容、发现的问题及改进建议、前次评估中发现问题的整改情况等。

（2）评估报告报批

公司财税合规管理评估报告应当按照公司内部规定履行内部报批程序。公司应当将财税合规管理评估报告提交董事会（或执行董事）审阅，董事会（或执行董事）应当督促解决合规管理中存在的问题。

4. 后续整改阶段

公司重视并强化评估结果的应用，才能让评估机制发挥实质性作用。

①公司应当针对财税合规管理评估发现的问题，制订整改方案，明确整改责任部门和时间表。

②承担整改责任的部门应当及时向公司管理层报告整改进展情况。

③公司管理层应当对评估发现问题的整改情况进行持续关注和跟踪，指导并监督相关部门全面、及时完成整改。

8.3.4　财税合规管理外部评估

公司也可以委托外部专业机构对企业财税合规管理进行专项评估。公司聘请符合条件的外部专业机构开展财税合规管理评估的，应当指定一名主管财务的高级管理人员配合开展相关工作，评估程序和方法可参照上文。在评估过程中，公司应当要求外部专业机构提供相关材料，证明其具备开展评估所需的专业能力，相关材料应当作为评估报告的附件，存档备查。

公司应当要求外部专业机构遵守相关规定，勤勉尽责，认真开展评估工作，出具包含明确评估意见的评估报告，评估意见应当形式规范、内容完整、结论明确。

财税合规管理评估是一项综合性工作，随着我国公司合规管理体系建设水平的提升，我们也需要以发展的眼光看待财税合规管理有效性评价。公司无须拘泥于各类合规管理体系评价标准，单纯为了通过合规管理的认证标准不是合规管理体系有效性的评判本质，如何实现财税合规风险的有效管控，提升公司财税管理能力才是财税合规管理的根本目标。

8.3.5　涉案企业"合规不起诉制度"与企业合规第三方监督评估机制

1. 什么是"合规不起诉制度"

"合规不起诉制度"是指检察机关对那些涉嫌犯罪的企业，发现其有建立或完善合规体系意愿且具备合规基础条件的，可以责令其针对涉案违法犯罪事实，提出专项合规计划，督促其推进企业合规管理体系建设，经有效合规程序并通过合规监管评价后，对其做出不起诉决定的制度。该制度变惩罚为矫治，具有敦促构建和完善现代企业合规制度的独特机能，实现司法办案政治效果、法律效果、社会效果的有机统一。2021 年 4 月，最高人民检察院发布《关于开展企业合规改革试点工作方案》（以下简称《方案》），启动了"企业合规不起诉制度"的试点工作。2021 年 6 月，最高人民检察院、司法部、财政部、生态环境部、国务院、国家税务总局、国家市场监督管理总局、中华全国工商业联合会、中国国际贸易促进委员会等 9 部门印发了《关于建立涉案企业合规第三方监督评估机制的指导意见（试行）》（以下简称《指导意见》），提出检察院在办理涉企犯罪案件时，对符合企业合规试点改革条件的，可以引入第三方监督评估机制（以下简称"第三方机制"）对涉案企业的合规承诺进行调查、评估、监督和考察。

2. 第三方监督评估机制的适用范围

（1）适用对象

根据《指导意见》，第三方机制适用于公司、企业等实施的单位犯罪案件，也适用于公司、企业实际控制人、经营管理人员、关键技术人员等实施的与生产经营活动密切相关的犯罪案件。可见，企业合规试点以及第三方机制的适用对象并不限于犯罪单位，也包括犯罪的自然人。

（2）适用条件

根据《指导意见》，涉企犯罪案件适用第三方机制，相关主体还应符合以下三项基本要求：①涉案企业、个人认罪认罚；②涉案企业能够正常生产经营、承诺建立或完善企业合规制度、具备启动第三方机制的基本条件；③涉案企业自愿适用第三方机制。

（3）适用罪名

《指导意见》指出，第三方机制适用于公司、企业等市场主体在生产经营活动中涉及的经济犯罪、职务犯罪等案件，主要包括：生产责任类犯罪，如生产、销售伪劣产品罪，重大责任事故罪；走私类犯罪；商业贿赂类犯罪，如非国家工作人员受贿罪、对非国家工作人员行贿罪、单位行贿罪；内部腐败类犯罪，如挪用资金罪、职务侵占罪；破坏金融管理秩序类犯罪，如骗取贷款罪；危害税收征管类犯罪，如逃税罪、虚开增值税专用发票罪；侵犯知识产权犯罪，如假冒注册商标罪；扰乱市场秩序类犯罪，如串通投标罪、合同诈骗罪、逃避商检罪；环境资源保护类犯罪，如污染环境罪等。

3. 第三方监督评估机制的运行架构

（1）第三方监督评估机制管理委员会

第三方监督评估机制管理委员会由当地人民检察院、国资委、财政部门和工商联组建，负责统筹协调本地区第三方机制的具体工作，包括：建立本地区第三方机制专业人员名录库、对本地区第三方组织及其成员进行管理考核、组建巡回检查小组对第三方组织及其成员进行监督检查并做出相应处理。

（2）联席会议

第三方监督评估机制管理委员会各成员单位建立联席会议机制，由同级人民检察院、国资委、财政部门、工商联召开联席会议，研究有关第三方监督评估机制的重大事项和规范性文件，确定阶段性工作重点和措施，推动企业合规改革试点和第三方监督评估机制相关工作的顺利进行。

（3）巡回检查小组

巡回检查小组由第三方监督评估机制管理委员会组建，负责对相关组织和人员在第三方监督评估机制相关工作中的履职情况开展不预先告知的现场抽查和跟踪监督。巡回检查小组成员可以由人大代表、政协委员、人民监督员、退休法官、检察官以及会计、审计等相关领域的专家学者担任。

（4）第三方监督评估组织

第三方监督评估组织由地方第三方监督评估机制管理委员会进行选任，负责对涉案企业合规计划进行审查，提出修改完善的意见建议，确定合规考察期，并对涉案企业合规计划的履行和完成情况进行检查、评估和考核，制作合规考察书面报告。

4. 第三方监督评估机制的运行流程

（1）启动程序：依职权 + 依申请

根据《指导意见》，检察院对符合企业合规试点以及第三方监督评估机制适用条件的涉企犯罪案件，可以征询涉案企业、个人的意见。同时，涉案企业、个人及其辩护人、诉讼代理人或者其他相关单位、人员也可以主动申请适用企业合规试点以及第三方机制，检察院应当依法受理该申请并进行审查。

（2）选任第三方监督评估组织

检察院经审查，认为符合第三方监督评估机制适用条件的，可以商请本地区第三方监督评估机制管理委员会启动第三方监督评估机制。管理委员会应当根据案件具体情况以及涉案企业类型，从专业人员名录库中随机抽取人员组成第三方监督评估组织，向社会公示，并报送办案检察院备案。

（3）提交合规计划

第三方监督评估组织成立后，应当要求涉案企业提交专项或多项合规计划，并明确该计划的承诺完成时限。根据《指导意见》，涉案企业提交的合规计划应主要围绕与企业涉嫌犯罪有密切联系的企业内部治理结构、规章制度、人员管理等方面存在的问题，制订可行的合规管理规范，构建有效的合规组织体系，健全合规风险防范报告机制，弥补企业制度建设和监督管理漏洞，防止再次发生相同或者类似的违法犯罪行为。

（4）审查合规计划，确定合规考察期

第三方监督评估组织应当对涉案企业合规计划的可行性、有效性与全面性进行审查，提出修改完善的意见建议，并根据案件具体情况和涉案企业承诺履行的期限，确定合规考察期。

在合规考察期内，第三方监督评估组织可以定期或者不定期对涉案企业合规计划履行情况进行检查和评估，可以要求涉案企业定期书面报告合规计划的执行情况，同时抄送负责办理案件的人民检察院。负责办案的人民检察院也应当对涉案企业合规计划、定期书面报告进行审查，并向第三方监督评估组织提出意见和建议。

（5）制作合规考察书面报告

合规考察期届满后，第三方监督评估组织应当对涉案企业的合规计划完成情况进行全面检查、评估和考核，并制作合规考察书面报告，报送负责选任第三方监督评估组织的第三方监督评估机制管理委员会和负责办理案件的人民检察院。人民检察院应对合规考察书面报告进行审查，向第三方监督评估机制管理委员会提出意见建议，必要时开展调查核实工作。

无论是涉案企业的合规计划、定期书面报告，还是第三方监督评估组织出具的合规考察书面报告，都是人民检察院决定最终处理方式的重要参考。其中，合规计划、定期书面报告可以对涉案企业在合规整改过程中的主观态度、客观整改过程以及影响最终合规效果的现实因素等进行全面展示，有利于人民检察院从整体上对涉案企业的合规整改工作做出评价。合规考察书面报告作为由客观中立的第三方监督评估组织依法出具的对涉案企业合规整改工作的最终评价材料，具有证据法意义上"鉴定意见"的证明效力，对案件走向具有决定性影响。

（6）人民检察院做出最终决定

《指导意见》指出，人民检察院在办理涉企犯罪案件过程中，应当将第三方监督评估组织合规考察书面报告、涉案企业合规计划、定期书面报告等合规材料，作为依法做出批准或者不批准逮捕、起诉或者不起诉以及是否变更强制措施等决定，提出量刑建议或者检察建议、检察意见的重要参考。人民检察院对拟作不批准逮捕、不起诉、变更强制措施等决定的涉企犯罪案件，可以根据《人民检察院审查案件听证工作规定》召开听证会，并邀请第三方监督评估组织组成人员到会发表意见。

8.4　财税合规记录与报告

8.4.1　财税合规记录

（1）财税合规记录的重要性

财税合规记录是财税合规管理运行的关键环节，是有效履行财税合规报告制度的基础，并与财税合规管理有效性评估和财税违规追责制度紧密相关。公司应准确且实时地记录公司财税合规相关工作，以协助监视和评审合规过程。完好的财税合规记录机制还可证实公司符合合规管理体系要求，满足相关方的监管要求和合规期待。

（2）中央企业合规记录要求

根据《央企合规办法》规定，中央企业应当建立所属单位经营管理和员工履职违规行为记录制度，将违规行为性质、发生次数、危害程度等作为考核评价、职级评定等工作的重要依据。

中央企业应当加强合规管理信息化建设，结合实际将合规制度、典型案例、合规培训、违规行为记录等纳入信息系统。

（3）其他企业合规记录要求

根据 GB/T 35770—2022《合规管理体系要求及使用指南》A9.1.5 规定，组织的合规管理体系记录包括如下内容。

①合规绩效信息，包括合规报告。

②不合规及纠正措施的详细内容。

③对合规管理体系和采取的措施的评审和审核的结果。

（4）财税合规记录要求

财税合规记录应受到妥善保护和保管，避免被增加、删除、修改，未经授权不得使用或隐藏相关事实。不真实、不完整、可以随意被修改的财税合规记录将失去意义。

8.4.2　财税合规报告

1. 财税合规报告的必要性和基本原则

合规报告制度的系统性和反复出现的合规问题非常重要，但是如果一次性不合规是重大或故意为之的，也应予以同等重视。即使一个小缺陷，也能表明当前过程和合规管理体系存在严重不足，如果不及时报告，则可能造成人们认为缺陷不重要并可能导致此类缺陷成为系统性问题。

财税合规报告应坚持真实性、客观性、全面性原则。

2. 中央企业合规报告制度

根据《中央企业合规管理办法》第二十二条规定"中央企业发生合规风险，相关业务及职能部门应当及时采取应对措施，并按照规定向合规管理部门报告。中央企业因违规行为引发重大法律纠纷案件、重大行政处罚、刑事案件，或者被国际组织制裁等重大合规风险事件，造成或者可能造成企业重大资产损失或者严重不良影响的，应当由首席合规官牵头，合规管理部门统筹协调，相关部门协同配合，及时采取措施妥善应对。中央企业发生重大合规风险事件，应当按照相关规定及时向国务院国资委报告"。

（1）业务及职能部门合规报告职责

中央企业业务及职能部门承担合规管理主体责任，在履职过程中发现合规风险，应当及时采取应对措施，并按照规定及时向合规管理部门报告。财务部门及其他业务与职能部门，应该定期自查，以对企业财务管理、纳税管理和内部控制等方面的风险防范情况进行审慎分析和评估，如果发现财税合规问题，需要及时提出相应的整改意见和建议。

（2）合规管理部门合规报告职责

中央企业合规管理部门组织起草合规管理基本制度、具体制度、年度计划和工作报告，并提交董事会审议和批准。合规管理负责人负责组织起草合规管理年度报告，合规管理部门于每年年底全面总结合规管理工作情况，起草年度报告，经董事会审议通过后及时报送国务院国资委。

（3）重大合规风险事件报告

①报告范围。根据《央企合规办法》第二十二条规定，中央企业发生合规风险，相关业务及职能部门应当及时采取应对措施，并按照规定向合规管理部门报告。中央企业因违规行为引发重大法律纠纷案件、重大行政处罚、刑事案件，或者被国际组织制裁等重大合规风险事件，造成或者可能造成企业重大资产损失或者严重不良影响的，应当由首席合规官牵头，合规管理部门统筹协调，相关部门协同配合，及时采取措施妥善应对。

中央企业发生重大合规风险事件，应当按照相关规定及时向国务院国资委报告。

根据《中央企业重大经营风险事件报告工作规则》相关规定，企业生产经营管理过程中存在可能对企业资产、负债、权益和经营成果产生重大影响，影响金额占企业总资产或者净资产或者净利润 10% 以上，或者预计损失金额超过 5 000 万元的财税合规风险事项属于重大经营风险事件。

②报告时间及内容。重大财税合规事件报告按照事件发生的不同阶段，分为首报、续报和终报等三种方式。

首报应当在事件发生后 2 个工作日内向国务院国资委报告，报告内容包括：事件发生的时间、地点、现状以及可能造成的损失或影响，向公司董事会及监管部门报告情况，以及采取的紧急应对措施等情况。对于特别紧急的重大经营风险事件，应当在第一时间内以适当便捷的方式报告国务院国资委。

续报应当在事件发生后 5 个工作日内向国资委报告，报告内容包括：事发单位基本情况、事件起因和性质、基本过程、发展趋势判断、风险应对处置方案、面临问题和困难及建议等情况。

对于需要长期应对处置或整改落实的，应当纳入重大经营风险事件月度或季度监测台账，跟踪监测事件处置进度，并定期报告重大经营风险事件处置进展情况。

终报应当在事件处置或整改工作结束后 10 个工作日内向国务院国资委报告，报告内容包括：事件基本情况、党委（党组）或董事会审议情况、已采取的措施及结果、涉及的金额及造成的损失及影响、存在的主要问题和困难及原因分析、问题整改情况等。涉及违规违纪违法问题的应当一并报告问责情况。

③报告要求。重大经营风险事件报告，应当由公司主要负责人签字并加盖公司公章后报送国务院国资委。公司重大财税合规风险事件报告工作应当严格落实国务院国家保密管理有关规定和要求。

④违反报告制度的后果。中央企业因严重迟报、漏报、瞒报和谎报重大合规风险事项或对重大经营风险事件报告工作敷衍应付，导致发生重大资产损失或严重不良后果的，国务院国资委将印发提示函、约谈或通报，情形严重的依规追究责任。

3. 其他类型公司财税合规报告

（1）合规报告事项

根据《合规管理体系要求及使用指南》，合规报告分常规事项报告和重大事项报告。常规事项报告宜包括以下内容。

①组织按要求向任何监管机构通报的任何事项。

②合规义务变更及其对组织的影响，以及为了履行新义务，拟采取的措施方案。

③对合规绩效的测量，包括不合规和持续改进。

④可能的不合规的数量和详细内容，以及随后对它们的分析。

⑤采取的纠正措施。

⑥合规管理体系的有效性、业绩和趋势的信息。

⑦与监管机构的接触和关系进展。

⑧审核和监视活动的结果。

⑨监视行动计划的完整执行，特别是那些源自审核报告或监管要求的行动计划，或两者兼有。

（2）财税合规报告制度

财税合规报告制度（如报告主体、报告对象、报告流程、报告频次、报告方式等）应由公司依据自身行业、规模、发展阶段等实际情况制订，以不违反现行法律法规、规章制度等强制性规范及公司章程为前提，但是重大财税合规事项应及时向公司合规负责人、公司最高决策层报告。

8.5　财税违规问责

问责机制是保障政策有效执行，同时惩戒和约束那些不遵守规定或者导致政策失败的行为的一种重要制度和规范。不规范的问责不仅会背离问责的本意，还会损害问责工作的权威性。因此，违规问责是一项非常严肃的工作，必须做到规范问责、精准问责。

8.5.1　追责问责机制

追责问责机制是指问责主体对其管辖范围内各级组织和成员承担职责和义务的履行情况，实施并要求其承担否定性后果的一种责任追究制度。在第 2 章中我们提到了"问责立威"是建立财税合规管理体系的基本思路之一。《央企合规办法》也规定，企业应当完善违规行为追责问责机制，明确责任范围，细化问责标准，针对问题和线索及时开展调查，按照有关规定严肃追究违规人员责任。

建立财税违规行为的追责问责机制，首先应该完善财税违规行为处罚制度，明晰违规责任范围，细化惩处标准。

8.5.2　财税违规处罚制度

公司的违规处罚相关制度中可以包含财税违规处罚的内容，也可以单独就财税违规问题单独制订制度。不论是否单独规定，对于财税违规责任范围和惩处标准都要明确而具体地规定。

8.5.3　违规举报监督机制

公司应建立违规举报监督机制，保障员工和外部客户都能够正常行使举报、投诉违法违规行为的权利。违规举报监督机制应当包括以下几方面内容。

①具备举报制度或流程。

②具备举报的渠道，如设立举报与投诉热线、邮箱、网站留言等。

③鼓励实名举报的同时，不排斥匿名举报。

④明确对举报人的保护措施，比如对举报信息的保密和反打击报复。

⑤有举报信息及对举报信息进行处置的记录。

⑥在一个财年内未收到任何财税违规的举报，启动举报机制的有效性分析。

⑦对举报处理结果进行分析，及时发现潜在的漏洞，为进一步优化财税合规提供改进依据。

⑧经调查证实存在合规问题的公司应进行合规整改，对违规人员进行责任追究等。

8.5.4　内部合规调查

企业内部合规调查是企业自行开展的私力救济手段，其目的是查明违规行为、识别责任人、完善或建立合规机制。企业应当建立所属单位经营管理和员工履职违规行为记录制度，通过定期开展合规检查和合规管理评估，对重大或反复出现的合规管理风险和违规问题进行调查和分析。企业或员工发生违规违纪违法行为的，企业人力资源、纪检、审计等相关部门将根据企业相关规定进行调查，并及时反馈处理结果。

合规调查的内容包括企业常规合规审查、举报线索、外部监督处罚、诉讼纠纷等途径发现的违规行为，上级监管部门要求调查的事项，企业决策层和管理层认为需要调查的事项。

合规调查可以围绕危害后果、违规行为、责任主体、主观过错等四个维度展开取证工作。

具体的调查方法如下。

①查阅资料法，即合规调查团队及调查人员通过审阅和核实涉案的各项信息资料，以查明事实真相、获取证据材料的调查方法。

②实地调查法，即合规调查团队及其调查人员通过实地察看涉案的具体情

况，以了解案件事实、获取相关证据材料的调查方式方法。

③访谈法，即合规调查人员直接与调查对象或者其他人员进行面对面的问话和交流，以获得相关证据材料和信息的调查方法。当面访谈是企业合规调查中较为关键的环节，是收集和固定证据材料的直接方法之一。相对于其他方法，访谈法因需与相关人员甚至被调查对象面对面地实时交流，在操作上的难度更大，需要付诸更多精力加以研究，确保发挥应有效果。

8.5.5　追责问责机制的落实

企业应当对在履职过程中因故意或者重大过失应当发现而未发现违规问题，或者发现违规问题存在失职渎职行为，给企业造成损失或者不良影响的单位和人员及时开展责任追究，将追责问责机制落到实处。

追责问责机制的落实应重点关注以下几点。

①对违规行为有哪些纪律处分，是否及时。

②单位管理层是否对在其监督管辖下发生的违规问题负有责任。

③是否对未能尽到监督职责的员工有纪律处分。

④是否在员工档案记录其违规问题（违规类型和次数、处理结果等）。

⑤是否有对应的纪律处分（包括扣除奖金、发警告函、开除）等。

本章案例

案例 8-1　企业所得税可以在协议中约定由合同相对人或者第三人缴纳吗

买卖双方在《股权转让协议》中约定："本次股权交易过程中涉各种税、费，均由买方承担。"由于协议未明确约定"税、费"的具体范围，买卖双方由此产生纠纷。买方认为："各种税、费"并不包括卖方应该缴纳的企业所得税，双方协议中也并未明确企业所得税的负担问题，因此，买方拒绝承担因本次交易而产生的卖方应该缴纳的企业所得税。

案例分析

根据《中华人民共和国最高人民法院公报》案例（2007）民一终字第62号判决书，最高人民法院的判决观点为："虽然我国税收管理方面的法律、法规对于各种税收的征收均明确规定了纳税义务人，但是并未禁止纳税义务人与合同相对人约定由合同相对人或者第三人缴纳税款，即对于实际由谁缴纳税款并未做出强制性或禁止性规定。因此，当事人在合同中约定由纳税义务人以外的人承担转让土地使用权税费的，并不违反相关法律、法规的强制性规定，应认定为合法有效。"

在实践中，虽然交易各方在合同中约定了包税条款，但如果负税方（通常约定为买方）没有按照合同的规定及时足额地向税务机关申报缴纳税款，税务机关仍然有权向法定的纳税义务人追缴税款并追究相关的法律责任。

🔍案例 8-2　国家电投集团"四位一体"的风险管理模式

2019年，国务院国资委发布《关于加强中央企业内部控制体系建设与监督工作的实施意见》，提出建立健全以风险管理为导向、合规管理监督为重点，严格、规范、全面、有效的内控体系，实现"强内控、防风险、促合规"的管控目标。

国家电投集团积极落实国务院国资委要求，从推动公司战略发展的高度，深入研究法律、合规、风险、内控四项职能一体化管理平台建设的可行性。经过探索，国家电投集团结合业务特点和企业管理实际，在四项职能体系各自独立的前提下，将其统一在法治建设的框架下，以四项职能协同运作作为一体化管理平台建设的逻辑基础和切入方式，基本形成面向业务、基于流程、根植岗位的四项职能协同运作模式，取得了较好的效果。

国家电投集团协同运作总体思路是：以体制协同为前提，以体系协同为基础，以机制协同为主线，以岗位协同为重点，以规范化、信息化、智能化、数字化为手段，以人才队伍建设为保障，聚焦关键事项实现"一岗式审查"，聚焦内控体系实现"一站式评价"，聚焦风险管控实现"全景式支持"。

在体制协同方面，国家电投集团成立了法治央企建设领导小组，与合规领导小组合署，在党组领导下开展工作。

组建董事会风险（合规）管理委员会，履行风险、合规、内控专业委员会职责，把具体的法律风险、合规风险和内控缺陷纳入风险管理范畴，风险管理报告在提请党组审议并完善后，提请董事会审定。

在体系协同方面，目前国家电投总部把法律、合规、风险、内控四项职能整合到法律部，所属 66 家二级单位中，42 家四项职能归口一个部门，24 家法治、合规职能归口到法律部，风险、内控职能归口到战略部或审计部，在规范管理的基础上，通过建立信息化平台，实现协同运作和信息共享。

在机制协同方面，国家电投集团推动关键业务事项在事前、事中、事后"全周期"协同，进而带动三道防线整体协同，实现风险防控系统化。

在岗位协同方面，国家电投集团在岗位设置上将部门岗位分为体系和业务两大类。体系类设置法治建设岗，以整合开展四项职能体系性工作为主。业务类分为法律合规和风险内控两个条线，法律合规条线下设置法务岗和审查岗，风险内控条线下设置风控岗和评价岗。两个条线岗位间实行 A/B 岗制，相互备岗。

本章问题思考

①财税合规管理的运行机制有哪几个方面内容？

②为什么财税合规审查在财税合规运行和控制中占据重要的位置？

③财税合规审查的模式有哪些？

④企业如何通过执法逻辑倒推建立财税合规的路径？

⑤财税合规管理评估的内容有哪些？

⑥企业合规调查的动因有哪些？

第 9 章

为制度运行保驾护航：
财税合规管理的保障

"一个篱笆三个桩，一个好汉三个帮"，管理制度的良好

运行离不开宣传、培训、监督、人才和文化支持。

9.1 财税合规宣传与培训

9.1.1 财税合规培训对象与培训内容

财税合规培训的对象主要如下。

1. 治理机构成员

治理机构成员包括企业董事会成员、监事会成员和高级管理人员。治理机构是企业的决策机构，需要倡导诚实守信的道德准则和企业价值观，制订财税合规方针与合规目标，做出财税合规管理承诺，为财税合规管理提供明确坚定的支持并分配所需资源，推动财税合规管理体系的建设和运行，做诚信合规的表率。因此，治理机构成员应带头参加与其职责相关的财税合规培训。

治理机构成员财税合规培训的主要内容包括：了解主要的财税合规政策、掌握财税合规管理的基本知识、具备履行财税合规义务的能力。

2. 中层管理人员

中层管理人员是企业各部门、分支机构的负责人，各部门、分公司所属分部、科、室的负责人，各车间及其班组负责人等。企业各部门及其分支机构，包括企业横向职能管理部门（如规划、运营管理、人事、内部控制、行政等）、业务部门（包括研发、生产、采购、销售、物流、质量、环安卫等）以及各分公司、项目组、营业部等。企业各部门及其分支机构负责本领域的日常管理工作，是履行财税合规管理的重要防线，对企业财税合规负首要责任。

中层管理人员财税合规培训的内容主要包括：主要的财税合规政策、财税基础知识、内部控制基础、财务报表分析基础、纳税筹划知识、涉税风险及其防范等。

3. 财税合规人员

财税合规人员包括合规管理部门的管理人员、企业各级财务人员，以及其他各部门内部设置的财税合规专员[1]，部分关键岗位的员工（如采购员、收款员），也可以纳入这一类进行学习培训。

财税合规人员合规培训的内容主要包括：主要的财税合规规范、财税基础知识、财税合规义务的识别与应对、会计凭证的填制与获取要求、内部控制方法、财务报表分析、纳税筹划技术、财税合规检查技术等。

4. 员工

企业员工是合规责任的具体实施者，是企业合规最基本的单元。员工合规与否，关系到企业合规管理的成败。因此，企业合规，人人有责，企业所有员工都应具备履行合规义务的能力，都应按照合规管理体系要求接受和参与培训，了解并掌握企业的合规管理制度和风险防控要求。

员工合规培训的内容主要包括：企业文化与诚信合规意识、基本的财税政策、原始凭证的填制与获取要求等。

对于员工合规培训的具体内容，虽然《合规管理体系指南》（2022）没有明确规定，但按照 GB/T 35770—2017《合规管理体系指南》第 6.2.2 条，对员工的教育和培训宜：a）针对与员工角色和职责相关的义务和合规风险量身定制；b）适宜时，以对员工知识和能力缺口的评估为基础；c）在组织成立时就提供并持续提供；d）与组织的培训计划一致，并纳入年度培训计划；e）实用并易于员工理解；f）与员工的日常工作相关，并且以相关行业、组织或部门的情况作为案例等。

9.1.2　财税合规培训程序

财税合规培训程序如下。

第一，制订培训计划。财税合规培训计划应是企业合规培训计划的一部分，应当纳入企业年度合规培训计划。

1　财税合规专员与一般财务人员的区别在于前者专注于财税合规问题，后者还涉及财务管理工作的其他业务职责，如一般的记账、收付款项、财务预算、财务分析等。管理工作不只有合规管理，还有其他管理。

第二，了解培训需求。可以通过调查问卷、面对面的交流等方法，对培训对象的财税知识和能力缺口进行评估，了解培训对象的培训需求。

第三，确定培训项目和内容。企业可根据培训对象的培训需求，量身定制财税合规培训项目与培训内容。财税合规培训项目与内容应当实用并易于培训对象理解，应当与培训对象的日常工作相关。

第四，选择培训方式。财税合规培训方式应足够灵活，涉及各种技能，以满足不同培训对象的不同需求。

第五，对培训的有效性进行评估。财税合规培训的组织与效果是合规管理考核评价的重要指标与内容。培训结束时，应对财税合规培训的有效性进行评估，包括对培训对象进行培训考核。

第六，培训记录与保存。每次培训结束后，应制作并妥善保存培训记录，包括：培训项目名称，培训时间，培训内容简介，培训对象姓名、单位和职务，培训老师姓名、职务介绍，培训考核情况，培训效果评估情况。培训对象名册应由培训对象逐一签署。

第七，汇报培训情况。合规管理部门应基于合规培训记录，向治理层和高级管理层汇报财税合规培训的组织情况与培训效果的评估结果。

9.1.3　财税合规宣传

1. 财税合规宣传的内容

财税合规宣传是企业宣传的一部分，属于合规意识形态领域，目的在于建立全员财税合规意识，培育企业合规文化。宣传的内容主要包括：将诚信合规列入企业的核心价值观，宣传财税合规方针、企业高管层承诺、员工合规义务、合规目标以及合规计划等。

2. 财税合规宣传的方式

财税合规宣传宜采取灵活多样的宣传方式，具体如下。

①在企业宣传墙、财税合规管理人员的计算机屏保上宣传企业财税合规方针与承诺。

②发放财税合规手册、财税合规操作指引等。

③在员工大会上进行合规宣示，在部门例会、晨会上宣示、宣传合规。

④员工签署包括财税合规在内的合规承诺书。

⑤开展财税合规宣传周、活动日活动。

⑥有奖问卷调查、现场案例宣讲、专题座谈等。

9.2 财税合规管理考核与评价

9.2.1 财税合规管理考核与评价的程序

1. 建立财税合规管理绩效指标

企业应制订一系列量化的、可测量的财税合规管理绩效指标，帮助企业对财税合规目标的实现进行评价。财税合规管理绩效指标主要包括（但不限于）以下内容。

①财税合规培训的次数。

②经过有效培训的员工比例。

③财税合规培训考核成绩（反映培训对象识别财税合规风险、应对财税合规风险的能力）。

④财税合规宣传的频率。

⑤对于财税违规行为采取何种类型的纠正措施。

⑥财税违规后果的严重情况，包括对经济补偿、罚款和其他处罚、补救成本、声誉或管理成本影响的估价。

2. 收集财税合规管理绩效信息

（1）财税合规管理绩效信息的来源

财税合规管理绩效信息来源包括：①员工，如通过举报工具、热线电话、反馈、意见箱；②客户，如通过投诉处理系统；③供应商；④监管部门；⑤过程控制日志和活动记录（包括电子版和纸质版）。

（2）财税合规管理绩效信息的内容

财税合规管理绩效信息包括的内容有：①财税合规问题；②财税不合规和合规疑虑；③新出现的财税合规问题；④对财税合规有效性和合规绩效的评论；⑤优秀财税合规实践案例。

（3）收集财税合规管理绩效信息的方法

财税合规管理绩效信息收集的方法包括：①出现或确认财税不合规时的特别报告；②通过热线电话、投诉和其他反馈（包括举报）所收集的信息；③非正式讨论、研讨会和分组座谈会；④抽样和诚信试验；⑤感知调查的结果；⑥直接观察、正式访谈、财税记录检查；⑦审核和评审；⑧利益相关方质询、培训需要和培训过程中的反馈（尤其是员工的反馈）。

3. 财税合规管理绩效分析和评价

一旦收集到足够的财税合规管理绩效，则需要对它进行分类、分析和精确评估，以识别根本原因和需采取的适当措施。分析时，宜考虑系统性和反复发生的问题，并进行改正或改进，因为这些可能给组织带来重大且更加难以识别的财税合规风险。

4. 考核评价报告

分析和评价财税合规管理绩效后，应及时编制财税合规考核评价报告。考核评价报告应包括：①考核依据（包括相关的财税合规义务、财税合规管理制度和流程、绩效指标等）；②考核主体；③考核对象；④考核期限；⑤考核评价方法和流程；⑥考核评价结果；⑦揭示重大不合规和新出现的合规问题，提出应对整改建议；⑧报告优秀的财税合规管理实践案例，提出激励措施建议。

5. 考核评价沟通

考核评价沟通是合规宣传和培训的重要途径和方式。考核评价结果应与考核评价对象进行充分沟通，听取其意见，允许其申辩。企业财税合规管理考核评价的总体情况和结果，还应在企业一定范围内公开进行沟通，让相关部门和员工知晓企业财税合规管理运行的状况、需要整改的问题等。

6. 考核评价结果的执行

考核评价结果的执行包括：①将合规管理考核评价结果，作为员工考核、干部任用、评先选优等工作的重要依据；②倡导和奖励财税合规管理优秀的部门和员工；③违规问责，即追究违法违规事件责任人员的责任；④违规整改，持续改进。

9.2.2 财税合规管理考核与评价内容

1. 对治理机构成员的考核与评价

对治理机构成员的考核与评价如下。

①财税合规意识、带头依法执行财经纪律和财务制度的情况。

②企业财税合规管理的有效性。

③企业年度财税合规管理计划执行情况。

④将财税合规管理流程融入业务流程的情况。

⑤重大财税合规风险的应对整改情况。

⑥财税违规问责情况等。

2. 对中层管理人员的考核与评价

对中层管理人员的考核与评价如下。

①财税合规意识、带头依法执行财经纪律和财务制度的情况。

②本部门财税合规管理职责的履行情况。

③对财税合规管理的支持与配合情况。

④本部门财税不合规事件及其整改情况。

3. 对财税合规人员的考核与评价

对财税合规人员的考核与评价如下。

①财税合规意识与财税合规管理知识及能力情况。

②企业财税合规管理体系的建设及运行情况。

③年度财税合规计划的执行情况。

④财税合规宣传情况。

⑤及时汇报重大财税合规风险，以及重大财税合规风险的应对整改情况。

⑥对各部门、下属公司的财税合规管理指导、支持和管控的情况。

4. 对员工的考核与评价

对员工的财税合规考核与评价，宜与整个合规考核一同进行。考核与评价内容如下。

①员工的合规意识。

②参加合规培训情况。

③遵守和履行合规管理制度情况。

④对合规管理的支持与配合情况。

⑤不合规事件及整改情况。

⑥配合违规调查情况。

9.3　财税合规审计

9.3.1　财税合规审计的性质

企业合规管理是企业内部控制的核心内容。财税合规审计目的在于揭露和查处被审计单位在财税领域的违法、违规行为，促使其经济活动符合国家的财经法律、法规、方针政策及内部控制制度等要求。因此，企业财税合规审计，属于内部控制审计范畴。

根据《第 2201 号内部审计具体准则——内部控制审计》第二条规定，企业内部控制审计是指内部审计机构对组织内部控制设计和运行的有效性进行的审查和评价活动。财税合规审计是企业内部审计部门对企业财税合规管理的适当性和有效性进行的专项合规审计。

9.3.2 财税合规审计的内容

财税合规审计的内容如下。

①财税合规管理的适当性。适当性主要包括三个方面：一是企业财税合规制度的适用性，二是财税合规管理的成本效益性，三是财税合规管理的可操作性。

②财税合规管理的有效性。有效性是指财税合规管理体系是否得到有效运行，财税合规风险是否得到有效防范和应对，企业财税管理的稳健和安全性是否得到有效保障，是否发生重大涉税违规事件。

③认定财税合规管理缺陷。《第 2201 号内部审计具体准则——内部控制审计》第五章对内部控制缺陷的认定做了具体规定，同样适用于财税合规审计，即财税合规制度是否存在设计缺陷和运行缺陷。内部审计人员应当根据合规审计结果，结合相关管理层的自我评估，按照缺陷的性质和影响程度，综合分析后提出合规管理缺陷是属于重大缺陷、重要缺陷还是一般缺陷。

9.3.3 财税合规审计的程序

参照《第 2201 号内部审计具体准则——内部控制审计》第十六条规定，可认为财税合规审计的程序主要包括如下内容。

①编制项目审计方案。

②组成审计项目小组。

③实施现场审查。内部审计人员应当根据获取的证据，对财税合规管理缺陷进行初步认定，并按照其性质和影响程度分为重大缺陷、重要缺陷和一般缺陷。然后对缺陷及其成因、表现形式和影响程度进行综合分析，编制财税合规管理缺陷初步认定汇总表，见表 9-1。

④认定合规管理缺陷。内部审计机构应当结合相关管理层的自我评估，对财税合规管理缺陷初步认定汇总表进行复核，按照规定的权限和程序进行审核后认定财税合规管理缺陷。

⑤编制财税合规审计报告。财税合规管理缺陷应当以适当的形式向企业管理层报告。重大缺陷应当及时向企业董事会或企业合规委员会报告。

⑥提出改进建议。结合审计发现及当前财税合规管理活动的实际情况，提出完善财税合规管理的建议，并及时与管理层进行沟通，落实改进责任人，设定建议落实时限，以确保实现财税合规审计最终的增值功能。

表 9-1　财税合规管理缺陷初步认定汇总表

缺陷影响 程度	判定标准	认定并负责 纠偏的机构	应对措施
一般缺陷	对存在的问题不采取任何行动可能导致较小范围的目标偏离	财税合规小组	给予常规关注，将目前状况调整至可接受水平
重要缺陷	对存在的问题不采取任何行动有一定的可能导致较大的负面影响	合规管理部门和相关业务部门	合规管理部门应采取行动或者督促有关部门采取行动解决存在的问题，阻止对合规目标产生较大负面影响的事件的发生；属于制度设计环节的缺陷，应在采取纠正措施的同时，着手修订相关内控制度
重大缺陷	对存在的问题不采取任何行动有较大的可能导致严重的偏离控制目标的行为	董事会或合规委员会	董事会或合规委员会给予关注，并督促有关部门立即进行原因分析、采取纠正措施；属于制度设计环节缺陷的，应在采取纠正措施的同时，着手修订相关内控制度

9.3.4　财税合规审计的方法

财税合规审计的重点是要发现财税合规内控制度中是否存在设计缺陷和运行缺陷。

财税合规内控制度缺陷中，有些设计缺陷和运行缺陷仅表现为控制过程偏离控制目标的可能但不会造成现时的危害；还有些缺陷则表现为控制系统已发生偏离控制目标的现实。对这两种缺陷类型的识别应分别采用测试识别和迹象识别两种方法。

1. 测试识别

测试识别是指采用控制过程技术分析、符合性测试等手段识别财税合规内控制度的设计缺陷和运行缺陷。

（1）设计缺陷的识别

设计缺陷应该从以下两个角度识别：设计缺失和设计不当。

设计缺失是指缺少某一方面的内部控制政策或程序，例如，会计估计变更没有经过必要的审批程序。

设计不当指虽然针对某一交易或事项制订了内部控制政策和程序，但采用了不正确的控制手段（例如，在货币资金内控制度中规定由出纳核对银行日记账和银行对账单并由出纳编制银行存款余额调节表，不相容职务没有得到应有的分离），或者由于控制政策或程序未能涵盖影响控制目标实现的所有风险（例如，资产减值内控制度设计得过于简单，无法为资产减值计提的合理性和资产计价的可靠性提供合理保证，从而导致财务报表信息失真）。

（2）运行缺陷的识别

运行缺陷需要通过对内部控制执行过程进行穿行测试来发现。例如，某笔资金需经总经理签字授权后方可使用，但企业以急需使用资金为由在先使用的情况下再追补总经理审批手续，则可判断资金授权审批控制存在运行缺陷。

2. 迹象识别

迹象识别指通过所发现的已背离内部控制目标的迹象，识别内部控制的设计缺陷和运行缺陷。迹象识别实际上是基于内部控制的运行结果对财税合规内控制度有效性的判断。严重背离内部控制目标的迹象发生，本身就表明现有的内部控制无法为控制目标的实现提供合理保证。表明内部控制缺陷的迹象如下。

①管理层的舞弊行为，内部控制系统未能发现或虽已发现但不能给予有效的制止。

②因决策过程违规、违法使用资金等受到监管部门的处罚或责令整改。

③审计委员会、合规委员会、内部审计、外部审计发现财务报表存在错报。

④企业资产出现贪污、挪用等行为。

⑤某个业务领域频繁地发生相似的重大诉讼案件。

⑥因偷税漏税等事件被处罚。

表明内部控制缺陷的迹象尽管能够直接判断缺陷的严重程度，但并不能直接告诉缺陷所处的环节。因此，企业应以迹象为突破口测试财税合规内部控制制度的设计与运行，进行缺陷定位。

9.4　财税合规管理信息化系统

9.4.1　目标和作用

1. 目标

财税合规问题涉及企业管理过程的各环节，因此，财税合规管理信息化系统建设必须融入整个企业管理信息化系统。建立和运行企业财税合规管理信息化系统，就是要通过企业办公自动化系统（OA 系统）实现企业财税合规管理的自动化和智能化，为企业领导层、管理层、合规部门、各职能部门以及各业务部门提供一个合规管理工作平台，实现各部门之间的财税合规管理信息的集成和共享，减少手工操作及人为失误，提高企业财税合规管理的规范性、执行力、效率和透明度，加强企业治理主体对企业财税合规管理的监管和进行及时准确决策，促进企业财税合规文化建设。

2. 作用

企业财税合规管理信息化系统与其他管理信息化系统一样，具有以下作用。

①有助于企业实现财税合规管理的自动化和智能化，提高财税合规管理的效率和质量，节约管理成本。

②有助于企业增强财税合规管理工作过程的透明度，提高企业领导对财税合规管理工作的管控能力。

③促使企业财税合规管理权责明晰、流程清晰，防止相互推诿，提高企业各层级的财税合规管理执行力。

④促进企业财税合规管理工作的体系化、专业化和规范化，防止人为干预。

⑤提供企业财税合规风险评估的技术方法，协助企业财税合规风险的日常监测和预警，助力企业提升财税合规风险管理能力。

⑥增强企业财税合规管理的主动性，加强企业各层级合规组织之间纵向和横向的协调与联系。

⑦方便企业集团对分子公司进行远程财税合规管理的指导、支持和监督。

9.4.2 主要功能模块

1. 财税合规知识管理

财税合规知识管理模块用以采集、储存、发布、共享、查询、统计和运用财税合规管理的信息和知识。主要包括以下内容。

①财税合规相关制度。

②财税违规案例，包括与财税相关的司法判例、行政处罚案例、行业内违规案例、企业内部违规案例。

③财税合规管理最佳企业实践与经验分享。

④有关财税合规管理理论和实践研究的参考文献。

⑤有关财税合规管理的内部文件等。

2. 财税合规组织

财税合规组织模块用以采集、储存、共享、查询财税合规管理各层级组织、人员及其职责，以及财税合规管理中的授权管理体系文件。

3. 财税合规风险管理

财税合规风险管理模块主要包括以下内容。

①发布财税合规风险管理项目方案，包括财税合规风险管理项目的目标、计划、组织与职责、领域和对象、方法和程序等。

②识别并发布相关财税合规义务清单及具体内容。

③提供财税合规风险评估的技术方法和程序。

④收集财税合规风险信息、线索和报告。

⑤储存并不断更新财税合规风险清单，实现财税合规风险日常监测和预警。

⑥发布财税合规风险管理项目成果，提交、批准财税合规风险管理报告。

⑦发布财税合规风险应对整改计划和方案，分配应对整改职责。

⑧对财税合规风险的应对整改进行跟踪和监督检查。

⑨提供财税合规风险管理沟通与协调平台。

4. 财税合规管理制度和流程

财税合规管理制度和流程模块主要包括以下内容。

①发布财税合规管理制度与流程并进行修改、补充。

②跟踪监督财税合规管理制度与流程的执行，收集财税合规管理制度和流程执行情况的信息和意见。

③收集对财税合规管理制度与流程的修改、补充意见。

④组织对财税合规管理制度与流程的修改和补充。

5. 财税合规审查

财税合规审查模块主要包括以下内容。

①合规管理部门的合规审查：对公司重大决策事项、重大项目事项、重大合同事项、大额投资事项、改革方案文件、新产品、新业务进行财税合规审查。

②规章制度审查：规章制度的财税合规性审查，不同规章制度、流程之间的协调统一性审查，财税合规管理制度与业务操作流程的协调统一性审查。

③业务部门开展本领域日常财税合规审查。

④合规委员会对合同及其他法律文件进行的法律审查。

6. 合规管理评估

合规管理评估模块主要包括以下内容。

①发布财税合规管理评估计划。

②组织评估项目小组。

③提供财税合规管理评估工具，支持业务部门的自我评测与合规管理部门主动检测相结合的财税合规检查工作模式，为财税合规测试工作准备、测试评估、控制观察与确认等过程提供全面而有效的支持。

④上传、汇总财税合规管理评估文件和信息。

⑤发布财税合规管理评估报告，提交、批准财税合规管理评估报告。

⑥发布整改计划和方案，分配整改职责。

⑦对整改进行跟踪和监督检查。

⑧提供财税合规管理评估的沟通与协调平台。

7. 合规管理考核与评价

合规管理考核与评价模块主要包括以下内容。

①发布财税合规管理考核指标，提供财税合规考核信息。

②提供多角度（纵向、横向）考核评级与信息沟通平台。

③提供财税合规管理考核工具，运算、发布考核评价结果。

④跟踪、监督考核评价结果执行。

8. 合规宣传与培训

合规宣传与培训模块主要包括以下内容。

①提供线上财税合规宣传与培训平台。

②发布财税合规宣传与培训课程资料。

③实施线上财税合规宣传与培训。

④实现线上财税合规培训考核。

9. 违规管理

违规管理模块主要包括以下内容。

①公布财税违规举报电话、负责部门及负责人员的联系方式。

②提供线上财税违规举报链接。

③线上财税违规线索处置。

④提交、审批财税违规调查计划。

⑤线上财税违规调查：收集财税违规证据、信息，对相关人员进行线上访谈，汇总调查证据，起草、呈交、审批财税违规调查报告。

⑥发布财税违规调查结果和处置、问责决定。

⑦跟踪、监督财税违规处置、问责执行。

10. 合规管理计划与合规报告

合规管理计划与合规报告模块主要包括以下内容。

①收集财税合规管理计划、财税合规报告信息资料和意见。

②修改、提交、审批财税合规管理计划与合规报告。

③发布财税合规管理计划与合规报告。

④跟踪、监督财税合规管理计划与合规报告的执行。

11. 合规文化

合规文化模块主要包括以下内容。

①发布、宣传企业合规理念、合规价值观、财税合规方针与财税合规管理基本制度。

②发布企业财税合规管理工作信息。

③开展财税合规管理沟通。

④探讨企业合规文化建设，发表、收集关于企业合规文化建设的意见和建议。

⑤倡导人人合规、全员合规、我要合规，培育企业合规文化。

12. 分子公司财税合规管理

分子公司财税合规管理模块主要用于协调、覆盖企业集团分子公司财税合规管理信息化系统，或者提供与分子公司财税合规管理信息化系统相衔接的接口，实现对分子公司的远程财税合规管理。

9.5　财税合规文化建设

9.5.1　企业文化与企业合规文化

1. 企业文化

企业文化是企业在经营管理中形成的企业经营理念、经营目的、经营方针、核心价值观、企业使命、社会责任、企业形象等的总和。

一般认为，企业文化由四个层次构成。

①物质文化。物质文化是表面层的企业文化，主要包括企业的生产环境（厂房）、机械设备，以及产品的造型、外观、包装、质量等物质形态，是物质文明建设在企业文化的具体体现。

②行为文化。企业行为包括企业与第三方之间（包括企业与员工之间）、企业与商业伙伴之间、企业与政府部门之间、企业与社会之间的行为。企业行为文化表现为企业管理人员和普通员工在生产经营管理及学习、培训、团体活动中产生的行为文化。

③制度文化。企业制度文化在于对企业管理人员和员工的行为文化赋予一定限制，是企业行为实现的保障。企业制度文化包括企业治理机制、企业组织结构和授权体系以及企业各项规章制度和流程。企业章程、企业组织及职责分工、工艺操作流程、合规管理制度与流程、考核奖惩办法等，均属于企业制度文化的内容。

④精神文化。企业精神文化又称企业精神，是企业文化的核心，是精神文明建设在企业的具体体现。企业精神文化是企业在长期生产经营管理过程中逐步形成的企业意识形态的总和，包括：企业的经营理念、企业核心价值观、企业使命、企业经营方针、企业精神、企业道德、团体意识、企业形象等。

2. 企业合规文化

企业合规文化是企业在合规管理中形成的合规理念、合规目的、合规方针、合规价值观、合规管理体系、合规管理运行等的总和。企业合规文化既是企业文化的组成部分，也是企业合规管理体系的基本构成要素。

9.5.2 财税合规文化的内容与培育

1. 财税合规文化的内容

企业财税合规文化是企业合规文化的重要组成部分。具体包括以下内容。

（1）财税合规理念

①财税合规领导是关键。

②财税合规需要全员主动配合。

③财税合规的核心是不做假账，合法纳税。

（2）财税合规价值观

①诚信与正直。

②诚实守信。

2. 财税合规文化的培育

财税合规文化的培育主要如下。

①董事会和高级管理人员身体力行，积极推动。

②与外部监管部门有效互动，促进自身合规。

③制订和发放财税合规手册、签订合规承诺书。

④开展财税合规培训。

9.6　财税合规人才培养

大型企业在出海时，最关注的话题有四项：一是人才，二是合规，三是文化，四是品牌。[1] 可见对合规人才的培养在企业壮大过程中有着非常重要的作用。如今，我国企业急需建立合规管理体系，合规人才存在很大缺口。

企业合规人才的培养途径应从大学教育、后续教育等入手。大学教育是合规人才培养的基础途径，后续教育与资格考试是提升合规人才职业能力的有效保证。

9.6.1　大学教育

目前，大学教育在合规人才的培养方面刚刚开始。部分高校正在尝试开设合规专业学位，并同时开展非学历合规专业课程教育。比如，华东师范大学法学院于 2017 年设立企业合规研究中心，整合法学院及其他学院的研究和教学资源，有针对性地进行企业合规领域的基础和应用研究，为学生及合规从业人员提供专业的合规课程和培训。

2020 年 5 月，深圳市纪委监委、深圳市司法局与深圳大学三方合作共建深

1　资料来源：加强合规人才培养 帮企业高质量发展。

圳大学合规研究院，开始设置企业合规专业学位硕士研究生课程。北京大学法学院、中国政法大学、对外经济贸易大学、中央财经大学、上海财经大学等也开设企业合规实务相关课程与培训。

2022 年，西南政法大学整合校内外传统法学二级学科和人工智能法学新兴交叉学科的优势，开设法律硕士（合规实务方向）课程，明确提出法律硕士（合规实务方向）的培养目标是培养一批能够适应数字中国、法治中国与创新中国战略需求，适应企事业单位、国家机关等治理体系和治理能力现代化需求的，具有合规职业伦理、合规职业素养、合规理论知识、合规实务技能的，高素质高层次应用型、复合型、创新型合规专门人才。

9.6.2 后续教育

21 世纪，人类社会经济的发展正处于从工业经济向知识经济的转型时期，科学技术突飞猛进，市场经济瞬息万变，企业对人才的要求越来越高，知识更新的速度越来越快。原有的知识、经验已远远无法应付不断变化的新情况、新任务，越来越多的职业人士已经意识到唯有不断地学习，以补充自己的知识，提高自己的水平和能力，才能保持自身的核心竞争力，在全球性的知识竞争中立足。大学教育虽然很重要，但大学教育的课程体系再完善，大学阶段所学的知识再丰富，一个刚毕业不久的学生如果工作后不加强后续教育，不及时更新自己的知识储备，也无法适应社会发展的需要。

强化财税合规人员的后续教育，应做好以下几项工作。

1. 构建学习型组织

学习型组织（Learning Organization）是美国学者彼得·圣吉（Peter M. Senge）1990 年在《第五项修炼》[1]（*The Fifth Discipline*）一书中首次提出的

---

1 彼得·圣吉（Peter M. Senge），学习型组织之父。其著名的著作是 1990 年出版的《第五项修炼》（*The Fifth Discipline*）（全书名为《第五项修炼：学习型组织的艺术和实践》）。该书被誉为"21 世纪的管理圣经"、20 世纪屈指可数的几本管理经典之一、世界上影响最深远的管理书籍之一，获得世界企业学会（World Business Academy）最高荣誉的开拓者奖，被《哈佛商业评论》评为近百年最具影响力的管理类图书。2009 年 10 月，中信出版社出版了此书的中文版。

一种管理观念。学习型组织，就是通过培养弥漫于整个组织的、开放的、自觉的学习氛围，使人人能够学习、主动学习、相互学习，能够调动和激发每个员工的创造性思维和能力，实现组织的变革和发展。

学习型组织不存在单一的模型，它是关于组织的概念和员工作用的一种态度或理念，是用一种新的思维方式对组织进行的思考。在学习型组织中，每个人都要参与识别和解决问题，使组织能够进行不断尝试，改善和提高其能力。

财税合规管理是一种高层次的管理活动，财税合规管理活动涉及企业生产经营管理的各个方面，要求财税合规人员掌握多方面的专业知识，成为复合型管理人才。财税合规管理需要每一个员工充分发挥创造性思维能力。财税合规人员只有不断学习，全面提高学习力和职业能力，才能满足当代企业合规的需要，完成财税合规使命。

针对财税合规的职业特点，结合学习型组织理论，创建学习型财税合规团队可以从以下几方面考虑。

第一，掌握学习型组织理论，进行五项修炼，转变观念。修炼一：实现自我超越，认识自我潜能，以积极的心态激发潜能，不断创新。修炼二：改善心智模式，突破思维定式，学会换位思考，树立积极、开放、阳光的思维模式。修炼三：创建为组织护航的共同愿景，并把个人愿景与组织愿景融为一体，打造命运共同体。修炼四：发挥团队学习优势，进行内部的充分交流和讨论，透过集体思考和分析，找出个人弱点，强化团队向心力。修炼五：学会系统思考，用动态的、关联的、全局的观点思考组织的一切问题。

第二，引导财税合规人员开展职业生涯设计，明确自我学习目标。企业合规管理部门和培训部门可以根据每个人不同的职业性格和职业兴趣，帮助员工进行职业价值观分析，确立不同的职业生涯成功标准，针对不同的职业生涯努力方向，结合财税合规工作特点，明确自我学习的长远目标。

第三，培育财税合规人员的核心价值观，确立共同愿景。借助企业合规工作的高层次定位和财税技能的复合性，凝练出超越个人利益的团队核心价值观，以人为本，把培育复合型管理人才作为企业合规管理部门的使命，使个体追求与团队使命统一起来，激励员工积极进取，工作充满激情，增强凝聚力。

第四，学习工作化。把学习作为工作的重要组成部分，像工作一样进行管理。不仅在制度、程序上进行规范，也要在时间上做出安排，发挥团队学习的优势，建立激励和约束机制，定期检查和敦促合规管理人员，使学习工作化、制度化、规范化。

第五，工作学习化。把每一次工作都作为学习的过程，在工作中学习。财税合规管理具有综合性，财税合规人员具有不同的专业背景，企业的合规管理工作又都需要跨专业、跨部门才能完成，这正是学习的好机会。在工作中建立三套学习系统——自我学习系统、信息反馈系统、信息共享系统，通过协作讨论、反馈共享，使每个人得到提高，掌握不同的专业知识，成长为复合型的管理人才。

第六，正视非正式组织的沟通学习。充分利用非正式人际交往中的信息沟通，促进信息互动，在交往中学习，在学习中交往。

2. 明确后续教育的内容

根据企业内部的需求及财税合规人员的具体情况，有针对性地引导财税合规人员明确后续教育的内容。在企业实际工作中，财税合规人员通常可以分为以下四个层次：财税合规机构负责人（总会计师、首席合规官）、财税主管、财税合规专员、业务部门的财税合规联络员。各层次应该掌握的知识技能有所差异。

3. 鼓励财税合规人员参加职业资格考试

企业最高管理当局应鼓励财税合规人员参加相关职业资格考试与进修。从目前来看，与财税合规相关的资格考试主要有：全国会计专业技术资格考试、审计专业技术资格考试、注册会计师考试、国际注册内部审计师（CIA）考试、企业合规师考试等。这里重点介绍企业合规师考试。

企业合规师是一个新的职业名称，被定义为从事企业合规建设、管理和监督工作，使企业及企业内部成员行为符合法律法规、监管要求、行业规定和道德规范的人员。

2018年是中国企业合规元年，为了推进企业合规建设，保障经济社会高质量发展，助力推进国家治理体系和治理能力现代化，2021年3月18日，人力资源社会保障部会同国家市场监督管理总局、国家统计局面向社会正式发布了企业合规师等 18 个新职业信息。

　　企业合规师培养培训及能力考核的主要内容包括：企业合规管理基础、合规管理体系建设、合规管理体系运行、合规管理有效性评价与改进等内容。

　　通过培养培训，并经考试合格者，由国家市场监督管理总局认证认可技术研究中心颁发企业合规师人员能力验证证书。

本章案例

🔍案例 9-1　C 公司开展"财务人员业务技能提升大比拼"活动

　　C 公司是一家新能源企业，享受国家税收优惠政策。但 2021 年 9 月在国家税务大检查中被查出部分税收违规问题，被当地税务主管部门罚款 266.8 万元，占 C 公司当年利润的 23.7%。C 公司管理层认为，造成税收违规的主要原因是公司成立时间不长，公司财务人员对新能源企业税收优惠政策理解不到位。为此，C 公司决定在 2022 年 3—5 月，开展"财务人员业务技能提升大比拼"活动。其主要做法如下。

　　（1）加强职业道德教育，讲究原则性和责任感。诚信是会计职业道德的根本，良好的会计职业道德是一个优秀财务人员必须具备的素质。每个财务人员都要具有强烈的责任心和事业心，对公司制订的制度和工作计划，要在理解、把握、吃透的基础上坚定不移地贯彻执行，主要体现为"操守为重，坚持原则"。在实际工作中，要严守各项国家法规和公司的规章制度，热爱本职工作，尽职尽责，勤奋工作，如实反映，正确核算，当好参谋，严格监督，勤俭理财，讲究效益，努力提高工作效率和工作质量。

　　（2）提高团队合作意识，增强集体荣誉感和归属感。财务工作实质上采用并联的工作方式，是整体性的工作。激励财务人员的动力，展望财务人员的发展前景，使财务人员对公司、对团队有集体荣誉感和归属感。

　　（3）提升财务管理制度化、规范化、精细化。加强财务管理理念，规范会计工作秩序，提高会计核算质量和财务管理水平。从传统的财务核算逐步向财务控制、财务管理方面转化，推动公司的发展。

（4）深化公司会计核算管理，创新财务管理工作规范。不断优化会计核算和业务核算流程，结合各项制度的实施，深化、细化各项管理，提高财务管理的效率和效益，保证财会工作质量和服务效率。

（5）制订员工素质提升工程实施方案，开展财务人员互相授课活动。通过采用以学促学的方式，使财务人员对自身业务更精通，对其他岗位业务也有更深的了解，横向沟通，纵向深入，达到财务人员业务素质共同提高的目标。通过岗位互学方式提升员工的专业知识水准、操作水平，提高财务人员的管理能力和执行力，提高员工的道德水平，拓展员工的知识视野，增强员工的学习意识，提高员工学习能力，推动员工综合素质和团队整体执行力的全面提升。

（6）聘请财税专家为公司财务人员进行培训。在培训前，充分征集财务人员意见，把需要培训的重点内容，尤其是新能源税收政策等方面的要求等反馈授课专家，有的放矢地进行培训，大大提高培训效率。公司积极组织财务人员参加此次培训，财务人员认真学习，不断丰富财务知识；为调动员工学习的积极性，检验和强化学习成果，公司财务部定期组织测试，并对各部门整体成绩和个人考试成绩进行排名通报，纳入员工与部门绩效考核。

（7）鼓励财务人员参加国家考试。对于参加全国会计专业技术中级资格考试、税务师考试、注册会计师考试的，考试培训费用全报销，并对单科成绩合格和全科合格的分别给予现金奖励和进行晋升加分。

🔍 案例9-2　　A公司合规文化建设

A公司是一家2021年挂牌的新三板企业，非常重视合规文化建设。A公司的做法如下。

（1）董事长带头讲合规，强调顶层合规。公司董事长以"正视问题 补齐短板 狠抓问题根源性整改与全面提升"为主题为公司中层管理干部讲授合规课程。董事长根据近几年监管层重点关注的内控管理方面的典型问题，结合公司实际，着重讲解需要特别引起注意的合规风险，并对各分子公司各类内外部检查中发现的类型化问题和典型案例进行重点提示，对公司合规管理提出了"突出党建引领，强化合规建设组织领导；充分认识当前形势，落实好各项政策制度；坚持问题导向，敢于揭短、啃硬骨头；强化员工行为管控，深植合规经营文化"四项重点工作要求。

（2）公司总经理主动讲法，强化法治意识培育。为了培训公司管理层的法治意识，总经理主讲法治课程，系统阐述法治思想在公司经营的具体运用，并对管理人员提出重视法治建设、强化法律意识、提高法律知识储备，提高运用法治思维和法治方式想问题、做决策的能力等要求。

（3）全员合规持证，增强合规底线意识。为形成全员主动合规的精神风貌和文化氛围，引导全员自觉树立合规经营的核心理念，A 公司积极开展"全员法律合规底线教育"活动，通过集中强化学习，以持证考试形式进行成果验收，以考促学，使全员熟练掌握员工基础管理制度，增强对违法违规行为的敬畏心理，引导和督促员工保持良好的职业操守，争做知敬畏、存戒惧、守底线的优秀员工。

本章问题思考

①为什么说财税合规宣传与培训很重要？

②财税合规审计与第 8 章提到的财税合规审查有什么不同？它们在财税合规管理体系中各自发挥什么作用？

③如何加快培养合格的财税合规管理人才？

④说明管理信息化系统在财税合规管理中的作用。

第 10 章

管理最终看成效：
如何评价财税合规
管理体系的有效性

"是骡子是马，拉出来遛遛"，一套良好的合规管理体系
必须经得起有效性检验。

10.1　企业合规管理体系有效性评价的基本思路

10.1.1　三种主流评价方式

1. 计分式

计分式评价的特点是：将企业合规建设和相关制度、管理流程的有效性量化为参数，以数字加总或者其他计算方式，综合给出企业合规管理体系有效性的得分。中国企业评价协会发布的《企业合规管理体系有效性评价指引》（T/CEEAS 003—2022）即属于这一种方式。

这种方式的优点是清晰直观、具备可推广性，在某一集团公司的下属同类业务单位之间，均可采用一套计分标准予以考核。缺点是前期确定分值等操作标准时的投入较大，同时标准的制订具有一定任意性，未必能够制订出客观全面、科学合理的计分体系；除此之外，各个分段之间的区分度难以把握，什么样的做法应称为"良好""一般"，一项有瑕疵的做法与理想做法之间的差距是否严格体现为 3 分、5 分，都需要予以考虑。

2. 问答式

问答式评价的特点是：将企业合规建设和相关制度、管理流程的有效性按类别设计为问题清单的形式，通过清单中所列问题的答案，对企业合规体系的有效性进行评估，从而找出合规管理体系中的漏洞与薄弱环节，为企业下一步的合规建设明确路径和方向。美国司法部 2017 年发布的《企业合规管理体系有效性评估指南》即属于这一种方式。

问答式评价的优点是通过全面的问题网络，基本覆盖评价合规建设有效性的关键领域，同时避免采用计分式时评价维度过于单一的问题。

值得注意的是，很多时候人们所提的"合规审计报告""合规内部审计清单"，在本质上也常常是一系列合规问答的集合（有少数采取计分式形式），可以归入问答式的范畴。

3. 评价式

评价式就是不对合规管理体系有效性的指标进行分类、量化，而是直接对目标公司合规体系的建设情况进行概括性的点评。

相比于计分式和问答式，评价式的有效性评价方法轻评估、重评论，其情报来源通常是母公司的检查、巡视或者子公司向上级公司进行的情况说明。

中国中小企业协会发布的《中小企业合规管理体系有效性评价》（T/CASMES 19—2022）即属于这一种方式。

评价式是相对随意的一种评价方式。

10.1.2 《企业合规管理体系有效性评价指引》简介

2022年10月，中国企业评价协会发布了《企业合规管理体系有效性评价指引》（T/CEEAS 003—2022）（以下简称《评价指引》）。这一文件是在充分参考企业合规管理的理论基础、法律法规、国内外相关标准以及《央企合规办法》的基础上，由一批智库学者、企业专家参与标准研讨、贡献条目，最终编制形成的具有较强实操性的企业合规有效性评价标准。

《评价指引》作为企业合规管理和第三方机构评价的标准，提出了企业合规管理体系有效性评价的指标体系，从企业合规环境评估、领导作用和资源投入、合规制度与运行机制、合规文化、绩效评估改进五个维度，以及党建在企业合规管理中的作用，设计了评价指标及评分模型，明确了企业合规管理体系有效性评价工作的规则、流程以及报告评级等实施程序。

1. 规范性文件与证据性文件

为了使实际测评工作更具可操作性，评分模型引入了两个新的概念：规范性文件与证据性文件。规范性文件是指组织所建立的或应遵守的，用于指导组织生产经营活动的方法、规范或要求的文件，一般可包括管理手册、管理制度、管理办法、操作规程、工作流程等。证据性文件是指组织自己产生的，与组织生产经营活动过程相关的各种证明性文件，例如各种记录、报表、审批单、会议记录、生产日志等。

规范性文件与证据性文件概念的提出，为测试企业合规管理体系的符合性与有效性提供了逻辑依据，即管理体系实施过程的证据性文件要符合企业规范性文件的要求。管理体系的规范性文件要符合《合规管理体系要求及使用指南》的要求。明确两类文件的关联关系，为实际测评工作建立了可操作的基础。

2. 评价指标体系

企业合规管理体系有效性评价指标体系包括评价维度、评价指标和评价条款三层指标体系，具体见表 10-1、表 10-2。

表 10-1　企业合规管理体系有效性评价指标及分值

评价维度	评价指标	分值
合规环境评估 （150 分）	内外部因素	40
	利益相关方的需要和期望	40
	财税合规管理体系的范围	20
	财税合规义务	50
领导作用和资源投入 （230 分）	最高管理层★	60
	财税合规管理机构的职能与资源	80
	管理者职责与绩效	40
	财税合规管理信息化建设★	50
合规制度与运行机制 （260 分）	财税合规管理制度体系★	90
	财税合规管理机制运行★	170
合规文化 （130 分）	财税合规理念	30
	推广合规文化★	60
	员工职责与绩效	40
绩效评估改进 （230 分）	监视、测量、分析和评价★	80
	内部审核	30
	管理评审	30
	体系持续改进★	50
	不符合和纠正措施	40
附加项 （50 分）	党建在企业财税合规管理中的作用	50

注：1. 带★的为重要评价指标；2. 企业自评时可根据自身需求对指标进行适当调整。

表 10-2 企业合规管理体系有效性各指标评价条款（节选）

评价指标	评价条款及分值
……	……
合规义务	规范性文件（10分）：企业是否制订了识别合规义务的规范性文件，或在相关文件中对此进行了规定，如合规义务识别办法 组织管理（10分）：企业是否按文件要求，按照治理层、经营管理层、实施层不同的层级，从合规管理、法务、风控、监察、审计、财务、业务、人力等不同的专业领域的职能以及组织性质等方面识别其合规义务 合规义务清单（10分）：企业是否依据规定编制合规义务清单，合规义务清单是否涵盖了企业需遵守的强制性要求（例如法律法规，许可、执照或其他形式的授权，监管机构发布的命令、条例或指南，法院的判决或行政决定，条约、公约和协议，签署合同所产生的义务，上级单位的要求等）和自愿性要求（例如与社会团体、非政府组织、公共权力机构和客户签订的协议，企业的要求，自愿的原则或规程，自愿性标志或环境承诺，相关团体或产业的标准等），以及与企业密切关联的市场交易、财务税收、劳务用工、投融资、招投标、产品质量、安全环保、节能减排、知识产权、商业伙伴等方面的活动 管理体系（10分）：企业是否已经将识别出的合规义务融入合规管理体系文件，以履行财税合规义务 定期更新（10分）：企业是否按照规定程序定期更新合规义务
……	……

3. 计分规则

评价人员应依据表10-2各评价指标中具体评价条款及分值和表10-3的计分规则，计算每一项评价条款的具体得分，最后加总计算总得分。

每一项评价条款的得分＝评价比例 × 条款分值。

表 10-3 计分规则

评价比例	要点
0~20%	①在该评分项要求中水平很低，或没有描述结果，或结果很差 ②在该评分项要求中没有或极少显示趋势的数据，或显示了总体不良的趋势 ③在该评分项要求中没有或极少显示相关数据信息，或对比性信息
20%~40%	④在该评分项要求中结果很少，或在少数方面有一些改进和（或）处于初期绩效水平 ⑤在该评分项要求中有少量显示趋势的数据，或处于较低水平 ⑥在该评分项要求中有少量相关数据信息，或对比性信息

续表

评价比例	要点
40%~60%	⑦在该评分项要求的多数方面有改进和（或）良好水平 ⑧在该评分要求的多数方面处于取得良好趋势的初期阶段，或处于一般水平 ⑨在该评分要求中能够获得相关数据，或对比性信息
60%~80%	⑩在该评分项要求的大多数方面有改进趋势和（或）良好水平 ⑪在该评分要求中一些趋势和（或）当前显示了良好到优秀的水平 ⑫在该评分要求中能够获得大量相关数据，或对比性信息
80%~100%	⑬在该评分项要求重要的大多数方面，当前结果／水平／绩效达到优良水平 ⑭与该评分要求中大多数的趋势显示了领先和优秀的水平 ⑮在该评分要求中能够获得充分相关数据，或对比性信息

4.评价等级与报告

根据计算得到的企业合规管理体系有效性得分，判定企业合规管理体系有效性评价的等级。评价等级共分为五级，分别为 AAAAA、AAAA、AAA、AA 和 A，对应的得分分值范围见表 10-4。其中被判定为 A 级的企业，需根据评价报告进行整改后，重新进行评价。

表 10-4　评价等级表

等级	等级评价标准	含义
AAAAA	901 及以上	达到合规管理行业标杆水平
AAAA	801—900	达到合规管理行业优秀水平
AAA	701—800	达到合规管理行业良好水平
AA	601—700	达到合规管理行业合格水平
A	600 及以下	未达到评级要求

10.1.3　《中小企业合规管理体系有效性评价》简介

2022 年 5 月，中国中小企业协会发布了《中小企业合规管理体系有效性评价》（以下简称《评价标准》）。这个文件立足中国国情，遵循国际标准，结合中小企业发展的实际，秉持"以评促建"的思路，集中了法学、管理学、合规学等专业人员的经验、学识和智慧，最终构建了一套既便于在中国实行又能得到国际认可的评价标准。它不仅能够规范中小企业合规管理体系有效性评价活动，而且能够引导和促进中小企业合规管理体系建设。

1. 主要特点

首先，《评价标准》着眼于合规生态建设，努力调动各方面参与合规建设的积极性。从合规建设的生态看，企业和员工、行业协会、政府和司法机关构成了合规建设生态的 4 个圈：企业和员工是合规建设的主体，行业协会是推动合规建设的平台和辅助主体，政府是合规建设的监督和管理主体，司法机关是合规建设的激励和监督主体。在合规生态体系中，行业协会具有针对行业特点、总结行业合规经验、建立行业合规标准并推广应用的作用和优势。《评价标准》的制订和推出，不仅贯彻了党和国家有关中小企业发展的政策要求，而且为我国中小企业合规建设、评价、认证提供了基本遵循标准。

其次，《评价标准》立足中国国情，是一套便于中国人理解和适用，又与国际标准契合的合规有效性标准。《评价标准》结合中国人的思维方式和语言文化特点，在标准编写体例上进行了创新，突出了中国特色。

最后，《评价标准》规定的评价机制和指标具有很大的弹性和普适性。它不仅适用于中小企业自身开展合规管理体系有效性评价，也适用于国家机关、行业协会、认证机构等相关机构对中小企业合规管理体系有效性的评价；不仅适用于中小企业在中国境内的合规管理，而且适用于在境外的合规管理，为中国企业走出去奠定了合规基础。

2. 评价的基本内容

评价的基本内容主要包括三个方面：机构设置和职责配置，合规风险识别、合规风险应对和持续改进，合规文化建设。

机构设置和职责配置方面的评价指标包括：合规领导机构设置、合规管理部门设置、合规领导机构职责、合规管理部门职责、合规专员和合规联络员配置等。其中合规管理部门强调独立性和权威性。

合规风险识别、合规风险应对和持续改进方面的评价指标包括：强制性义务识别、自愿性义务识别；合规风险评估和分级；合规风险应对与优化，包括合规风险应对、日常监测、举报机制建设、报告机制建设以及持续改进。

合规文化建设方面的评价指标包括：最高管理层的重视，合规价值、理念及领导示范，合规承诺，合规文化沟通与表达，合规文化的形成。

10.1.4　《企业合规管理体系有效性评估指南》简介

2017 年美国司法部首次发布《企业合规管理体系有效性评估指南》，2019 年 4 月又发布了修订版，传达出美国司法部对企业合规体系的关注越来越多，并更加关注企业合规体系设计的完善和有效。

2019 版指南从企业合规体系的设计是否有效、执行是否有效、实际运行是否有效等三个方面进行评估。合规体系设计的有效性，是指根据企业合规风险设计的合规管理体系具有充分性和可行性。合规体系执行的有效性，是指企业具备实施合规管理体系的条件、意识和能力，并提供了足够的资源保障。合规体系运行的有效性，是指通过合规管理体系的实施促进了企业合规文化的形成、合规目标的实现、可持续发展能力的获得等。根据这三个方面，《企业合规管理体系有效性评估指南》设置了 12 个评估主题，48 个评估要素（160 个评估问题），见表 10-5。美国司法部这个指南的优点是特别适合司法机关在不同的诉讼阶段使用。当然，该指南也为中国企业进行有效的合规建设提供了指引与借鉴。

表 10-5　《企业合规管理体系有效性评估指南》体系设计架构

评估类别	评估主题	评估要素
体系建设	01 风险评估	01 风险管理流程
		02 基于风险的资源分配
		03 更新与修正
	02 政策和程序	04 制订
		05 全面性
		06 可及性
	03 培训与沟通	07 业务职能融合
		08 把关人
		09 基于风险培训
		10 培训的形式、内容和效果
		11 不当行为的沟通
		12 提供指引

评估类别	评估主题	评估要素
体系建设	04 保密报告结构和调查程序	13 举报机制的有效性
		14 由合格的人员进行
		15 调查反馈
		16 资源和结果追踪
	05 第三方商业伙伴管理	17 基于风险与整合的流程
		18 适当的控制措施
		19 关系管理
		20 实际行为和后果
	06 兼并与收购	21 尽职调查程序
		22 并购过程中的整合
		23 连接尽职调查与实施的流程
体系执行	07 中高级管理层的承诺	24 高层的行为
		25 信守承诺
		26 监督
	08 自主权和资源	27 组织架构
		28 资历和地位
		29 经验和资质
		30 资金和资源
		31 自主权
		32 外包合规管理职能
	09 奖惩措施	33 人力资源流程
		34 持续适用
		35 激励机制
体系有效	10 持续改进、定期测试和审查	36 内部合规审计
		37 控制测试
		38 持续更新
		39 合规文化
	11 调查不当行为	40 由合格人员在适当范围内调查
		41 调查结果的应用

续表

评估类别	评估主题	评估要素
体系有效	12 任何相关不当行为的分析和补救	42 根本原因分析
		43 历史缺陷分析
		44 支付系统
		45 供应商管理
体系有效	12 任何相关不当行为的分析和补救	46 早期迹象
		47 补救
		48 问责制

10.2　企业财税合规管理有效性评价

　　财税合规管理，属于企业合规管理体系的一个重要组成部分。财税合规管理的有效性，应该与整个企业合规管理体系有效性评价一同进行。本书参考《企业合规管理体系有效性评价指引》《中小企业合规管理体系有效性评价》和美国的《企业合规管理体系有效性评估指南》，结合中国企业财税合规的特点，对企业财税合规管理的有效性评价从机构设置、制度建设、制度执行、持续改进四个维度进行阐述，见表 10-6[1]。

表 10-6　企业财税合规管理有效性评价设计架构

评估维度	评估要素	评估问题
一、机构设置维度的有效性评价	1. 管理层的承诺	
	2. 组织架构	
	3. 资源保证	
二、制度建设维度的有效性评价	4. 风险认识与评估	
	5. 政策和程序	
	6. 培训与沟通	
	7. 举报机制	

1　2022 年 8 月，经《〈中小企业合规管理体系有效性评价〉适用指南》编委会审查批准，濮阳市中小企业会计协会已被确认邀请成为《〈中小企业合规管理体系有效性评价〉适用指南》单位编委，并由袁小勇、陈小欢、刘晓晖、庄维雨负责撰写"财税合规"部分的专业内容。本节内容源自这一项目的研究成果。

评估维度	评估要素	评估问题
二、制度建设维度的有效性评价	8. 报告机制	
	9. 第三方商业伙伴管理	
三、制度执行维度的有效性评价	10. 执行分析	
	11. 奖惩与问责	
四、持续改进维度的有效性评价	12. 定期测试和审计	
	13. 财税不合规行为的分析和补救	
	14. 合规文化	

10.2.1　机构设置维度的有效性评价

合规管理组织机构设置和职责配置的有效性评价应当以合规管理机构的适当性、独立性和权威性作为基本标准，包括管理层的承诺、组织架构和资源保证等内容。

1. 管理层的承诺

针对管理层的承诺，主要评价以下内容。

①企业合规管理的第一责任人是谁。通常，企业的法定代表人或实际控制人是企业合规管理的第一责任人，并作为合规委员会或合规领导小组的成员。各业务部门的负责人在其领域内也负有相应的合规管理责任。

②在合规领导机构（董事会、法定代表人或实际控制人，或企业合规委员会）中，是否有财税合规领域的专家。

③管理层是否鼓励员工为实现商业目标而做出不符合职业道德的行为，或者阻碍财税合规人员[1] 有效履行职责。

④管理层采取了哪些具体措施，以展示其在企业财税合规和整改措施方面的领导力。

⑤管理层是否为了开拓新业务或追求更多收益而容忍更大的财税合规风险。

⑥在竞争利益或商业目标面前，管理层是否信守财税合规承诺。

1　财税合规人员包括合规管理部门的管理人员、企业各级财务人员，以及其他各部门内部设置的财税合规专员，部分关键岗位的员工（如采购员、收款员）也可以纳入这一类。

⑦管理部门（如业务和运营经理、财务、采购、法务、人力资源等）采取了哪些行为显示其信守对企业财税合规的承诺，包括其在财税违规整改方面做出的努力。

2. 组织架构

针对组织架构，主要评价以下内容。

①企业内部是否设置了独立的财务管理部门与合规管理部门。通常，中型企业应设合规管理部门，小微企业应配备至少一名合规管理专员。企业各业务部门应设置合规联络员，协助合规管理部门或者合规管理专员工作。

②合规管理部门中是否设置财税合规小组或财税合规专员；财税合规专员是否同时担任了其他非合规管理职责；财税合规小组或财税合规专员是否有明确的职责。通常，财税合规小组或财税合规专员应及时有效识别企业财税合规义务，制订财税合规政策与管理流程，或将财税合规政策与管理流程融入企业相应的政策与流程，管控财税合规风险，保障财税合规目标的实现。

③财税合规人员是否具备其职责所要求的相关经验和资质。

3. 资源保证

针对资源保证，主要评价以下内容。

①为实现财税合规管理目标，企业是否配备了合理的财税合规人员，以及为此提供了必要的资金与技术保障。

②与企业内部其他战略管理部门相比，财税合规人员在地位、薪资水平、级别 / 职位、资源以及与关键决策者沟通渠道方面的情况如何。

③财税合规人员是否有权直接向合规领导机构（董事会、法定代表人或实际控制人、企业合规委员会、审计委员会）进行工作汇报。

④企业是否授予财税合规人员足够的权限以确保其在开展合规工作时不受阻碍。

⑤企业如何确保财税合规人员能够获取开展财税合规工作需要的财务与非财务信息数据。

⑥谁来负责考核财税合规人员的绩效表现，考核的程序是怎样的。

⑦企业如何确保财税合规人员因履行职责而免受打击报复。

10.2.2 制度建设维度的有效性评价

1. 风险认识与评估

针对风险认识与评估，主要评价以下内容。

①财税合规人员对与企业财税合规义务相关的强制性要求是否有清晰的理解并形成规范性文件（如合规义务清单）。

②财税合规人员对与企业财税合规义务相关的自愿性要求（包括利益相关方期望）是否有清晰的理解并形成规范性文件。

③企业是否记录与保存识别财税合规义务的规范性文件（或在相关文件中对此进行了规定。例如管理手册、程序文件、合规管理办法等）。

④企业描述财税合规风险的方法是什么，是否根据风险发生概率和影响程度，对财税合规风险进行评估和分级。

⑤企业收集和利用了哪些信息或指标，来帮助监测财税不合规行为类型。

⑥企业是否按规范性文件要求，按照管理层级，分管理层和各业务部门识别其财税合规义务。

⑦企业是否依据财税合规风险的评估结果安排相应的时间和资源（例如在防止增值税错误与舞弊方面安排更多的时间和资源，在采购支付环节进行了更为严格的审查）。

2. 政策和程序

针对政策和程序，主要评价以下内容。

①哪些人员可以参与制订新的财税合规政策和流程。

②新的财税合规政策和流程实施之前，是否征询相关业务部门的意见。

③企业如何向企业内部各部门、员工及相关第三方传达其财税合规政策和流程。

④如果企业有海外子企业，海外员工是否存在获取财税合规政策和流程的语言或其他障碍。

⑤企业是否能够运用信息化手段将财税合规政策和流程嵌入相关的业务流程，以加强关键节点的合规管控。

⑥参与政策和流程融合的有哪些部门和人员。

⑦企业是否采取适当的方式去确保相关部门的员工理解财税合规政策和流程。

⑧企业对负责财税合规审查、认证的员工提供哪些有效的指导和培训。

3. 培训与沟通

针对培训与沟通，主要评价以下内容。

①企业财税合规人员接受过哪些培训。

②企业是否为高风险和负有控制职能的员工（如采购、销售、工程、资金管理等部门员工）提供财税方面的培训，包括针对财税不合规行为发生领域的风险培训。

③企业是否向各级管理人员提供不同或者额外的财税培训。

④企业做过哪些分析以确定财税培训对象和培训主题。

⑤在财税合规培训方面，企业提供了哪些资源。

⑥财税培训的形式是否适合培训对象。

⑦财税培训是否对财税违规的案例进行分析。

⑧企业如何考核财税培训效果。

⑨企业如何处理应该通过而没有通过财税培训考核的员工。

⑩高级管理人员如何让员工知晓企业对财税不合规行为所持有的立场。

⑪当员工因未能遵守财税合规政策和流程而被解雇或受到处罚时，管理者通常会如何沟通（例如不具名描述导致员工受到处分的不当行为）。

4. 举报机制

针对举报机制，主要评价以下内容。

①是否建立匿名举报机制，如果没有，请解释原因。

②如何向员工宣传举报机制。

③是否已经使用过举报机制。

④合规部门是否完全有权获得举报和调查信息。

⑤企业采取哪些措施来确保违规调查是独立的、客观的、适当的，并进行恰当的记录和归档。

⑥如何决定由谁负责合规举报调查，由谁做出这个决定。

⑦企业是否为举报和调查机制提供充足的资金支持。

⑧企业是否建立举报信息保密制度。

⑨企业是否建立举报人保护制度。

5. 报告机制

针对报告机制，主要评价以下内容。

①企业是否建立包括财税合规在内的合规报告机制（包括有关合规报告的对象、内容、形式、周期、流程等制度以及有关合规报告真实性、客观性和全面性的要求等）。

②如何确保合规报告在向最高管理层提交的过程中受到充分保护，未被篡改。

6. 第三方商业伙伴管理

针对第三方商业伙伴管理，主要评价以下内容。

①在第三方商业伙伴管理流程中，企业是否识别相关的财税合规风险。

②如果第三方在财税合规领域涉及潜在的不当行为，企业是如何处理的。

③如何将与此相关的风险识别和应对措施嵌入采购与供应商管理流程。

④目前已建立哪些机制来确保在第三方合同条款中描述将要履行的服务、支付条款的适当性、合同工作能得到完成，以及报酬与提供的服务相匹配。

⑤对于第三方在防控财税合规风险方面做出的努力，企业如何确定报酬与激励机制。

⑥企业是否拥有查阅分析第三方账簿及账目的审计权。

⑦企业如何对第三方相关管理人员进行财税合规风险培训，以及如何进行管理。

⑧对于第三方尽职调查中发现的涉及财税领域的危险信号，企业是否进行追踪以及如何处理。

⑨对于没有通过企业尽职调查，或者被终止业务关系的第三方，企业是否采取措施确保之后不再聘用或重新聘用这些第三方。

⑩企业是否曾因财税合规问题暂停或终止与这些第三方的合作或者对其进行审计。

10.2.3　制度执行维度的有效性评价

1. 执行分析

针对执行分析，主要评价以下内容。

①企业对财税合规人员是否规定了明确与可测量的管理绩效目标，合规绩效与人员绩效考核是否挂钩。

②对于重大事项决策、重要合同签订、重大项目运营等经营管理活动，企业是否进行了必要的财税合规审查，合规审查意见是否由合规负责人签字。

③对于发生较大财税合规风险事件，相关业务及职能部门是否能及时向合规管理部门报告。重大合规风险事件是否能及时向最高管理层报告。

④哪些流程可以防止或监测到资金的不合规使用。

⑤选择供应商的流程是什么，如果财税不合规行为牵涉供应商，是否对此流程的设计与执行进行审查。

⑥对财税合规工作取得较好成绩的企业是否有激励和奖励条款。

2. 奖惩与问责

针对奖惩与问责，主要评价以下内容。

①对于财税不合规行为，企业采取了哪些纪律处分措施，这些处分措施是否及时。

②针对财税合规领域的不当行为，谁可以参与做出纪律处分决定。

③对于上述每项不当行为，是否遵循相同的流程，如果不是，原因是什么。

④企业是否存在因法律或调查方面的原因而限制财务信息披露，或因其他不成文的原因来保护企业免受指控揭发或外部调查。

⑤是否发生过出于财税合规或伦理方面的考虑而采取惩处措施的情况（如取消晋升或奖金等）。

⑥管理人员是否对其监督下发生的财税不合规行为承担责任。

⑦企业是否曾因员工的财税不合规行为对其进行解雇或以其他的方式对其进行处分（减少或取消奖金、发出警告信等）。

⑧企业是否建立经营管理和员工履职违规行为记录制度，并将违规行为性质、发生次数、危害程度等作为考核评价、职级评定等工作的依据。

10.2.4　持续改进维度的有效性评价

1. 定期测试和审计

针对定期测试和审计，主要评价以下内容。

①企业是否进行过合规管理方面的审计。

②企业是否定期或不定期地对财税合规管理进行专项审计，审计结果如何运用。

③是否经常基于国家的法律法规、处罚和法庭判例对企业现行的财税政策和程序进行更新。

④对财税政策和流程的更新，是基于发现的财税领域不当行为风险还是财税合规管理中存在的其他原因。

⑤企业是否存在因财税合规问题而被停止、整改或者进行进一步审查的交易或业务。

⑥在财税不合规行为发生的领域，企业是否会审查其合规管理体系，以确定包括财税合规在内的政策、控制或培训中是否存在未充分关注的特定风险领域。

⑦企业的风险评估、合规政策、流程和操作手册多久审查或更新一次。

⑧企业在最近一年内是否对管控措施与合规管理目标的偏离进行原因分析，以便采取相应措施确保合规管理与企业的实际情况相适应。

⑨企业采取哪些方法来确保财税合规的政策、流程和操作手册对特定业务

部门、分子公司具有实际意义。

2. 财税不合规行为的分析和补救

针对财税不合规行为的分析和补救，主要评价以下内容。

①企业如何确保财税合规调查范围是适当的，且具有独立性、客观性，方式适当以及存档适当。

②企业是否通过调查与分析来确定财税不合规的根本原因、系统漏洞以及责任缺失。

③企业哪些部门与人员参与了此项调查与分析。

④调查结果在企业中能够传达到多高层级。

⑤对于在根本原因分析和错失机会分析中发现的问题，企业会采取哪些具体的补救措施。

⑥企业采取了哪些具体改进措施以确保相同或类似的问题不再发生。

3. 合规文化

针对合规文化，主要评价以下内容。

①企业的员工是否能从情感和理智上认同企业合规文化，并做出认同的承诺。

②企业是否在入职培训或新员工训练时强调合规和企业的价值观。

③企业是否利用各种时机、场合推广合规文化，并持续地就合规问题进行沟通。

④在企业合规文化的形成和提升过程中，企业高管层是如何发挥表率作用的。

⑤企业是否惩戒不遵守合规文化的员工和行为（包括管理层为了实现业务目标鼓励员工实施不合规行为、阻止合规人员有效履行职责等行为，面对竞争利益时违反合规承诺的行为等）。

⑥对于企业的合规文化（包括合规知识、合规意识、合规信念和合规行为等），每隔多长时间进行一次考评，以及如何考评。

本章案例

🔎案例 10-1　TL 石油服务公司基于合规与风险视角的内部控制体系有效性评价

TL 石油服务公司基于合规与风险视角的内部控制体系有效性评价。

1. 背景介绍

TL 石油服务公司（以下简称"公司"），是我国某大型石油企业的子公司，成立于 1997 年，经过多年的不断努力，已发展成为一家具有丰富作业经验的石油服务公司。公司的服务涉及石油及天然气勘探、开发及生产的各个阶段，从最初主要为集团内其他石油公司提供设备租赁及技术服务业务，发展到与国内其他石油服务企业竞标、独立经营、自负盈亏，其业务分为钻井服务、油井技术服务、船舶服务、物探勘察服务四大板块，业务范围遍及全国各地。经过 20 多年的发展，公司已经设立了内控与风控部，建立了一套相对完整的内部控制体系。2022 年初，公司响应集团公司强化合规管理的要求，全面梳理现有的内部控制体系，建立了一套集风险管理、合规管理、内部控制于一体的内部控制体系，因此，公司决定聘请某咨询公司对公司现有的内部控制体系的有效性进行综合评价。

2. 实施过程

咨询公司接受委托后，先与公司的高级管理层、内控与风控部人员、审计部人员共同研究，并组成了由咨询公司和公司审计部联合成立的内控体系有效性评价组（以下简称"评价组"），设计了一份公司内部控制调查问卷。问卷内容主要包括两大部分。第一部分主要围绕公司的内部环境、风险评估、控制活动、信息与沟通、内部监督这 5 个方面，第二部分是有针对性地对不同部门提出问题。管理层在公司的各个部门下发该问卷，问卷中的问题较为简单，要求员工按自己的观察和了解回答"是"或"否"，以及"有"或"无"，将近 70% 的人员完成并提交了问卷。

　　评价组根据收集到的问卷和穿行测试的结果，确定了本次需重点评价的部门——工程服务部、财务部和人力资源部。

　　在正式评价前，评价组召集相关成员召开了一次培训会议，主要讲解了内部控制评价的理念、实施过程、需要注意的问题及在实施过程中各成员积极参与的重要作用。公司总经理也在会议上明确表示，希望大家能够积极配合，各抒己见，切实发挥本次内部控制体系外部评价的作用，及时地发现问题，并找到解决问题的方案，为建立更加有效的集风险管理、合规管理、内部控制于一体的内部控制体系打好基础。会议由咨询公司专家担当引导者。在每个问题讨论之前，专家都会向与会人员提供本次讨论需要关注的重要问题，并分成小组进行讨论。同时评价组根据本次会议讨论发现的问题，对下次的讨论计划进行适当调整。会议由专人进行记录。通过讨论，每个小组推荐一名成员就讨论的问题进行一次总结发言。为避免小组成员不敢提出问题或发现问题的成员没有机会参加会议，公司在会议室外设置了一个意见箱，员工可以用匿名的方式反映所发现的问题。

　　本次会议重点关注两个层面的问题，一个是控制层面的，一个是业务流程层面的。大家针对高风险（含合规风险）区域及控制的薄弱环节展开了讨论。讨论过程中，小组成员就自己所熟悉的业务、发现的问题相互进行了交流，并对某些问题提出了看法和解决方案。这不仅是一个发现问题、解决问题的过程，还是一个大家相互学习的过程。通过讨论，小组成员对公司的内部控制及业务流程方面更加熟悉，也有利于改进措施的推广、实施工作。

　　评价组在实施内部控制评价的过程中，充分尊重公司员工的意见，极大地调动了关键岗位人员的积极性，大大增强了员工的归属感。会议结束后，评价组根据讨论的情况出具了内部控制评价报告，将风险（含合规风险）分为"A""B""C""D""E"5 个等级，其中，"A"为最高风险等级，"E"为最低风险等级。评价组针对讨论的几个方面分别划分了适当的风险等级，并将讨论的改进措施落实到具体的责任人。整改措施的落实是公司实行内部控制评价的最终意义所在。为促进落实整改措施，公司审计部会对以后的落实情况进行追踪调查，同时公司也保留了意见箱，鼓励公司员工积极反映工作中发现的问题，并为完善公司的制度措施献计献策。

3. 工作成果

公司通过对现有的内部控制体系的有效性实施评价，确实发现了公司内部控制的很多不足。经过讨论，结合集团公司对合规管理的重视要求，评价组针对发现的问题提出了解决方案，起草了集风险管理、合规管理、内部控制于一体的新的内部控制体系。

本章问题思考

①企业合规管理体系有效性评价的三种方式中，你认为哪种最适合你所在的企业？

②企业财税合规管理体系有效性评价的四个维度的逻辑关系是什么？

第 11 章

让合规成为习惯：
如何合法享受税收优惠

玩好任何一个游戏的前提是理解规则。企业享受税收优惠
的前提是学好用好税收政策。

随着财税体制改革的稳步推进，税收立法进程不断加快，截至 2022 年年底，已有现行 18 个税种中已有 12 个税种完成立法，2022 年 12 月 27 日，增值税法草案提请全国人大常委会首次审议，税收立法再进一程。公司法、会计法、证券法等法律法规也在不断完善。中共中央办公厅、国务院办公厅印发的《关于进一步深化税收征管改革的意见》，为全面推进税收征管数字化升级和智能化改造指明了路径。未来，可以预见，随着业务流程、制度规范、信息技术、数据要素等一体化融合升级，税务部门"精确执法、精细服务、精准监管、精诚共治"的工作模式将不断深入，企业在发展过程中，将获得更加智能、贴心的服务。这一系列变化，既有助于不断提升纳税人的满意度和获得感，也对纳税人的税法遵从度提出了更高要求，国家对企业的税务合规提出了更高要求，隐瞒收入、虚列成本、转移利润以及利用"税收洼地""阴阳合同"和关联交易等方式进行的逃税行为将无处遁形。企业想提高自身税务合规水平，同时又能最大化减轻税收负担，关键还是要利用信息化、智能化手段，开展技术性税收策划，保证企业应享尽享税收优惠。

税收优惠是指国家在税收方面给予纳税人和征税对象的各种优待的总称；是政府通过税收制度，按照预定目的，减除或减轻纳税人税收负担的一种形式；是为了配合国家在一定时期的政治、经济和社会发展总目标，政府利用税收制度，按预定目的，在税收方面相应采取的激励和照顾措施；是国家干预经济的重要手段之一。

许多企业经营者前期不注重规划，导致没能最大限度用好税收优惠政策，减轻自身税收负担。本章就目前国家主要税收优惠政策及如何合法享受税收优惠进行解析。

11.1　增值税税收优惠政策运用、风险识别与合规管理

11.1.1　《增值税暂行条例》规定的税收优惠政策运用、风险识别与合规管理

根据《增值税暂行条例》，下列项目免征增值税。

①农业生产者销售的自产农产品。农业，是指种植业、养殖业、林业、牧业、水产业。农产品，是指农业初级产品。具体范围由财政部、国家税务总局确定。

②避孕药品和用具。

③古旧图书。古旧图书是指向社会收购的古书和旧书。

④直接用于科学研究、科学试验和教学的进口仪器、设备。

⑤外国政府、国际组织无偿援助的进口物资和设备。

⑥由残疾人的组织直接进口供残疾人专用的物品。

⑦销售的自己使用过的物品。自己使用过的物品是指其他个人自己使用过的物品。

🔍案例 11-1　政策理解错误（一）

案情介绍。 在对某企业集团税务健康诊断过程中，咨询人员发现其某农产品生产板块有小麦种植并销售业务，按税法规定享受免征增值税待遇，但同时发现该企业有外购小麦并销售业务，也享受了免征增值税政策。

风险识别。 该企业对税收优惠政策的理解存在误区。税收优惠政策规定的"农业生产者销售的自产农产品"，必须是自己生产自己销售，而外购农产品并销售不属于免税范畴，故享受免征增值税属于未合规纳税，存在增值税涉税风险。

合规管理策略与方案。将免税产品和应税产品分别核算，分别享受免税优惠和纳税申报，规避税务风险。

🔍案例 11-2　政策理解错误（二）

案情介绍。在对某企业税务健康诊断过程中，咨询人员发现该企业销售使用过的固定资产，未申报缴纳增值税。

风险识别。销售自己使用过的物品享受免税仅仅指其他个人销售自己使用过的物品，不包括企业销售自己使用过的固定资产。

销售自己使用过的购进或者自制的固定资产，如果已经抵扣进项税额，按照适用税率征收增值税。

合规管理策略与方案。纳税人销售自己使用过的固定资产，没有抵扣过进项税额的，适用简易计税方法依照 3% 征收率减按 2% 征收增值税政策，但可以放弃减税，按照简易计税方法依照 3% 征收率缴纳增值税，并可以开具增值税专用发票。企业在选择合规管理策略与方案时，最好和下游客户企业进行沟通，将放弃免税增加税负添加在销售价款中，而且下游客户企业能全额抵扣进项税额，使整体税负最小化。

11.1.2 "营改增"及其他有关部门规定的税收优惠政策运用、风险识别与合规管理

1. 免征增值税项目

（1）专项民生服务
①托儿所、幼儿园提供的保育和教育服务。
②养老机构提供的养老服务。
③残疾人福利机构提供的育养服务。
④婚姻介绍服务。
⑤殡葬服务。
⑥医疗机构提供的医疗服务。

⑦家政服务企业由员工制家政服务员提供家政服务取得的收入。

（2）符合规定的教育服务

（3）特殊群体提供的应税服务

①残疾人员本人为社会提供的服务。

②学生勤工俭学提供的服务。

（4）农业机耕、排灌、病虫害防治、植物保护、农牧保险以及相关技术培训业务，家禽、牲畜、水生动物的配种和疾病防治。

注意：动物诊疗机构销售动物食品和用品，提供动物清洁、美容、代理看护等服务，应按照现行规定缴纳增值税。

（5）文化和科普类服务

①纪念馆、博物馆、文化馆、文物保护单位管理机构、美术馆、展览馆、书画院、图书馆在自己的场所提供文化体育服务取得的第一道门票收入。

②寺院、宫观、清真寺和教堂举办文化、宗教活动的门票收入。

③个人转让著作权。

（6）特殊运输相关的服务

①台湾航运公司、航空公司从事海峡两岸海上直航、空中直航业务在大陆取得的运输收入。

②纳税人提供的直接或者间接国际货物运输代理服务。

③青藏铁路公司提供的铁路运输服务。

（7）以下利息收入

①国家助学贷款。

②国债、地方政府债。

③人民银行对金融机构的贷款。

④住房公积金管理中心用住房公积金在指定的委托银行发放的个人住房贷款。

⑤外汇管理部门在从事国家外汇储备经营过程中，委托金融机构发放的外汇贷款。

⑥统借统还业务中，企业集团或企业集团中的核心企业以及集团所属财务公司按不高于支付给金融机构的借款利率水平或者支付的债券票面利率水平，

向企业集团或者集团内下属单位收取的利息。统借方向资金使用单位收取的利息，高于支付给金融机构借款利率水平或者支付的债券票面利率水平的，应全额缴纳增值税。

⑦自 2021 年 11 月 7 日起至 2025 年 12 月 31 日止，对境外机构投资境内债券市场取得的债券利息收入暂免征收增值税。[《财政部 税务总局关于延续境外机构投资境内债券市场企业所得税、增值税政策的公告》（财政部 税务总局公告 2021 年 34 号）更新]

（8）保险类

①保险公司开办的一年期以上人身保险产品取得的保费收入。

②再保险服务。

（9）下列部分金融商品转让收入

①中国香港市场投资者（包括单位和个人）通过沪港通和深港通买卖上海证券交易所和深圳证券交易所上市 A 股。

②对中国香港市场投资者（包括单位和个人）通过基金互认买卖内地基金份额。

③证券投资基金（封闭式证券投资基金、开放式证券投资基金）管理人运用基金买卖股票、债券。

④个人从事金融商品转让业务。

⑤对社保基金会、社保基金投资管理人在运用社保基金投资过程中，提供贷款服务取得的全部利息及利息性质的收入和金融商品转让收入，免征增值税。

（10）金融同业往来利息收入

金融同业往来利息收入，包括金融机构与人民银行所发生的资金往来业务、银行联行往来业务和金融机构间的资金往来业务、同业存款、同业借款、同业代付、买断式买入返售金融商品、持有金融债券和同业存单产生的利息收入。

（11）非经营性活动或非经营性收入

①各党派、共青团、工会、妇联、中科协、青联、台联、侨联收取党费、团费、会费以及政府间国际组织收取会费，属于非经营活动，不征收增值税。

②国家商品储备管理单位及其直属企业承担商品储备任务，从中央或者地方财政取得的利息补贴收入和价差补贴收入。

（12）符合条件的合同能源管理服务

（13）福利彩票、体育彩票的发行收入

（14）住房类

①个人销售自建自用住房。

②为了配合国家住房制度改革，企业、行政事业单位按房改成本价、标准价出售住房取得的收入。

（15）土地使用权、自然资源使用权、房屋产权

①将土地使用权转让给农业生产者用于农业生产。

②土地所有者出让土地使用权和土地使用者将土地使用权归还给土地所有者。

③县级以上地方人民政府或自然资源行政主管部门出让、转让或收回自然资源使用权（不含土地使用权）。

④涉及家庭财产分割的个人无偿转让不动产、土地使用权。

家庭财产分割，包括下列情形：离婚财产分割；无偿赠与配偶、父母、子女、祖父母、外祖父母、孙子女、外孙子女、兄弟姐妹；无偿赠与对其承担直接抚养或者赡养义务的抚养人或者赡养人；房屋产权所有人死亡，法定继承人、遗嘱继承人或者受遗赠人依法取得房屋产权。

（16）就业类

①随军家属就业。

为安置随军家属就业而新开办的企业，自领取税务登记证之日起，其提供的应税服务 3 年内免征增值税。

从事个体经营的随军家属，自办理税务登记事项之日起，其提供的应税服务 3 年内免征增值税。

②军队转业干部就业。

从事个体经营的军队转业干部，自领取税务登记证之日起，其提供的应税服务 3 年内免征增值税。

为安置自主择业的军队转业干部就业而新开办的企业，凡安置自主择业的军队转业干部占企业总人数 60%（含）以上的，自领取税务登记证之日起，其提供的应税服务 3 年内免征增值税。

（17）邮政类

①中国邮政集团公司及其所属邮政企业提供的邮政普遍服务和邮政特殊服务，免征增值税。

②中国邮政集团公司及其所属邮政企业为金融机构代办金融保险业务取得的代理收入免征增值税。

2. 增值税即征即退

①增值税一般纳税人销售其自行开发生产的软件产品，按增值税基本税率征收增值税后，对其增值税实际税负率超过 3% 的部分实行即征即退政策。

②一般纳税人提供管道运输服务，对其增值税实际税负率超过 3% 的部分实行增值税即征即退政策。

③经人民银行、银监会或者商务部批准从事融资租赁业务纳税人中的一般纳税人，提供有形动产融资租赁服务和有形动产融资性售后回租服务，对其增值税实际税负率超过 3% 的部分实行增值税即征即退政策。

④纳税人享受安置残疾人增值税即征即退优惠政策。

a. 纳税人，是指安置残疾人的单位和个体工商户。

b. 纳税人本期应退增值税按以下公式计算。

本期应退增值税 = 本期所含月份每月应退增值税之和

月应退增值税 = 纳税人本月安置残疾人员人数 × 本月月最低工资标准

最低工资标准，是指劳动者在法定工作时间或依法签订的劳动合同约定的工作时间内提供了正常劳动的前提下，用人单位依法应支付的最低劳动报酬。省、自治区、直辖市范围内的不同行政区域可以有不同的最低工资标准。

纳税人新安置的残疾人数量从签订劳动合同并缴纳社会保险的次月起计算，其他职工数量从录用的次月起计算；安置的残疾人和其他职工减少的，从减少当月计算。

3. 扣减增值税规定

（1）退役士兵创业就业

自主就业退役士兵从事个体经营的，在 3 年（36 个月，下同）内按每户每年 12 000 元为限额依次扣减其当年实际应缴纳的增值税、城市维护建设税、教育费附加、地方教育附加和个人所得税。限额标准最高可上浮 20%（最高限额为 14 400 元），各省、自治区、直辖市人民政府可根据本地区实际情况在此幅度内确定具体限额标准。

（2）重点群体创业就业

建档立卡贫困人口、持就业创业证（注明"自主创业税收政策"或"毕业年度内自主创业税收政策"）或就业失业登记证（注明"自主创业税收政策"）的人员从事个体经营的，自办理个体工商户登记当月起，在 3 年（36 个月）内按每户每年 12 000 元为限额依次扣减其当年实际应缴纳的增值税、城市维护建设税、教育费附加、地方教育附加和个人所得税。限额标准最高可上浮 20%（最高限额为 14 400 元），各省、自治区、直辖市人民政府可根据本地区实际情况在此幅度内确定具体限额标准。

金融企业发放贷款后，自结息日起 90 天内发生的应收未收利息按现行规定缴纳增值税，自结息日起 90 天后发生的应收未收利息暂不缴纳增值税，待实际收到利息时按规定缴纳增值税。

个人将购买不足 2 年的住房对外销售的，按照 5% 的征收率全额缴纳增值税；个人将购买 2 年以上（含 2 年）的住房对外销售的，免征增值税。上述政策适用于北京市、上海市、广州市和深圳市之外的地区。

个人将购买不足 2 年的住房对外销售的，按照 5% 的征收率全额缴纳增值税；个人将购买 2 年以上（含 2 年）的非普通住房对外销售的，以销售收入减去购买住房价款后的差额按照 5% 的征收率缴纳增值税；个人将购买 2 年以上（含 2 年）的普通住房对外销售的，免征增值税。上述政策仅适用于北京市、上海市、广州市和深圳市。

案例 11-3　不符合减免范畴

案情介绍。在对某从事健康体检业务的医疗机构进行税务健康诊断过程中，咨询人员发现该企业提供的所有医疗服务，均享受免征增值税政策，但部分业务项目收费标准高于省市相关部门制订的医疗服务指导价格，不符合减免范畴。

风险识别。医疗机构，是指依据国务院《医疗机构管理条例》（2022 年修订）及其实施细则的规定，经登记取得《医疗机构执业许可证》的机构，以及军队、武警部队各级各类医疗机构。具体包括：从事疾病诊断、治疗活动的医院、卫生院、疗养院、门诊部、诊所、卫生所（室）以及急救站等医疗机构。

本项所称的医疗服务，是指医疗机构按照不高于地（市）级以上价格主管部门会同同级卫生主管部门及其他相关部门制订的医疗服务指导价格（包括政府指导价和按照规定由供需双方协商确定的价格等）为就医者提供《全国医疗服务价格项目规范》所列的各项服务，以及医疗机构向社会提供卫生防疫、卫生检疫的服务。

合规管理策略与方案。通过自查发现以上风险，财务部门与业务部门配合根据当地省市医疗服务指导价格共同调整了该医疗机构各体检项目的收费标准，满足税法规定，最大限度享受优惠政策，并规避了风险。

案例 11-4　视同销售问题

案情介绍。在对某制造业企业进行税务健康诊断过程中，咨询人员发现该企业与其关联的商贸公司、物流公司、工程施工企业、下游制造业企业之间资金往来频繁，而且资金来源有很大一部分是从银行融资，且无偿让其他单位使用，即资金往来款项均未收取利息，也未缴纳增值税。

风险识别。根据《营业税改征增值税试点实施办法》第十四条，下列情形视同销售服务、无形资产或者不动产：单位或者个体工商户向其他单位或者个人无偿提供服务，但用于公益事业或者以社会公众为对象的除外。

下列项目的进项税额不得从销项税额中抵扣：购进的旅客运输服务、贷款服务、餐饮服务、居民日常服务和娱乐服务。

根据以上政策，该企业一是存在未缴纳增值税涉税风险；二是如果收取利息并缴纳增值税，但下游支付利息单位不能抵扣税额，导致总体税负增加。

合规管理策略与方案。基于股东投资了多个投资主体，各主体之间资金互相拆借现象比较突出，融资主体主要为制造业，为了更好运用该优惠政策，建议成立企业集团，满足统借统还条件，从而实现企业集团或企业集团中的核心企业以及集团所属财务公司按不高于支付给金融机构的借款利率水平或者支付的债券票面利率水平，向企业集团或者集团内下属单位收取利息。

这样企业既享受了优惠政策，又规避了风险。

🔎 案例 11-5　税收优惠政策理解错误偏差

案情介绍。 2019 年度某制造业企业在当地政府规划中，位于市区的厂区由政府收回，政府给予企业土地收回和地上建筑物补偿款总计 8 000 万元，其中土地补偿款为 4 500 万元，地上建筑物补偿款为 3 500 万元，2020 年 3 月当地税务部门认为该企业仅土地补偿款 4 500 万元能享受免缴纳增值税，而地上建筑物补偿款 3 500 万元需要按销售不动产 5% 征收率缴纳增值税和相应税金及附加。

风险识别。 虽然在以上优惠政策中规定土地所有者出让土地使用权和土地使用者将土地使用权归还给土地所有者取得的款项免征增值税，但取得地上建筑物补偿款不属于不动产转移行为，因为政府给予款项的目的并非持有不动产权属，而是后续不动产拆除后再将土地变性后进行整体规划使用。

合规管理策略与方案。 通过与当地税务局积极进行沟通，初步达成一致意见：暂时不缴纳增值税；同时由当地税务局向市局、省局逐级反馈，积极向国家税务总局反馈。2020 年 9 月 29 日国家发布的《财政部　税务总局关于明确无偿转让股票等增值税政策的公告》（财政部　税务总局公告 2020 年第 40 号）第三条规定：土地所有者依法征收土地，并向土地使用者支付土地及其相关有形动产、不动产补偿费的行为，属于《营业税改征增值税试点过渡政策的规定》（财税〔2016〕36 号印发）第一条第（三十七）项规定的土地使用者将土地使用权归还给土地所有者的情形。至此，该企业不缴纳增值税全国口径才进行了统一。

11.1.3　其他优惠政策

1. 小微企业优惠政策

自 2022 年 4 月 1 日至 2022 年 12 月 31 日，增值税小规模纳税人适用 3% 征收率的应税销售收入，免征增值税。自 2023 年 1 月 1 日至 2023 年 12 月 31 日，增值税小规模纳税人适用 3% 征收率的应税销售收入，减按 1% 征收率征收增值税。

2.增值税留抵退税政策

自 2019 年 4 月 1 日起，试行增值税期末留抵税额退税制度。

自 2022 年 4 月 1 日起，加大小微企业增值税期末留抵退税政策力度，将先进制造业按月全额退还增值税增量留抵税额政策范围扩大至符合条件的小微企业（含个体工商户，下同），并一次性退还小微企业存量留抵税额。

加大制造业，科学研究和技术服务业，电力、热力、燃气及水生产和供应业，软件和信息技术服务业，生态保护和环境治理业以及交通运输、仓储和邮政业（以下称制造业等行业）增值税期末留抵退税政策力度，将先进制造业按月全额退还增值税增量留抵税额政策范围扩大至符合条件的制造业等行业企业（含个体工商户，下同），并一次性退还制造业等行业企业存量留抵税额。

自 2022 年 7 月 1 日起制造业等行业按月全额退还增值税增量留抵税额、一次性退还存量留抵税额的政策范围，扩大至批发和零售业，农、林、牧、渔业，住宿和餐饮业，居民服务、修理和其他服务业，教育，卫生和社会工作及文化、体育和娱乐业（以下称批发零售业等行业）企业（含个体工商户，下同）。

🔍案例 11-6　开具发票的选择

案情介绍。 某小规模纳税人 2022 年 5 月提供咨询服务给某制造业企业，共收取咨询费 25 万元，该企业认为可享受免征增值税，下游制造业企业希望开具增值税专用发票，所以该咨询公司想开具增值税专用发票并享受免征增值税政策。

风险识别。 根据财政部《关于对增值税小规模纳税人免征增值税的公告》（财政部　税务总局公告 2022 年第 15 号），增值税小规模纳税人适用 3% 征收率的应税销售收入，免征增值税；适用 3% 预征率的预缴增值税项目，暂停预缴增值税。因此，本例应按规定开具免税普通发票。

所以该企业如果开具增值税专用发票，则不能享受免征增值税政策，如果享受免税则不能开具增值税专用发票。

合规管理策略与方案。 与业务部门进行沟通，确定签订合同过程中是否约定了发票类型，如果必须开具增值税专用发票则放弃享受优惠；同时提醒业务部门后续和下游客户签订合同时约定好发票类型，因为开具增值税专用发票和不开具增值税专用发票，税额不同。由于增值税属于价外税，具有转嫁性，所以合同签订过程中最好考虑发票类型对税额及合同交易金额的影响。

🔍 案例 11-7　留抵退税

案情介绍。某房地产开发企业在前期开发过程中发生大量成本，形成了近千万元留抵税额，但由于该房地产企业前期不太注重税务管理工作，在其他条件都满足的前提下仅仅因为该企业纳税信用等级为 C 级，不能享受留抵退税。

风险识别。相关文件规定，纳税信用等级为 A 级或者 B 级为享受留抵退税的必要条件，而该企业纳税信用等级为 C 级，不能享受留抵退税。千万元税额对房地产企业而言占用资金成本较大，所以能享受留抵退税对企业意义重大。

合规管理策略与方案。

①构建企业税务合规管理制度体系。

②制订税务管理岗位职责。

③定期进行税务自查，规避各环节税务风险。

④提升纳税信用等级，若满足留抵退税条件，尽快退税。

11.2　企业所得税税收优惠政策运用、风险识别与合规管理

税收优惠指国家运用税收政策在税收法律、行政法规中规定对某一部分特定纳税人和课税对象给予减轻或免除税收负担的一种措施。《企业所得税法》规定的企业所得税的税收优惠方式包括免税、减税、加计扣除、加速折旧、减计收入、税额抵免等。

11.2.1　免税收入政策

免税收入包括以下内容。

①国债利息收入。

②符合条件的居民企业之间的股息、红利等权益性投资收益。

③在中国境内设立机构、场所的非居民企业从居民企业取得的与该机构、场所有实际联系的股息、红利等权益性投资收益。

④符合条件的非营利组织的收入。

🔍案例 11-8　未用足用好税收优惠政策

案情介绍。 某制造业企业为当地龙头企业，当地信用社吸纳其为股东，该企业在 2020 年度和 2021 年度分别收到信用社分回投资收益 15 万元、20 万元。该企业进行税务自查过程中发现未将以上两笔投资收益在汇缴过程中按免税收入调减，申报缴纳了所得税。

风险识别。 该企业和信用社均为居民企业，符合条件的居民企业之间的股息、红利等权益性投资收益属于免税收入，汇缴应纳税额时应调减，不用缴纳所得税，而该企业未用足用好税收优惠政策。

合规管理策略与方案。 对 2020 年和 2021 年度汇算清缴进行补充申报，将多缴纳的税款抵减 2022 年度需要预缴的企业所得税。

🔍案例 11-9　非营利组织的认定

案情介绍。 某民办医院为民办非企业单位，该企业财务人员误认为企业取得的收入属于符合条件的非营利组织的收入，故申报所得税时按免税收入进行了申报。

风险识别。 依据财政部、国家税务总局《关于非营利组织免税资格认定管理有关问题的通知》（财税〔2018〕13 号），非营利组织的认定必须同时满足以下条件。

①依照国家有关法律法规设立或登记的事业单位、社会团体、基金会、社会服务机构、宗教活动场所、宗教院校以及财政部、国家税务总局认定的其他非营利组织。

②从事公益性或者非营利性活动。

③取得的收入除用于与该组织有关的、合理的支出外，全部用于登记核定或者章程规定的公益性或者非营利性事业。

④财产及其孳息不用于分配，但不包括合理的工资薪金支出。

⑤按照登记核定或者章程规定，该组织注销后的剩余财产用于公益性或者非营利性目的，或者由登记管理机关采取转赠给与该组织性质、宗旨相同的组织等处置方式，并向社会公告。

⑥投入人对投入该组织的财产不保留或者享有任何财产权利，本款所称投入人是指除各级人民政府及其部门外的法人、自然人和其他组织。

⑦工作人员工资福利开支控制在规定的比例内，不变相分配该组织的财产，其中：工作人员平均工资薪金水平不得超过税务登记所在地的地市级（含地市级）以上地区的同行业同类组织平均工资水平的两倍，工作人员福利按照国家有关规定执行。

⑧对取得的应纳税收入及其有关的成本、费用、损失应与免税收入及其有关的成本、费用、损失分别核算。

经省级（含省级）以上登记管理机关批准设立或登记的非营利组织，凡符合规定条件的，应向其所在地省级税务主管机关提出免税资格申请，并提供本通知规定的相关材料；经地市级或县级登记管理机关批准设立或登记的非营利组织，凡符合规定条件的，分别向其所在地的地市级或县级税务主管机关提出免税资格申请，并提供本通知规定的相关材料。

财政、税务部门按照上述管理权限，对非营利组织享受免税的资格联合进行审核确认，并定期予以公布。

案例中所说的企业未向主管机关提出免税资格申请，也未得到审核确认，所以擅自享受免税是不符合税法规定的。

合规管理策略与方案。按申请享受免税资格的非营利组织，向所在地的地市级报送了以下材料并得到确认，可以合规享受免税优惠政策。

①申请报告。

②事业单位、社会团体、基金会、社会服务机构的组织章程或宗教活动场所、宗教院校的管理制度。

③非营利组织注册登记证件的复印件。

④上一年度的资金来源及使用情况、公益活动和非营利活动的明细情况。

⑤上一年度的工资薪金情况专项报告，包括薪酬制度、工作人员整体平均工资薪金水平、工资福利占总支出比例、重要人员工资薪金信息（至少包括工资薪金水平排名前 10 的人员）。

11.2.2 免征与减征优惠政策

1. 免征、减征优惠

依据《企业所得税法》及其实施细则规定企业的下列所得，可以免征、减征企业所得税，但企业如果从事国家限制和禁止发展的项目，不得享受企业所得税优惠。

2. 从事农、林、牧、渔业项目的所得

企业从事下列项目的所得，免征企业所得税。

①蔬菜、谷物、薯类、油料、豆类、棉花、麻类、糖料、水果、坚果的种植。

②农作物新品种的选育。

③中药材的种植。

④林木的培育和种植。

⑤牲畜、家禽的饲养。

⑥林产品的采集。

⑦灌溉、农产品的初加工、兽医、农技推广、农机作业和维修等农、林、牧、渔服务业项目。

⑧远洋捕捞。

企业从事下列项目的所得，减半征收企业所得税。

①花卉、茶以及其他饮料作物和香料作物的种植。

②海水养殖、内陆养殖等。

3. 从事国家重点扶持的公共基础设施项目投资经营的所得

企业从事国家重点扶持的公共基础设施项目的投资经营的所得，自项目取得第一笔生产经营收入所属纳税年度起，第一年至第三年免征企业所得税，第四年至第六年减半征收企业所得税。

国家重点扶持的公共基础设施项目，是指《公共基础设施项目企业所得税优惠目录》规定的港口码头、机场、铁路、公路、城市公共交通、电力、水利等项目。企业承包经营、承包建设和内部自建自用上述规定的项目，不得享受上述企业所得税优惠。

4. 从事符合条件的环境保护、节能节水项目的所得

企业从事符合条件的环境保护、节能节水项目的所得，自项目取得第一笔生产经营收入所属纳税年度起，第一年至第三年免征企业所得税，第四年至第六年减半征收企业所得税。

符合条件的环境保护、节能节水项目，包括公共污水处理、公共垃圾处理、沼气综合开发利用、节能减排技术改造、海水淡化等。

5. 符合条件的技术转让所得

企业所得税法所称符合条件的技术转让所得免征、减征企业所得税，是指一个纳税年度内，居民企业转让技术所有权所得不超过 500 万元的部分，免征企业所得税；超过 500 万元的部分，减半征收企业所得税。

6. 高新技术企业税收优惠

国家需要重点扶持的高新技术企业，减按 15% 的税率征收企业所得税。

7. 小型微利企业优惠

小型微利企业是指从事国家非限制和禁止行业，且同时符合年度应纳税所得额不超过 300 万元、从业人数不超过 300 人、资产总额不超过 5 000 万元等三个条件的企业。

自 2021 年 1 月 1 日至 2022 年 12 月 31 日，对小型微利企业年应纳税所得额不超过 100 万元的部分，减按 12.5% 计入应纳税所得额，按 20% 的税率缴纳

企业所得税。

自 2022 年 1 月 1 日至 2024 年 12 月 31 日，对小型微利企业年应纳税所得额超过 100 万元但不超过 300 万元的部分，减按 25% 计入应纳税所得额，按 20% 的税率缴纳企业所得税。

8. 加计扣除优惠

（1）研究开发费

研究开发费，是指企业为开发新技术、新产品和新工艺发生的研究开发费用，未形成无形资产计入当期损益的，在按照规定据实扣除的基础上，按照研究开发费用的 75% 加计扣除；形成无形资产的，按照无形资产成本的 175% 摊销。制造业和科技型中小企业按 100% 加计扣除。

（2）企业安置残疾人员所支付的工资

企业安置残疾人员的，在按照支付给残疾职工工资据实扣除的基础上，按照支付给残疾职工工资的 100% 加计扣除。

9. 创业投资企业优惠

创业投资企业采取股权投资方式投资于未上市的中小高新技术企业 2 年以上的，凡符合以下条件的，可以按照其对中小高新技术企业投资额的 70%，在股权持有满 2 年的当年抵扣该创业投资企业的应纳税所得额；当年不足抵扣的，可以在以后纳税年度结转抵扣。

10. 加速折旧优惠

企业的固定资产由于技术进步等原因，确实需要加速折旧的，可以缩短折旧年限或者采取加速折旧的方法。可以采取以上折旧方法的固定资产如下。

①由于技术进步，产品更新换代较快的固定资产。

②常年处于强震动、高腐蚀状态的固定资产。

采取缩短折旧年限方法的，最低折旧年限不得低于规定折旧年限的 60%；采取加速折旧方法的，可以采取双倍余额递减法或者年数总和法。

企业新购进的设备、器具，单位价值不超过 500 万元的，允许一次性计入当期成本费用在计算应纳税所得额时扣除，不再分年度计算折旧。

11. 减计收入优惠

企业以《资源综合利用企业所得税优惠目录》规定的资源作为主要原材料，生产国家非限制和禁止并符合国家和行业相关标准的产品取得的收入，减按90% 计入收入总额。

12. 税额抵免优惠

企业购置并实际使用《环境保护专用设备企业所得税优惠目录》《节能节水专用设备企业所得税优惠目录》《安全生产专用设备企业所得税优惠目录》规定的环境保护、节能节水、安全生产等专用设备的，该专用设备的投资额的10% 可以从企业当年的应纳税额中抵免；当年不足抵免的，可以在以后 5 个纳税年度结转抵免。

13. 民族自治地方企业的税收优惠

民族自治地方的自治机关对本民族自治地方的企业应缴纳的企业所得税中属于地方分享的部分，可以决定减征或者免征。自治州、自治县决定减征或者免征的，须报省、自治区、直辖市人民政府批准。

14. 非居民企业优惠

非居民企业减按 10% 的所得税税率缴纳企业所得税。该类非居民企业取得下列所得免征企业所得税。

①外国政府向中国政府提供贷款取得的利息所得。

②国际金融组织向中国政府和居民企业提供优惠贷款取得的利息所得。

③经国务院批准的其他所得。

15. 促进节能服务产业发展的优惠

对符合条件的节能服务公司实施合同能源管理项目，符合《企业所得税法》有关规定的，自项目取得第一笔生产经营收入所属纳税年度起，第 1 年至第 3 年免征企业所得税，第 4 年至第 6 年按照 25% 的法定税率减半征收企业所得税，即"3 免 3 减半"。

案例 11-10　高新技术企业税收优惠

案情介绍。某塑胶制造业企业主要生产塑胶制品，为品牌产品供应商，随着产品更新换代，每年均有新产品研发问世，年收入在 5 亿~6 亿元，年利润为 1 亿~2 亿元，每年所得税税负较重。

风险识别。高新技术企业在享受税收优惠政策的同时，也面临着一定的税收风险。如以下几方面。

①实际认定条件不符：高新技术企业需要满足一定的技术水平、研发投入以及人员构成等条件来获得税收优惠，如果企业认定自身条件不符合实际情况，可能会遭受税务部门的惩罚。

②对企业所得进行特定安排：高新技术企业可能会通过布局与运营的方式将产生的有形和无形所得刻意安排到不同的公司，以达到获得更多税收优惠的目的，但这样的特定安排如果被税务部门查实，可能面临税务处罚。

③技术合同、技术服务费不符合实际：一些高新技术企业通过向有需要的企业提供技术支持来赚取技术服务费，但如果服务内容虚假或与实际不符，就会引起税务局的关注，需要及时处置。

在本例中，该企业满足高新技术企业优惠条件，可以享受 15% 所得税低税率优惠。

合规管理策略与方案。该企业向科技、税务、财政等主管部门申请被认定为高新技术企业，享受 15% 所得税优惠。

案例 11-11　税务管理与筹划

案情介绍。某商贸公司 2021 年度资产总额和从业人数均满足小微企业条件，其中年度应纳税所得额有可能超过 300 万元，达到 350 万元，请问该企业如何进行合规管理减轻企业总体税负，提升净利润。

风险识别。如果按正常业务核算，该企业应纳税所得额达到 350 万元，当年需要缴纳的企业所得税税额 =350×25%=87.5（万元），净利润 =350- 87.5=262.5（万元）。

而假设该企业将应纳税所得额下降到 300 万元，则当年需要缴纳的企业所得税税额 =100×12.5%×20%+（300-100）×50%×20%=22.5（万元），则净利润 =300-22.5=277.5（万元）。

通过以上对比则发现虽然应纳税所得额增加 50 万元，但净利润反而下降 15 万元。

合规管理策略与方案。企业可以通过合理税务管理，使得当期应纳税所得额降低到 300 万元及以下，比如延迟销售（正当理由推迟）、固定资产加速折旧或使用一次性扣除方法扣除折旧、给股东发放工资或奖金、通过广告宣传方式增加营销费用以助推下一年度销售业绩。

案例 11-12　一次性税前扣除政策的应用

案情介绍。某机构 2021 年度利润总额为 2 000 多万元，当年新购置设备器具等价值 1 500 万元（单位价值均不超过 500 万元），当年财务已经计提折旧 350 万元，其中包括 2021 年 12 月购置的价值 500 万元的设备。该企业财务认为当年折旧可以享受一次性扣除，年度汇缴纳税调减金额 =1 500-350=1 150（万元）。

风险识别。固定资产在投入使用月份的次月所属年度一次性税前扣除，当年 12 月购置设备 500 万元应在次年才能享受一次性税前扣除政策，所以 2021 年度汇缴纳税调减金额应为 =1 500-500-350=650（万元）。

合规管理策略与方案。

①企业应合理安排固定资产采购时点，尽量规避在当年 12 月购置固定资产，以免折旧不能当年享受一次性扣除政策。

②根据固定资产购进时点确认原则规范购货时点：以货币形式购进的固定资产，除采取分期付款或赊销方式购进外，按发票开具时间确认；以分期付款或赊销方式购进的固定资产，按固定资产到货时间确认；自行建造的固定资产，按竣工结算时间确认。

11.2.3 税收优惠政策的风险评估

1. 评估符合享受减免税条件的企业是否充分运用了优惠政策

根据税法规定，企业的下列支出，可以在计算应纳税所得额时加计扣除：开发新技术、新产品、新工艺发生的研究开发费用；安置残疾人员及国家鼓励安置的其他就业人员所支付的工资。创业投资企业从事国家需要重点扶持和鼓励的创业投资，可以按投资额的一定比例抵扣应纳税所得额。企业的固定资产由于技术进步等原因，确需加速折旧的，可以缩短折旧年限或者采取加速折旧的方法。企业综合利用资源，生产符合国家产业政策规定的产品所取得的收入，可以在计算应纳税所得额时减计收入。企业购置用于环境保护、节能节水、安全生产等专用设备的投资额，可以按一定比例实行税额抵免。审核人员在检查时，应注意企业对减免税政策的运用是否正确，是否存在应该享受的优惠，由于企业的原因，没有足额享受，而不应享受的优惠又超范围、超标准享受的情况。

2. 评估企业享受减免的金额计算是否正确

风险评估时应注意以下内容：第一，应通过询问，对照税收优惠政策，看看该企业应享受哪些政策；第二，审核所得税申报表，看看企业已享受了哪些优惠政策；第三，对所得税申报表上已享受的减免税项目，应审核是否符合相关规定；第四，对所得税申报表上的减免税不符合规定的应予以剔除，对企业应该享受而未享受的减免税，帮助企业尽快享受。

11.3 其他税种税收优惠合规运用及风险规避

11.3.1 个人所得税税收优惠政策运用、风险识别与合规管理

1. 税收优惠政策

根据《中华人民共和国个人所得税法》第四条，下列各项个人所得，免征

个人所得税。

①省级人民政府、国务院部委和中国人民解放军军以上单位，以及外国组织、国际组织颁发的科学、教育、技术、文化、卫生、体育、环境保护等方面的奖金。

②国债和国家发行的金融债券利息。

③按照国家统一规定发给的补贴、津贴。

④福利费、抚恤金、救济金。

⑤保险赔款。

⑥军人的转业费、复员费、退役金。

⑦按照国家统一规定发给干部、职工的安家费、退职费、基本养老金或者退休费、离休费、离休生活补助费。

⑧依照有关法律规定应予免税的各国驻华使馆、领事馆的外交代表、领事官员和其他人员的所得。

⑨中国政府参加的国际公约、签订的协议中规定免税的所得。

⑩国务院规定的其他免税所得。

2. 风险识别

个人所得税的税收优惠政策比较广泛，如免税收入、专项附加扣除、由单位代扣代缴等措施，因此，也存在着一定的税收风险。

①免税收入存在违规情况，例如劳动收入、股票交易收益等因为操作不当，或者尝试利用隐蔽的手段来规避个人所得税，可能会被税务机关识别到或举报后遭受罚款。

②专项附加扣除和税前扣除存在不当行为，由于专项附加扣除和税前扣除是一种较为广泛的税务优惠政策，一些人可能会利用制度进行违规操作，如虚构子女教育、住房租金等支出，但如果被查实，也会被税务机关处罚。

③由单位代扣代缴存在不合规情况，如一些用人单位为了节省成本，可能会隐瞒或虚增员工工资等，导致缴纳的个人所得税未按实际情况进行，从而存在税收风险。

3. 合规管理

关于个人所得税的合规管理，从企业的角度来说，通常需要从以下几个方面入手。

①加强个人所得税宣传教育，及时宣传个人所得税政策、税率、税务政策，提高纳税人的自觉性和合法意识。

②建立完善的财务和税务档案管理，规范个人所得税信息管理，加强档案记录、备查备案、保存等操作，以便在税务审计和检查中保留证据。

③严格遵守税法规定，了解并遵守国家和地方税收政策、税法和相关制度要求，避免公司或个人违法行为。

④完善资讯系统监督。推动基于互联网技术的计算机化税务监督与管理，及时对征税对象的申报情况进行监控与审查。

⑤积极参与税收咨询与税前筹划。支持政府的公共服务，支持税收政策，积极寻求税务咨询和税前筹划，减少税务风险。

11.3.2 其他税种税收优惠政策运用、风险识别与合规管理

其他税种包括契税、印花税、城镇土地使用税、土地增值税、资源税、环境保护税、房产税等。这些税种都有一定的优惠政策，也都存在着相应的涉税风险，涉税企业需要依据具体的税种有针对性地识别风险，采取适当应对措施，灵活进行合规管理。

案例 11-13　代扣代缴个人所得税

案情介绍。某企业分别在端午、中秋、春节等节假日为所有员工发放实物福利，该单位财务人员认为根据个人所得税法，福利费属于免税范畴，故未代扣代缴个人所得税。

风险识别。福利费，是指根据国家有关规定，从企业、事业单位、国家机关、社会组织提留的福利费或者工会经费中支付给个人的生活补助费。

上述所称生活补助费，是指由于某些特定事件或原因而给纳税人或其家庭

的正常生活造成一定困难，其任职单位按国家规定从提留的福利费或者工会经费中向其支付的临时性生活困难补助。

下列收入不属于免税的福利费范围，应当并入纳税人的工资、薪金收入计征个人所得税。

①从超出国家规定的比例或基数计提的福利费、工会经费中支付给个人的各种补贴、补助。

②从福利费和工会经费中支付给单位职工的人人有份的补贴、补助。

③单位为个人购买汽车、住房、电子计算机等不属于临时性生活困难补助性质的支出。

合规管理策略与方案。单位给所有员工发放的实物福利不属于免税范畴，单位应将其并入个人工资、薪金所得代扣代缴个人所得税。

🔍案例 11-14 契税计税依据有问题

案情介绍。因市政府实施城市规划，甲银行将原办公楼出售，并购入新办公楼。经资产评估机构评定，原办公楼不含税市场价格为 24 000 万元。2022 年 6 月，甲银行以此价格将办公楼转让给乙商务管理有限公司（乙公司）。2022 年 7 月，甲银行与丙房地产开发有限公司（丙公司）签订商品房买卖合同，购入房作为新办公楼，含税成交价格 32 700 万元，其中价款 30 000 万元，增值税税额 2 700 万元。新、旧办公楼尚未办理产权交割手续。甲银行在编制购置办公楼财务预算时，其中涉及计算缴纳契税及账务处理如下（当地税务机关规定，契税税率 4%）：应缴纳契税金额 =（30 000 － 24 000）×4%=6 000×4%=240（万元）。

借：在建工程   2 400 000
    贷：应交税费——应交契税   2 400 000

税务人员依据税法规定，认定甲银行确定契税计税依据有问题，请指出错误之处。

风险评估。根据税法规定，土地、房屋权属交换，双方的土地、房屋权属均发生转移，并且都是权属的承受者，因此，都是契税的纳税人。征收契税时按照差额计征，交换价格不等的，由多交付货币、实物、无形资产或者其他经济利益的一方缴纳税款；交换价格相等的，双方均免缴契税。

甲银行的确存在少缴纳契税问题，因为不是置换是新购入，所以应该按新购入价格全额纳税，应纳契税税额 =30 000×4%=1 200（万元），而不是仅仅240万元，故甲银行少缴纳契税 1 200-240=960（万元）。

合规管理策略与方案。企业严格按税法规定正确计算税额并申报缴纳契税。

本章问题思考

①增值税税收优惠政策运用的涉税风险及识别方式有哪些？

②企业所得税优惠政策运用的涉税风险及识别方式有哪些？

③个人所得税优惠政策运用的涉税风险及识别方式有哪些？

④其他税种优惠政策运用的涉税风险及识别方式有哪些？